Fäden im Netz

Das beunruhigend extreme Wetter in den letzten Jahren .... unidentifizierte Flugobjekte so aktiv wie noch nie .... die fortgesetzte Vergiftung und Plünderung des Planeten Erde durch Überbevölkerung und Industrie .... immer mehr Menschen verschwinden auf unerklärliche Weise unter mysteriösen Umständen .... grässliche neue Mordtechniken - darunter auch Selbstentzündung - von Mördern im Regierungsauftrag gegen die eingesetzt, die eine Bedrohung für die Sicherheit einer ultrageheimen Organisation darstellen .... erschreckende Fortschritte in der Bewusstseinskontrolle durch Organisationen wie die CIA und ihr Einsatz bei der Erschaffung einer Klasse geistloser menschlicher Robotersklaven .... erstaunliche Enthüllungen über die heimliche Zusammenarbeit im Weltraum zwischen den USA und der UdSSR seit mehreren Jahrzehnten .... auf Mond und Mars werden bizarre Strukturen beobachtet - aber aus irgendeinem *Grund in den Medien kaum erwähnt ....*

Diese und viele andere merkwürdige Dinge werden von denen ans Licht gehoben und untersucht, die das schreckliche Rätsel von **Alternative 3** erforschen. Sie bilden die Fäden im Netz einer Verschwörung, wie sie nur in unserem Zeitalter der Endzeittechnologie existieren kann. Der britische Spitzenjournalist Leslie Watkins hat ein packendes, rasantes und zwingendes Buch geschrieben und dafür die für die ursprüngliche Fernsehenthüllung gewonnenen Forschungsergebnisse benutzt - von denen aus verschiedenen Gründen in der Sendung selbsr ein grosser Teil nicht gezeigt wurde. Ausserdem enthält das Buch Material, das erst später ans Licht gekommen ist. Es hat die grimmige Schärfe einer schrecklichen Wahrheit - diese Wahrheit wird mit Sicherheit von denen verleugnet, die selbst Angst haben, sie könnten mitsamt dem explosivsten Geheimnis der menschlichen Geschichte in die Luft fliegen ....

Leslie Watkins

Alternative 3

Der Geheimbericht

Nach dem Anglia Television Film
Alternative 3
von David Ambrose und Christopher Miles
Drehbuch: David Ambrose
Regie: Christopher Miles

EDITION PANDORA

1. Auflage
2. Auflage

ISBN 3-89539-288-x
Leslie Watkins, David Ambrose, Cristopher Miles
Alternative 3

Edition Pandora, Sonnenbichl 12, 86971 Peiting
Tel.: 08861-59018 Fax: 08861-67091
das Bild auf der Titelseite ist als Postkartenset
(sämtliche Motive der ersten 12 Edition Pandora Titel)
beim Verlag erhältlich

Dieses Buch ist

Ann Clark,

Robert Patterson

und

Brian Pendleburry gewidmet.

Wo immer sie auch sein mögen.

Abschnitt Eins

Keine Zeitung hat bisher die Wahrheit hinter der als Alternative 3 bekannten Operation gefunden. Untersuchungen von Journalisten sind abgeblockt worden - von den Regierungen auf beiden Seiten des Eisernen Vorhangs. Amerika und Rußland sind von der skrupellosen Entschlossenheit besessen, ihr gemeinsames Geheimnis zu hüten, und diese Besessenheit, das können wir jetzt beweisen, hat sie gemeinsam zu Mördern werden lassen.

Trotz der intensiven Abschirmung sind allerdings Teilinformationen an die Öffentlichkeit gelangt. Oft werden sie unabsichtlich freigegeben - von Fachleuten, die ihre unheilvolle Bedeutung nicht erkennen - und diese Fragmente allein bedeuten wenig. Aber wenn sie miteinander kombiniert werden, bilden sie ein deutliches Muster - und dieses Muster scheint den enormen Umfang dieser Verschwörung des Schweigens noch hervorzuheben.

Am 3. Mai 1977 veröffentlichte der Daily Mirror diese Geschichte:

Präsident Jimmy Carter hat sich in die Reihen der UFO-Sichter eingereiht. Er hat zwei schriftliche Berichte eingesandt, in denen er bestätigt, daß er während seiner Regierungszeit als Gouverneur von Georgia eine Fliegende Untertasse gesehen hat.

Inzwischen hat der Präsident den Vorfall heruntergespielt, vielleicht in der Furcht, daß die Wähler Angst vor einem Untertassen-Freak haben.

Aber es wird berichtet, daß er nach der "Sichtung" gesagt hat: "Ich lache nicht mehr über Leute, die behaupten, sie hätten UFOs gesehen, denn ich habe selbst eines gesehen."

Carter beschrieb sein UFO so: “Leuchtend, kein Festkörper, zuerst bläulich, dann rötlich ... es schien aus einiger Entfernung auf uns zuzukommen, hielt an, flog etwas zurück, kehrte um und verschwand.”

Carter gab 1973 zwei Berichte über die Sichtung ab, einen an das International UFO Bureau und den anderen an das National Investigations Committee on Aerial Phenomena.

Heydon Hewes, der das International UFO Bureau von seinem Privatsitz in Oklahoma City leitet, rühmt in Ansprachen die “Aufgeschlossenheit” des Präsidenten.

Aber während seiner Präsidentschaftskandidatur im letzten Jahr war Carter vorsichtig. Er gab zu, daß er ein Licht am Himmel gesehen hätte, vermied jedoch, es als UFO zu bezeichnen.

Er scherzte: “Ich glaube, das Licht forderte mich auf, an der kalifornischen Vorwahl teilzunehmen.

Woher kommt diese Veränderung in Carter’s Haltung? War er inzwischen über Alternative 3 informiert worden?

1966 zeigte eine Umfrage von Gallup Poll, daß fünf Millionen Amerikaner - darunter etliche hochqualifizierte Flugzeugpiloten - behaupteten, Fliegende Untertassen gesehen zu haben. Der Kampfpilot Thomas Mantell war sogar ums Leben gekommen, während er über Kentucky ein solches Gefährt verfolgte - seine F.51 zerfiel in dem heftigen Abgasstrudel der Maschinen des von ihm verfolgten Phänomens. Die U.S. Air Force beugte sich widerwillig einem wachsenden Druck und bat Dr. Edward Uhler Condon, Professor der Astrophysik, ein Untersuchungsteam an der Colorado Universität zu leiten.

Condon’s Budget betrug 500.000 Dollar. Kurz bevor sein Bericht 1968 erschien, brachte der Londoner

Evening Standard diese Geschichte:

Die Condon-Studie macht Schlagzeilen - aber aus den falschen Gründen. Sie hat einige renommierte Mitglieder verloren, und zwar unter Umständen, die gelinde gesagt mysteriös sind. Böse Gerüchte kursieren ... mindestens vier entscheidende Persönlichkeiten sind aus dem Condon-Team verschwunden, ohne eine befriedigende Begründung für ihr Ausscheiden anzugeben.

Der vollständige Hintergrund der merkwürdigen Ereignisse in Colorado ist schwer zu erraten. Aber ein Hinweis könnte in den jüngsten Aussagen von Dr. James McDonald liegen, einem leitenden Physiker am Institut für Atmosphärische Physik an der University of Arizona, der in seinem Fach weithin anerkannt ist.

In einem vorsichtigen, aber beunruhigenden Telefongespräch erzählte mir Dr. McDonald diese Woche, daß er "sehr beunruhigt" sei.

Condon's Bericht, der 1485 Seiten umfaßte, leugnete die Existenz Fliegender Untertassen, und ein Ausschuß der Amerikanischen Nationalen Akademie der Wissenschaften kam zu dem Schluß, daß "weitere ausgiebige Untersuchungen wahrscheinlich nicht gerechtfertigt sind."

Merkwürdigerweise jedoch hatte Condon's wichtigster Mituntersucher, Dr. David Saunders, kein Wort zu diesem Bericht beigetragen. Und am 11. Januar 1969 zitierte der Daily Telegraph Dr. Saunders, der über den Report gesagt haben soll: "Er kann nur kalter Kaffee sein. Egal wie lang er ist, was drinsteht, wie es gesagt wird und welche Empfehlungen ausgesprochen werden, ihm wird das entscheidende Element der Glaubwürdigkeit fehlen."

Es gab bereits weitverbereitete Vermutungen, daß

die Condon-Untersuchung Teil einer offiziellen Vertuschung gewesen war, daß die Regierung die Wahrheit kannte, aber entschlossen war, sie der Öffentlichkeit vorzuenthalten. Wir wissen heute, daß dieser Verdacht richtig war. Und daß die Geheimhaltung mit Alternative 3 zusammenhing.

Nur wenige Monate, nachdem Dr. Saunders seine Bemerkung über den "kalten Kaffee" gemacht hatte, brachte ein Journalist in Columbus (Ohio) von der Dispatch die NASA in Verlegenheit, indem er ein merkwürdiges Fahrzeug fotografierte - es sah genauso aus wie eine Fliegende Untertasse - und zwar auf der White Sands Raketenbasis in New Mexico.

Zuerst wollte niemand bei der NASA über dieses geheimnisvolle runde Fluggerät mit etwa fünf Metern Durchmesser sprechen, das auf dem "Raketenfriedhof" abgestellt war - einem Gelände der Raketenbasis, wo alte Versuchsmaschinen landeten.

Aber die Firma Martina Marietta in Denver, Colorado, wo es gebaut worden war, gab zu, daß sie mehrere Modelle entworfen hatte, manche mit zehn und zwölf Motoren. Und ein NASA-Beamter, der mit dieser Information konfrontiert wurde, sagte: "Die Ingenieure nannten es tatsächlich >Fliegende Untertasse<." Das bestätigte eine Aussage von Dr. Garry Henderson, einem führenden Weltraumforscher: "Alle unsere Astronauten haben diese Objekte gesehen, erhielten aber den Befehl, über ihre Entdeckungen mit niemandem zu sprechen."

Otto Binder war Mitglied des NASA-Weltraumteams. Er hat gesagt, daß die NASA wichtige Teile des Gespräches zwischen der Bodenkontrolle und Apollo 11 - dem Raumschiff, das Buzz Aldrin und Neil Armstrong zum Mond brachte - "gekillt" hat und daß diese Abschnitte aus dem offiziellen Bericht gelöscht wurden: "Bestimmte Quellen mit eigenen UKW-

Empfängern, die nicht auf die Radioübertragungen der NASA angewiesen waren, behaupten, daß ein Teil des Erd-Mond-Dialogs vom NASA-Kontrollstab schnell abgeschnitten wurde."

Binder fügte hinzu: "Es war vermutlich, als die beiden Mondbegeher Aldrin und Armstrong die Runde in einiger Entfernung vom Raumschiff machten; da umklammerte Armstrong aufgeregt Aldrins Arm und rief: "Was war das denn? Was zur Hölle war das? Das ist alles, was ich wissen will".

Dann gab es nach Binder diesen folgenden Wortwechsel:

Bodenkontrolle: Was ist da? .... Störung (verstümmelt) .... Bodenkontrolle ruft Apolle 11 .... Apollo 11: Diese Babys sind riesig, Sir .... enorm .... Oh Gitt, das würden Sie nicht glauben! ..... Ich sage Ihnen, es sind noch andere Raumschiffe da draußen .... aufgereiht am Ende des Kraters .... sie sind auf dem Mond und beobachten uns ....

Die NASA hat Binders Geschichte verständlicherweise nie bestätigt, aber Buzz Aldrin beklagte sich bald bitterlich darüber, daß die NASA ihn als "Handelsreisenden" benutzt hätte. Und zwei Jahre nach seiner Mondmission wurde er im Anschluß an Berichte über schweren Alkoholmißbrauch mit "emotionaler Depression" ins Krankenhaus eingewiesen.

"Handelsreisender" ... eine merkwürdige Wortwahl, nicht wahr? Was versuchten die NASA-Behörden nach Aldrin's Ansicht zu verkaufen? Und an wen? Könnte es sein, daß sie ihn und andere, wie ihn, benutzten, um ihre offizielle Version von der Wahrheit an die normalen Bürger auf der ganzen Welt zu verkaufen?

War Aldrin's Mondspaziergang nur ein großes

Spektakel, das mit riesigem Werberummel präsentiert wurde, um die Milliarden zu rechtfertigen, die in die Weltraumforschung gingen? War er Teil der amerikanisch-russischen Vertuschungsmaßnahmen für Alternative 3?

Alle Männer, die auf dem Mond waren, haben Äußerungen gemacht, die darauf hinweisen, daß sie über Alternative 3 Bescheid wußten - und über die Gründe, die dazu geführt haben.

Im Mai 1972 wurde James Irwin - offiziell der sechste Mann auf dem Mond - zum Baptistenmissionar geweiht. Und er sagte damals: "Der Flug hat mich zu einer tieferen Religiosität gebracht, und ich bin mir jetzt der Zerbrechlichkeit unseres Planeten mehr bewußt."

Edgar Mitchell, der mit der Apollo 14-Mission im Februar 1971 auf dem Mond landete, reichte ebenfalls im Mai 1972 seinen Abschied ein - um sich der Parapsychologie zu widmen. Später beschrieb er im Hauptquartier seines Institutes für Noetische Wissenschaften bei San Francisco, wie es war, als er vom Mond auf diese Welt blickte: "Ich spürte ein sehr tiefes Leid, eine Art Angst. Dieser unglaublich schöne Planet war die Erde ... ein Ort, der nicht größer war als mein Daumen, war meine Heimat ... ein blauweißes Juwel gegen einen samtschwarzen Himmel ... und er war dabei, ermordet zu werden." Und am 23. März 1974 zitierte ihn der Daily Express mit den Worten, daß die Gesellschaft nur drei Möglichkeiten hätte, wie sie weiterfahren könnte, und daß die dritte "die vielversprechendste, aber schwierigste Alternative" wäre.

Ein anderer Mondbegeher, Bob Grodin, wurde ebenfalls sehr deutlich, als er am 20. Juni 1977 von einem Sceptre-Fernsehreporter interviewt wurde: "Glauben Sie, die brauchen dieses ganze Zeug da unten in Florida, nur um zwei Kerle da oben auf ein ... auf ein Fahrrad zu setzen? Den Teufel tun sie! Wissen Sie, warum die uns brauchen? Damit sie eine Reklamegeschichte für all die Hardware haben, die sie in den Weltraum gefeuert haben. Wir sind nichts, Mann! Nichts!"

Am 11. Juli 1977 kam die Los Angeles Times dem Kern der Angelegenheit recht nahe - näher als jede andere Zeitung - als sie ein bemerkenswertes Interview mit Dr. Gerard O'Neill wiedergab. Dr. O'Neill ist Professor in Princeton, der während eines Forschungssemesters 1976 als Professor für Luftraum im Massachusetts Institute of Technology gearbeitet hat und jedes Jahr fast 500.000 Dollar an Forschungsmitteln von der NASA erhielt. Hier ist ein Ausschnitt aus diesem Artikel:

Die Vereinten Nationen, sagt er, haben vorsichtig geschätzt, daß die Weltbevölkerung, die heute bei mehr als 4 Milliarden Menschen liegt, im Jahr 2000 auf 6,5 Milliarden gewachsen sein wird. Heute, fügt er hinzu, leben etwa 30 Prozent der Weltbevölkerung in entwickelten Nationen, aber weil voraussichtlich das größte Bevölkerungswachstum in unterentwickelten Ländern erfolgen wird, wird dieser Anteil bis zum Ende des Jahrhunderts auf 22 Prozent gefallen sein. Die Welt im Jahr 2000 wird ärmer und hungriger sein als die Welt heute.

Dr. O'Neill erklärte auch, welche Probleme von der 6.000 Kilometer dicken atmosphärischen Schicht um die Erde verursacht würden, aber mit Äußerungen über die zusätzliche Bedrohung durch das bekannte "Treibhaus"-Syndrom wurde er nicht zitiert - vermutlich weil der Artikel vergleichsweise kurz war.

Seine Lösung? Er nannte sie Insel 3. Und fügte hinzu: "Es gibt wirklich keine Diskussion über die Technologie, die dafür nötig ist. Das wird von

Spitzenleuten der NASA bestätigt."

Aber Dr. O'Neill, ein Familienvater mit drei Kindern, der in seiner Freizeit gerne im Segelflugzeug sitzt, merkte nicht, daß er das Ziel knapp verfehlt hatte. Im Hinblick auf die Technologie hatte er natürlich recht. Aber er wußte nichts über die politischen Rahmenbedingungen und wäre erstaunt gewesen zu erfahren, daß die NASA seine Forschung an die Russen weitergab.

Sogar bedeutende Politikexperten, die in ihrem Bereich ebenso angesehen sind wie Dr. O'Neill in seinem, sind verwirrt von einer Unterströmung, die sie in den Ost-West-Beziehungen entdeckt haben. Professor G. Gordon Broadbent, Direktor des finanziell unabhängigen Institutes für Politische Studien in London und Autor einer großen Studie über die Diplomatie zwischen USA und Sowjetunion seit den fünfziger Jahren, betonte diese Tatsache am 20. Juni 1977 in einem Interview von Sceptre Television: "Im Hinblick auf das Gesamtthema der Beziehungen zwischen Sowjetunion und USA muß ich zugeben, daß es hier ein Element des Mysteriösen gibt, das viele Forscher auf meinem Gebiet verwirrt." Er fügte hinzu: "Wir vermuten, daß auf den allerhöchsten Ebenen der Ost-West-Diplomatie ein Faktor wirksam gewesen ist, von dem wir nichts wissen. Nun könnte es sein - und ich betone das Wort >könnte< - daß dieser unbekannte Faktor eine massive, aber verdeckte Operation im Weltraum ist. Aber über die Gründe dahinter ... steht es uns nicht an zu spekulieren."

Washington's heftiges Unbehagen über O'Neill's Enthüllungen in der Los Angeles Times wird aus der Dringlichkeit ersichtlich, mit der dem Gesetzbuch eine "Unterdrückungs"_Vorlage hinzugefügt wurde. Am 27. Juli 1977 - nur sechzehn Tage nach der Veröffentlichung des O'Neill-Interviews - berichtete der Kolumnist Jeremy

Campbell im Londoner Evening Standard, daß der Gesetzesentwurf noch im gleichen September verabschiedet werden würde. Er schrieb:

Dieser Gesetzesentwurf verbietet die Veröffentlichung eines offiziellen Berichtes ohne Genehmigung mit dem Argument, daß dies die Kontrolle der Regierung über die eigenen Informationen behindert. Das war genau die Anklage gegen Daniel Ellsberg, der die Pentagon-Papiere an die New York Times gegeben hatte.

Am merkwürdigsten ist, daß die Gesetzesvorlage es für jeden jetzigen oder früheren Zivilbeamten zu einem Verbrechen macht, der Presse von Fehlern der Regierung zu erzählen oder irgendwelche Nachrichten weiterzugeben, die auf Informationen beruhen, "die der Regierung privat unterbreitet worden sind."

Campbell führte aus, daß diese letzte Klausel "den Hütern der amerikanischen Pressefreiheit schwere Magenschmerzen verursacht hat, weil so ein ganz neues Vergehen entstanden ist." Zumal ein Zusatz in dem Gesetzentwurf vorsah, daß Journalisten, die dieses Gesetz verletzten, mit bis zu sechs Jahren Haft bestraft werden konnten.

Wir haben dann entdeckt, daß ein Mann namens Leonard Harman diese Information in der Zeitung gelesen hatte und daß er später in der Betriebskantine eines bestimmten Fernsehsenders sein Bedauern ausdrückte, daß die britische Regierung nicht schon Jahre früher ein ähnliches Gesetz erlassen hatte. Er aß zu diesem Zeitpunkt Siruptörtchen mit Vaniellesoße und überlegte, daß er dann auf der Befolgung eines solchen Gesetzes hätte bestehen können. Das hätte ihm im Zusammenhang mit Alternative 3 sehr viel Ärger erspart ...

Er hatte sich nicht deshalb Siruptörtchen bestellt, weil er das besonders gern aß, sondern weil es zwei Pence billiger war als Schokoladenkuchen. Das war typisch für Harman.

Wie Sie vielleicht aus der Presse erfahren haben, gehörte er zu den Leuten, die versucht haben, die Veröffentlichung dieses Buches zu verhindern. Wir werden weiter unten einige Briefe zitieren, die wir von ihm und seinen Anwälten erhielten - zusammen mit den Antworten unserer Rechtsberater. Wir haben uns entschlossen, diese Briefe abzudrucken, um Ihnen einen gründlichen Einblick in unsere Untersuchung zu geben, denn es ist wichtig zu betonen, daß wir wie Professor Broadbent nichts mit "Spekulationen" zu tun haben.

Wir sind nur an den Tatsachen interessiert. Und es ist faszinierend, die Zusammenhänge der Tatsachen im Hinblick auf Astronauten zu erkunden, die an Mondmissionen teilgenommen haben - und die daher einigen Überraschungen durch Alternative 3 ausgesetzt waren. Einige von ihnen, ausgelaugt von der Belastung eines so entsetzlichen Geheimnisses, sind nervlich oder geistig zusammengebrochen. Ein hoher Prozentsatz suchte sein Heil in ausgiebigem Trinken oder außerehelichen Affären, die vorher stabil und erfolgreich scheinende Ehen zerstörten. Aber diese Männer ware gerade wegen ihrer Stabilität sorgfältig aus Tausenden ausgewählt worden. Ihre Ausbildung und ihre Erfahrung, ihre Intelligenz und körperliche Fitness - all diese waren natürlich wichtige Gesichtspunkte bei ihrer Auswahl. Aber die allerwichtigste Qualität war ihr ausgeglichenes Temperament.

Es braucht etwas Ungeheuerliches, etwas, was für die meisten Menschen fast unvorstellbar ist, um solche Männer in dramatische Persönlichkeitsveränderungen zu stürzen. Bei diesem Etwas handelte es sich, wie wir heute wissen, um Alternative 3 und genauer gesagt vielleicht um die alptraumhaften Obszönitäten, die bei der Entwicklung und der Perfektionierung von Alternative 3 beteiligt waren.

Wir gehen davon aus, daß der Präsident der Vereinigten Staaten persönlich nichts von dem Terror und den medizinischen Grausamkeiten gewußt hat, die zu dieser Operation gehört haben, denn das würde ihn unmittelbar für Morde und barbarische Verstümmelungen verantwortlich machen.

Wir sind in der Tat davon überzeugt, daß dies nicht der Fall ist. Der Präsident und der russische Führer haben sich nur mit den Rahmenbedingungen der Politik befaßt. Sie haben gemeinsam gehandelt, um das sicherzustellen, was sie für die bestmögliche Zukunft der Menschheit ansehen. Und die Details sind an hochspezialisierte Experten delegiert worden.

Diese Experten, das wissen wir heute, haben Menschen, die für die Alternative 3 ausgesucht wurden, in zwei Kategorien eingestuft: Diejenigen, die als Individuen ausgewählt wurden und diejenigen, die nur eine Art "Massenware" bilden. Es hat mehrere "Massentransporte" gegeben, und die Behandlung, die den meisten dieser Männer und Frauen zuteil wurde, gibt Anlaß zu größtem Zorn.

Wie verzweifelt die Umstände auch sein mögen - und wir beginnen zögernd zu erkennen, daß sie extrem verzweifelt sind - keine menschliche Gesellschaft kann das tolerieren, was diesen Unschuldigen und Arglosen angetan wurde: "Diese Haltung nahm glüchlicherweise auch ein Mann ein, der vor drei Jahren in das Alternative 3-Team aufgenommen wurde. Er war zuerst sehr enthusiastisch und ganz an das Vorhaben hingegeben. Allerdings änderte er seine Meinung aufgrund der dazugehörigen Scheußlichkeiten, die seiner Ansicht nach auch durch die herrschenden Umstände nicht gerechtfertigt wurden.

Drei Tage nach der Ausstrahlung der sensationellen Fernsehdokumenation "Alternative 3" trieb ihn sein Gewissen schließlich zum Handeln. Er kannte das außerordentliche Risiko, das er einging, denn er wußte um das Schicksal anderer, die Geheimnisse von Alternative 3 verraten hatten, aber er stellte Telefonkontakt mit dem Fernsehreporter Colin Benson her und bot an, Benson mit Beweisen der erstaunlichsten Art zu versorgen.

Er sagte, er riefe von außerhalb an, bereite sich aber darauf vor, nach London zu fahren. Sie trafen sich zwei Tage später. Und da erklärte er Benson, daß von den meisten Anweisungen und Memoranden sowie den Tonbandmitschnitten von den Sitzungen des Politischen Komitees Kopien in dreifacher Ausfertigung aufbewahrt würden - in Washington, Moskau und Genf, wo Alternative 3 sein Einsatz-Hauptquartier hat. Das System war eingerichtet worden, um sicherzustellen, daß es zwischen den wichtigsten Partnern keine Mißverständnisse gab. Gelegentlich hatte er zu einem Teil dieses Materials Zugang, obwohl es oft Wochen oder sogar Monate alt war, bevor er es sah, und er war bereit, Benson so viel er konnte zur Verfügung zu stellen. Er wollte kein Geld. Er wollte nur die Öffentlichkeit aufrütteln und die massenhaften Greueltaten stoppen helfen.

Nachdem er den Wert dieses Angebotes erkannt hatte, war Benson's spontane Reaktion die Idee, daß der Fernsehsender Sceptre in einer Nachfolgesendung die Schrecken von Alternative 3 noch viel ausführlicher darstellen sollte. Er kämpfte erbittert mit seinen Vorgesetzten bei Sceptre, aber sie blieben eisern. Die Fernsehgesellschaft hatte bereits ernsthafte Schwierigkeiten mit der Regierung, und es war unklar, ob ihre Sendelizenz erneuert werden würde. Sie weigerten sich, die Möglichkeit einer weiteren Sendung zu diesem Thema in Betracht zu ziehen. Sie hatten den Alternative 3-Dokumentationsfilm offiziell als Scherz abgetan, und dabei mußte es bleiben. Außerdem, so meinten sie, würde sich sowieso herausstellen, daß es sich bei diesem Typen, der an sie herangetreten war, wahrscheinlich um einen Irren handelte ...

Wenn Sie den Dokumentarfilm gesehen haben, ist Ihnen wahrscheinlich klar, daß Benson ein dickköpfiger Mann ist. Seine Freunde halten ihn für einen "sturen Bock" und für einen erstklassigen Journalisten.

Er war wütend über diesen Versuch, die Wahrheit zu unterdrücken, und darum willigte er ein, bei der Vorbereitung dieses Buches mitzuhelfen. Diese Zusammenarbeit war von unschätzbarem Wert.

Durch Besnon kamen wir in Kontakt zu dem Anrufer, den wir im weiteren als Trojan bezeichnen wollen. Und dieses Treffen führte dazu, daß wir Dokumente erhielten, die wir hier präsentieren, darunter auch Transkripte von Tondbandmitschnitten am geheimsten Treffpunkt der Welt - fünfunddreißig Faden unter der Eisdecke der Arktis.

Die Identität von Trojan können wir aus naheliegenden Gründen nicht preisgeben. Wir können auch keinen Hinweis auf seine Funktion oder seinen Status im Vorhaben Alternative 3 geben. Wir sind allerdings vollständig damit zufrieden, daß seine Glaubwürdigkeit authentisch ist und daß er beim Verstoß gegen seine Geheimhaltungspflicht von den ehrbahrsten Motiven getrieben ist. Er steht zur Alternative 3-Verschwörung ganz ähnlich wie der anonyme Informant "Deep Throat" zur Watergate-Affäre.

Die meisten "Massentransporte" sind vom Gebiet des Bermudadreiecks erfolgt, aber auch zahlreiche andere Orte sind benutzt worden. Am 6. Oktober 1975 erschein im Daily Telegraph folgender Artikel:

"Das Verschwinden von 20 Menschen aus kleinen Küstengemeinden in Oregon unter bizarren Umständen in den letzten zwei Wochen wurde am Wochenede intensiv untersucht. In diesem Zusammenhang gab es Berichte über ein fantasievolles Täuschungsmanöver, zu dem eine "Fliegende Untertasse" und Hinweise auf Massenmord gehörten. Die Polizeibeamten in Newport in Oregon berichten, daß die 20 Individuen ohne Spur verschwunden seien, nachdem ihnen gesagt worden war, sie müßten all ihre Besitztümer, darunter auch ihre Kinder, fortgeben, um sich in einer Fliegenden Untertasse "mit dem UFO in ein besseres Leben" transportieren zu lassen.

Die Beamten von Mr. Ron Sutton, dem Kriminalhauptkomissar im Landkreis Lincoln, haben die Geschichte bis zu einer Versammlung am 14. September in einem Urlaubshotel, dem Bayshore Inn in Waldport, Oregon zurückverfolgt ...

Die Polizei hat widersprüchliche Berichte über die Vorgänge (auf der Versammlung) erhalten. Es steht wohl fest, daß der Sprecher nicht vorgab, aus dem Weltraum zu kommen, er erzählte jedoch dem Publikum, wie ihre Seelen "durch ein UFO gerettet" werden könnten.

Der Saal war von einem Mann und einer Frau unter falschen Namen für 50 Dollar reserviert worden. Mr. Sutton sagte, Zeugen hätten die beiden als 'kraftvolle, wohlhabende, offene Leute' beschrieben."

Der Telegraph schrieb, das "ausgewählte Leute in einem Speziallager in Colorado für das Leben auf einem anderen Planeten vorbereitet würden" und zitierte den Untersuchungsbeamten Sutton wie folgt:

"Ihnen wurde gesagt, sie müßten alles fortgeben,

sogar ihre Kinder. Ich prüfe einen Bericht von einer Familie, die angeblich eine Farm von 150 acres [ca. 60 Hektar] und drei Kinder weggab.

Wir wissen nicht, ob es sich um einen Betrug handelt oder ob diese Menschen getötet worden sind. Es gibt alle möglichen Gerüchte, auch über Menschenopfer und daß die (Charles) Manson-Familie dahintersteckt."

Die meisten der zwanzig Verschwundenen wurden als "Hippietypen" beschrieben, obwohl auch ältere Menschen dabei waren. Heute wissen wir, daß solche Leute "wissenschaftlich justiert" worden sind, um sie für eine neue Rolle als Sklavenspezies tauglich zu machen.

Es hat auch merkwürdige Berichte über Tiere gegeben - besonders Nutztiere - die in großer Anzahl verschwinden. Und gelegentlich hat es den Anschein, daß Einzelaktionen der Operation Alternative 3 verpfuscht wurden und Versuche, mit "Massentransporten" von Menschen und Tieren abzuheben, fehlgeschlagen sind.

Am 15. Juli 1977 erschien im Daily Mail - unter der Überschrift "Fliegende Untertassen" - folgende Geschichte:

Männer mit Gasmasken, Metalldetektoren und Geigerzählern haben gestern ein abgelegenes Dartmoor-Tal untersucht, um ein makaberes Geheimnis zu lösen.

Ihre Suche konzentrierte sich auf marschiges Weideland, wo 15 wilde Ponys mit zerquetschten und zerrissenen Leibern tot aufgefunden wurden.

Alle scheinen ungefähr gleichzeitig gestorben zu sein, und viele Knochen sind auf unerklärliche Weise zertrümmert. Das Rätsel wird dadurch noch vergrößert, daß ihre Körper innerhalb von nur 48 Stunden bis auf das Skelett zerfallen sind.

Tierexperten bekennen, daß sie ratlos vor den

Todesfällen in Cherry Brook Valley in der Nähe von Postbridge stehen.

Die gestrige Suche wurde von Mitgliedern des Devon Unidentified Flying Objects Centre in Torquay durchgeführt, die versuchen, einen Zusammenhang mit dem Weltraum zu beweisen.

Sie glauben, Fliegende Untertassen könnten niedrig über das Gebiet geflogen sein und einen Wirbel erzeugt haben, der die Ponys zu Tode wirbelte.

Mir John Wyse, Leiter des vierköpfigen Teams, sagte: "Wenn ein Raumschiff in der Nähe war, sind vielleicht noch Indizien nachweisbar. Wir wollten sehen, ob es irgendein Zeichen dafür gab, daß die Ponys erschossen wurden, aber wir haben nichts gefunden. Dieser Vorfall hat eine beunruhigende Ähnlichkeit mit gleichartigen Berichten aus den USA."

Der Mail-Artikel schloß mit einem Kommentar von einem offiziellen Represäntanten der Dartmoor Livestock Protection Society und der Animal Defence Society: "Was auch geschehen ist, es war sehr grausm. Wir bleiben offen für alle Hypothesen. Ich bin fasziniert von der UFO-Theorie. Es gibt keinen Grund, diese Möglichkeit zurückzuweisen, da es keine andere rationale Erklärung gibt."

Solche Dinge waren typisch für die Hinweise, von denen die ursprüngliche Fernsehuntersuchung inspiriert wurde. Bis dorthin fehlte allerdings ein Mensch, der zeigen konnte, wie sich diese Einzelstränge zu einem klaren Bild verweben ließen.

Ohne die sachkundige Führung jenes Menschen hätte die Fernsehdokumentation nie produziert werden können - und Trojan hätte niemals mit Colin Benson Kontakt aufgenommen. Und es hätte Jahre gedauert, vielleicht sieben Jahre oder noch länger, bevor normale Leute begonnen hätten, die verheerende Wahrheit über diesen Planeten, auf dem wir leben, zu vermuten.

Es handelt sich natürlich um den Alten ...

Abschnitt Zwei

Heute ist ihnen klar, daß sie den Alten hätten töten sollen. Das wäre der logische Ablauf gewesen - um die Geheimhaltung von Alternative 3 zu schützen.

Es ist wirklich merkwürdig, daß sie an jenem Donnerstag im Februar seinem Tod nicht zustimmten, denn wie wir bereits gesagt haben, arbeiten sie durchaus mit Mord. Natürlich wird es nicht als Mord bezeichnet - nicht, wenn es im Einvernehmen von den Regierungen von Amerika und Rußland geschieht. Es ist eine Maßnahme.

Die sechzehn Männer, die offiziell den Pentagon und den Kreml repräsentieren und das Politische Komittee bilden, haben vermutlich zahlreiche "Maßnahmen" angeordnet; groteske und scheinbar unerklärliche Morde in verschiedenen Teilen der Welt - in Deutschland und Japan, England und Australien - sind wahrscheinlich von ihnen gutgeheißen worden.

Wir hatten bisher noch keine Möglichkeit, diese Verdachtsmomente und Vermutungen zu bekräftigen, also berichten wir nur, daß eine unbekannte Anzahl von Menschen - darunter der angesehene Radioastronom Sir William Ballantine - aufgrund dieser erstaunlichen Übereinkunft zwischen den Supermächten exekutiert worden sind.

Unter den Leuten, die das Erscheinen dieses Buches verhindern wollten, waren auch prominente Politiker darunter zwei britische. Sie bestanden darauf, daß es nicht notwendig sei, solchen Leuten wie Ihnen, den Leserinnen und Lesern, dieses Buches, die widerwärtigen Tatsachen zu erzählen. Sie argumentieren, daß die Ereignise der Zukunft jetzt unausweichlich sind und daß durch frühzeitig ausgelöste Angst nichts gewonnen wird. Wir gestehen diesen Leuten zu, daß sie es ernst meinen, aber wir bleiben dabei, daß Sie Bescheid wissen sollten. Sie haben ein Recht zu wissen.

Es gab auch Versuche, die Fernsehsendung, die zum ersten Mal die öffentliche Aufmerksamkeit auf Alternative 3 gelenkt hat, zu verstümmeln. Diese Versuche waren teilweise erfolgreich. Und natürlich wurde Sceptre Television nach der Ausstrahlung der Sendung - als es diese spontane Explosion der Angst gab - gezwungen, eine formelle Zurücknahme auszusprechen. Alles sei nur ein Scherz gewesen. Man sagte ihnen, das müßten sie sagen. Also sagten sie es.

Die meisten Menschen waren nur zu froh, wieder beruhigt zu werden. Sie wollten davon überzeugt werden, daß dieses Programm nur als Scherz gedacht war, daß es nur ein ausgefeiltes Stück eskapistischer Unterhaltung war. Auf diese Weise war es bequemer.

In der Tat haben die Fernsehrechercheure viel mehr aufregendes Material enthüllt, als sie senden durften. Die zensierten Informationen befinden sich jetzt in unserem Besitz. Und wie bereits angedeutet wurde, haben Benson und der Rest des Fernsehteams sehr vieles erst entdeckt, nachdem die Sendung ausgestrahlt worden war.

Sie wußtem zum Beispiel nicht, daß Sir William Ballantine's merkwürdiger Tod - ganz in der Nähe seiner Jodrell Bank-Zweigstelle - dem eines Professors für Raumfahrt namens Peterson in der Nähe der Stanford University im kalifornischen Paolo Alto entsprach. Und sie wußten auch nichts von den monatlichen Konferenzen unter dem Eis der Arktis.

Alternative 3 scheint eine absurde Vorstellung zu sein - bis man die Geschichte des sogenannten Wettlaufs um die Eroberung des Weltraums analysiert. Von Anfang an durfte die Öffentlichkeit nur wissen, was als für ihr Wissen geeignet angesehen wurde. Viele zukunftsweisende Entwicklungen in der Forschung - und das Ausmaß des Informationsaustausches zwischen Ost und West - sind strikt geheimgehalten worden.

Dafür gab es 1951 ein kleines, aber typisches Beispiel, als zum ersten Mal Lebewesen in die Stratosphäre geschossen wurden. Oder jedenfalls erzählte man der Öffentlichkeit, es sei das erste Mal. Vier Affen - mit den Codenamen Albert 1, 2, 3 und 4 - wurden in einer V2-Rakete von White Sands in New Mexico abgeschossen.

Erinnern Sie sich an White Sands? Dort hatte der Dispatch-Reporter aus Columbus dieses merkwürdige Fahrzeug fotografiert - von dem der NASA-Beamte unwillig zugab, es sei bekannt als "die Fliegende Untertasse".

Die Affen wurde erfolgreich wieder zur Erde zurückgebracht. Drei überlebten. Einer starb kurz danach an einem Hitzschlag.

Viel später, als die Neuigkeit ruchbar wurde, erklärte man, daß Operation Albert nur aus einem Grund geheimgehalten worden wäre - um zu verhindern, daß Tierfreunde eine Protestdemonstration auf die Beine stellten.

Die meisten Menschen akzeptierten diese offizielle Fassung - nämlich daß die vier Alberts wirklich die ersten Weltraumreisenden waren. Aber was war die Wahrheit?

1951 war die V2-Rakete, ein Überbleibsel des Zweiten Weltkrieges, bereits von viel weiter entwickelten Raketentypen ersetzt worden. Wäre es demnach logisch oder auch nur praktisch gewesen, ein völlig veraltetes Fahrzeug für den ersten Versuch mit Lebewesen zu benutzen?

Klingt es nicht vernünftiger, daß Operation Albert nur ein Nachfolgeexperiment war, das durch das Sicherheitsnetz schlüpfte? und daß die Behörden nicht allzuviel dagegen hatten, es bestätigen zu müssen - weil das die wirkliche und gigantische Wahrheit zu verdecken half?

Es gibt sehr viele Hinweise darauf, daß die Supermächte 1951 in der Raumfahrttechnik viel weiter waren, als sie je zugegeben haben. Ein Großteil dieser Beweise ist von erfahrenen Piloten geliefert worden. Von Männern wie Captain Laurence W. Vinther ...

Am 20. Januar 1951 um 20.30 Uhr erhielt Captain Vinther - damals bei den Mid-Continent Airlines - vom Lotsen am Sioux City Airport die Order, ein "sehr helles Licht" über dem Flugfeld zu untersuchen.

Er und sein Copilot James F. Bachmeier hoben in einer DC3 ab und flogen auf die Lichtquelle zu.

Plötzlich raste das Licht mit großer Geschwindigkeit von oben auf sie zu und flog etwa siebzig Meter über ihnen vorbei. Dann entdeckten sie, daß es seine Richtung umgekehrt hatte, scheinbar im Bruchteil einer Sekunde, und jetzt parallel zum Flugzeug flog. Die Nacht war klar und mondhell, und beide Männer konnten deutlich sehen, daß aus einem zigarrenförmigen Objekt - größer als eine B-29 - Licht strahlte. Schließlich verlor das merkwürdige Fahrzeug an Höhe, glitt unter der DC3 weg und verschwand.

Zwei Monate später, am 15. März, wurden Tausende von Menschen in Neu Delhi von einem merkwürdigen Objekt hoch am Himmel verwirrt, das die Stadt zu umkreisen schien. Ein Zeuge war George Franklin Floate, Chefingenieur beim Delhi Flying Club, der "ein rundnasiges, zigarrenförmiges Objekt von etwa 35 Meter Länge mit einem Flammenring am Ende" beschrieb. Zwei Jets der indischen Air Force wurden als Abfangjäger hinaufgeschickt. Aber das Objekt stieg plötzlich mit einer "phänomenalen Geschwindigkeit" nach oben und verschwand in der Höhe.

So waren also bis 1951 trotz aller offiziellen Dementis beträchtliche Fortschritte gemacht worden, die eine Grundlage für die Planung von Alternative 3 liefern konnten.

Mitte der siebziger Jahre gab es so viele Gerüchte über verdeckten Informationsaustausch zwischen Ost und West - Männer wie Professor Broadbent wurden dabei immer neugieriger - daß die amerikanisch-russischen "Rivalen" ein Meisterstück der Tarnung in Szene setzten. Sie zeigten der Welt ganz öffentlich, wie sie auf die Kooperation im Weltraum vorbereitet waren. Das Ergebnis war im Juli 1975 zu sehen. Der erste zugegebene internationale Weltraumtransfer. Fernsehkameras zeigten, wie ein Sojus-Raumschiff an ein Apollo-Raumschiff andockte - und die Mannschaften tauschten jubelnd Lebensmittel und symbolische Medaillenhälften aus.

Leonid Breschnew sandte folgende Botschaft an die vereinten Raumfahrer: "Ihr erfolgreiches Ankoppeln bestätigt die Richtigkeit der technischen Lösungen, die in Kooperation von sowjetischen und amerikanischen Wissenschaftlern, Designern und Kosmonauten ausgearbeitet und realisiert wurden. Man kann sagen, daß Sojus-Apollo ein Prototyp der zukünftigen internationalen Orbitalstation ist."

Gerald Ford gab der Hoffnung Ausdruck, daß diese "ungeheuere Demonstration der Kooperation" dafür wegweisend sein würde, "was wir in der Zukunft zu tun haben, um eine bessere Welt hervorzubringen." Und in seiner Wohnung bei Boston in Massachusetts schaltete der frühere Apollo-Mann Bob Grodin mißmutig seinen Fernsehapparat aus.

Grodins Kommentar fiel knapper aus als die staatsmännischen Kommentare. Er sagte: "Wie können sie es wagen!" Dann goß er sich ein weiteres Glas Bourbon ein.

Grodin hatte allen Anlaß, an diesem Tag bitter zu sein. Bitter und gleichzeitig zynisch amüsiert. Für ihn hatte es keine Fernsehübertragung, keinen Ruhm irgendeiner Art gegeben, als er am 20. April 1969 das identische Manöver - 300 Kilometer über den Wolken - durchgeführt hatte. Er hatte den Russen da oben die Hand geschüttelt und über ihre schlechten Witze gelacht - genauso wie Tom Stafford es gerade getan hatte - aber dieser ganze Vorgang war überhaupt nicht so blöde gefeiert worden. Es war verrückt ... wie sie die Leute auf den Arm nahmen, indem sie soviel Wesens darum machten! Himmel! Es war keine große Sache gewesen, selbst als er es getan hatte. Da waren all die anderen vor ihm gewesen.

Wir wissen heute in der Tat, daß diese amerikanisch-russische Ankoppelungstechnik bereits Ende der Fünfziger erfolgreich ausprobiert wurde - mit speziell entworfenen U-Booten in den schwarzen Tiefen des Nordatlantik. Sie wurde speziell für Alternative 3 ausprobiert, weil äußerste Geheimhaltung erforderlich war. Das System ermöglichte es Männern, die offiziell Feinde waren und in der Öffentlichkeit so taten, als würden sie einander mißtrauen, getrennt zu reisen und sich ganz diskret tief unter dem Meeresspiegel zu Konferenzen zu treffen.

Donnerstag, 3. Februar 1977. Ein Meilenstein. Erstmals wird von Trojan das Transkript einer Sitzung des Politischen Komittees weitergegeben. Informationen über frühere Treffen an verschiedenen Orten sind noch nicht verfügbar. Die Mitschriften werden offensichtlich sicherheitshalber abschnittsweise an verschiedenen Orten gelagert. Trojan erhielt nur einen kleinen Teil. Genug, um die Verschwörung zum Mord zu bestätigen. Ein großer Durchbruch.

Der Ort: Die Offiziersmesse eines umgebauten Permit-Atom-U-Bootes. Fünfunddreißig Faden unter dem Eis der Arktis. Permits "suchen und zerstören den Feind". So erzählt man den amerikanischen Steuerzahlern. Die Vorstellungen des Kalten Kriges werden bereitwillig akzeptiert. Sie lenken von der Wahrheit ab. Keine Namen auf dem Transkript. Offensichtlich werden auch keine Namen benutzt. Nur Nationalitäten und Zahlen. Acht Russen - aufgelistet als R Eins bis R Acht - und acht Amerikaner.

Nachfolgende Transkripte zeigen das Vorgehen - A Acht und R Acht wechseln sich monatlich als Vorsitzende ab.

3. Februar: Vorsitz: A Acht. Der Abschnitt des Transkriptes beginnt:

A Fünf: Sie sind mordwütig ... wissen Sie das? ... Absolut mordwütig ...
A Zwei: Nein ... er hat recht ... der Alte ist gefährlich
R Sechs: Ich erinnere Sie daran, daß wir übereingekommen sind ... ganz zu Anfang sind wir übereingekommen ... daß die Maßnahmen auf ein Minimum begrenzt würden ...
A Zwei: Und der Alte, lieber Freund, liegt genau in diesem Minimum ... so, wie er redet ... er wird das ganze verdammte Ding auffliegen lassen ...
R Eins: Wer, glauben Sie, wird ihm jemals zuhören? Wer? ... Niemand ... wird zuhören. Kommen Sie ... er weiß nichts ... nach all den Jahren. Theorien ... das ist alles, was er hat ... Theorien und Erinnerungen ...
A Fünf: Das sagt doch alles, oder nicht? Wir verschwenden hier unsere Zeit damit, uns wegen zwanzig Jahre alter Theorien zu streiten ... mein Güte! ... Wenn wir anfangen, mit Maßnahmen um uns zu schmeißen,

nur weil ...
R Vier: Die Theorien haben sich in den letzten zwanzig Jahren nicht so sehr geändert, und ich bin der Meinung, daß ...
A Fünf: ... nur weil ein halb seniler und schwatzhafter alter Mann ...
A Acht: Er ist nicht halb senil ... und er ist gar nicht so alt ... ich habe ihn letztes Jahr in Cambridge Vorträge halten hören, und Sie können mir glauben, er ist mit Sicherheit nicht halb senil ... Was hat er denn genau gesagt?
A Zwei: Er hat über die Luftgewinnung aus dem Boden gesprochen ... wie das Eis schmilzt ... die Leute an der Universität ... sie fangen an, auf ihn zu hören
A Fünf: Das ist nun wirklich nicht mehr, als er damals 1957 in Alabama gesagt hat ... zum Teufel, ich hatte damals in Huntsville recht, als ich es sagte ...
R Vier: Die Huntsville-Konferenz war wie dieses Treffen ... die Diskussion damals war nicht für Außenstehende und ...
A Fünf: Ja ... aber damals nahmen ihn nicht viele Leute ernst ... und jetzt, wo er alt ist ...
R Vier: Es ist immer noch ein ernsthaftes Sicherheitsrisiko ... es ist gefährlich und könnte eine Panik unter den Massen hervorrufen ...
A Fünf: Also in Ordnung! ... Bringt ihn um! Er ist ein harmloser und tatteriger alter Mann, aber wenn es Ihnen damit besser geht ... gehen Sie los und bringen Sie ihn um ...
A Acht: Maßnahmen sind nicht dafür da, daß wir uns besser fühlen ... Und unser Freund hier hatte recht ... wir haben uns darauf geeinigigt, sie auf ein Minimum zu begrenzen ... ist sonst noch etwas gegen diesen Mann vorzubringen?
A Zwei: Tja ... die wirklich schlechten Neuigkeiten ...

ich habe gehört, daß er Hinweise fallen läßt ... nichts Genaues, aber deutliche Hinweise über den großen Knall ... über diese Sache, daß die Lufthülle aufgebrochen wird
R Sechs: Aber das kann er gar nicht wissen ...
A Zwei: Vielleicht weiß er es auch nicht ... jedenfalls nicht sicher ... aber vielleicht hat er sich einiges überlegt ...
A Eins: Sie sagen, er stellt Vermutungen an ... stimmts's? Das sagen Sie doch?
A Zwei: Ja, verdammt nochmal, das sage ich.
R Eins: Es ist also, wie ich gesagt habe ... Theorien und Erinnerungen und jetzt Vermutungen! Wir verurteilen einen alten Mann zum Tode aufgrund seiner Vermutungen? Wollt ihr Amerikaner, daß wir so arbeiten?
A Acht: Lassen wir doch dieses Ost-West-Zeug beiseite ... wir sind ein Team, erinnern Sie sich bitte daran, und wir haben keine Nationalitäten ... nun, wir haben noch eine ellenlange Tagesordnung durchzuarbeiten und haben jetzt lange genug über diesen Engländer geredet. Also zur Abstimmung bitte ... Wer ist für eine Maßnahme? ... Oh, hm ... und dagegen? ... Gut, das wäre erledigt ... er darf weiterleben. Jedenfalls für eine Weile. Aber ich schlage vor, wir behalten ihn im Auge ... einverstanden? Nun denn ... Ballantine und dieser Typ Harry Carmell ... sieht so aus, als ob es bei ihnen keine Frage wäre ...
R Sieben: Dieser Harry Carmell ... sind wir sicher, daß er der NASA diesen Schaltkreis gestohlen hat?
A Acht: Ganz sicher. Und ich kann Ihnen versprechen, daß in Houston Köpfe gerollt sind. Wir wissen auch, daß er irgendwo in Endgland ist ... wahrscheinlich London ... Also, wenn er wieder mit Ballantine Kontakt aufnehmen sollte ...

R Sieben: Ich glaube, wir alle wissen, was geschehen könnte, wenn er mit Ballantine Kontakt aufnimmt.

A Zwei: Besonders wenn man an Ballantine's Kontakte zur Presse denkt ...

R Sieben: Wie konnte ein Mann wie Carmell aus Amerika entkommen ...?

A Acht: Das brauchen Sie mir nicht zu sagen ... Ich kann es für Sie sagen ... aus Rußland wäre er nie so leicht herausgekommen ... aber es ist nun einmal so ... unsere Leute haben geschlafen, und nun haben wir die Sache am Hals ...

R Sieben: Wie Sie sagen, es ist keine Frage ... für beide ist eine Maßnahme erforderlich.

A Acht: Alle einverstanden? ... Gut ... ich schlage ein paar "Hot Jobs" vor ... die Coroners (Gerichtsbeamte zur Untersuchung der Todesursache in Fällen unnatürlichen Todes in England) spielen sie immer herunter ...

R Sieben: Aber wahrscheinlich müssen wir Carmell zuerst einmal finden ...

A Acht: Wir finden ihn ... so groß London auch ist, und er wird bald seine Spritzen brauchen.

A Drei: Wie süchtig ist er?

A Acht: Süchtig genug ... Also, was ist mit Peterson? Gleiches Verfahren?

R Vier: Wir kennen alle die früheren Berichte über Peterson ... wie lautet der letzte Bericht?

A Acht: Er entwickelt eine immer stärkere Paranoia im Zusammenhang mit den Massentransporten ...

R Vier: Sie meinen die wissenschaftliche Justierung?

A Acht: Ja ... die wissenschaftliche Justierung ... er redet den ganzen Tag über Ethik ... und dieses Zeug

A Zwei: Ethik! Was zum Teufel glauben manche Leute eigentlich, wer wir sind? Himmel! Wir stecken inmitten der entscheidendsten Unternehmung, die wir je angegangen sind ... das Überleben der ganzen

menschlichen Rasse hängt davon ab ... und sie plärren über Ethik ...
A Acht: Diese chirurgischen Sachen ... es hat ihn wirklich getroffen ...
A Fünf: Sie hätten es ihm nicht erzählen sollen ... er brauchte das gar nicht zu wissen ... schauen Sie, wir stehen in Petersons Schuld ... er hat gute Arbeit geleistet ... könnten wir ihn nicht einfach verpflichten?
A Zwei: Keine Möglichkeit ... viel zu riskant ... Er würde sich um seinen Kopf quatschen.
A Acht: Das bedauere ich. Es tut mir leid, weil ich den Kerl mag ... aber es gibt keine Wahl. Irgend jemand gegen eine Maßnahme für Peterson? ... Okay ... das ist erledigt ... also jetzt um Gottes willen, kommen wir zum großen Problem ... der Frequenzerhöhung der Versorgungsfähren. Gibt es etwas Neues aus Genf?

Hier endet die Abschrift. Es waren eindeutig drei Morde vereinbart worden. Auch wenn sie es anders nannten, sie sprachen über Mord. Aber wissenschaftliche Justierung? Es war in der westlichen Presse bereits viel über merkwürdige Experimente an Häftlingen - hauptsächlich Dissidenten und politischen Gefangenen - im Psychiatriekrankenhaus von Dnjepropetrowsk in der Ukraine geschrieben worden. Sie waren barbarisch, diese Experimente, aber man wußte seit Jahren von ihnen und sprach darüber. Was diesen Peterson in solche Gewissensqualen brachte - so daß er sein Leben riskierte und verspielte - das mußte wirklich etwas Neues sein.

Zu diesem Zeitpunkt hatte Trojan uns bereits mit Informationen über dieses “ganz Neue” versorgt - denn es war genau dies, was ihn zu dem Entschluß gebracht hatte, sein gefährliche Tat zu begehen und mit Benson zu reden. Aber er hatte nichts Schriftliches. Nichts, um seine Behauptungen zu dokumentieren oder zu belegen. Wir kamen zu dem Schluß, daß sie eine Untersuchung lohnten, aber es wäre unverantwortlich gewesen, einfach ihre Richtigkeit anzunehmen.

Wir baten Kontakte in Washington um Hilfe. Kontakte mit Einfluß im Senat und in Kongreßausschüssen. Und wir waren überrascht von der Geschwindigkeit, mit der diese Kontakte zu Ergebnissen kamen. Sie schafften es nicht, die ganze Geschichte ans Licht zu bringen, zu jenem Zeitpunkt noch nicht, aber sie ermöglichten es der Öffentlichkeit, einen Schimmer der Wahrheit zu erkennen.

Am 3. August 1977 erschien in der Londoner Evening News folgende Geschichte:

"Menschliche Versuchskaninchen" sind von der CIA für Experimente zur Kontrolle von Verhalten und sexueller Aktivität eingesetzt worden.

Die CIA hat auch erwogen, für ein weiteres Geheimprogramm über Bewußtseinskontrolle einen Zauberer anzuheuern.

Die Experimente aus den letzten 20 Jahren werden in Dokumenten enthüllt, von denen geglaubt wurde, sie seien zerstört worden, die aber nun auf Druck vom Senat der Vereinigten Staaten und den Kongreßmitgliedern freigegeben wurden. Die Versuche, sexuelle Verhaltensmuster und anderes Verhalten zu ändern, umfaßten auch den Einsatz von Drogen bei schizophrenen und normalen Menschen. Halluzinogene wie LSD wurden bei Studenten eingesetzt.

Ein weiteres stark zensiertes Dokument zeigt, daß Überlegungen bestanden, für die Arbeit an der Bewußtseinskontrolle einen renommierten Zauberer hinzuzuziehen.

Das verräterische Wort war "Prestidigitation" -

Fingerfertigkeit - das in einem Memorandum von 1953 von Sidney Gottlier, dem damaligen Chef der Chemieabteilung bei der CIA, auftauchte."

Diese Geschichte, davon sind wir überzeugt, wäre ohne die Informationen von Trojan nie erschienen. Die "Versuchskaninchen" wären genauso geheim geblieben wie der Rest der Operation Alternative 3. "Am nächten Tag - dem 4. August - übernahmen andere Zeitungen die Geschichte. Ann Morrow, Korrespondentin in Washington, schrieb im Daily Telegraph:

Ein paar grausige Einzelheiten über die Art, wie die CIA versucht hat, das individuelle Verhalten zu kontrollieren, indem sie bei freiwilligen und unfreiwilligen menschlichen "Versuchskaninchen" Drogen anwandte, wurden gestern vom Direktor der CIA, Mr. Stansfield Turner, preisgegeben.

In einem großen holzgetäfelten Raum erzählte Mr. Turner, dem sein Admiralsrang sehr wichtig ist, dem nachrichtendienstlichen Ausschuß des Senats und dem Gesundheits-Unterausschuß für menschliche Ressourcen, daß solche Tests für ihn entsetzlich wären.

Er gab zu, daß die Tests in "geschlossenen Anstalten" in San Francisco und New York durchgeführt wurden, wo sexuelle Psychopathen ohne ihr Wissen Experimenten und Versuchen ausgesetzt wurden, ihr sexuelles Verhalten und andere Formen des menschlichen Verhaltens zu ändern.

Mindestens 185 private Wissenschaftler und 80 Forschungsinstitutionen, darunter auch Universitäten, waren beteiligt.

Mr. Turner berichtete weiter, daß ein Mann sich umgebracht hatte - indem er aus einem Hotelfenster in

New York City sprang - nachdem er “unwissentlich” in einem “CIA-gesponserten Experiment” benutzt worden war. In dem Bericht hieß es weiter:

Senator Edwar Kennedy stellte ein paar scharfe Fragen, fand es aber wie andere Mitglieder des Senatsausschusses schwierig, bei Fragen zu den CIA-Operationen mit den Decknamen “Mitternacht” und “Climax” ernst zu bleiben.

Bei der Befragung zweier ehemaliger CIA-Mitarbeiter zu den Experimenten, die in den fünfziger Jahren begannen und 1973 endeten, las Senator Kennedy aus einer bizarren Liste von Accessoires für die “Safe Houses” in San Francisco und New York, wo Prostituierte arbeiten, vor.

In seinem flachen Bostoner Akzent leierte er mit ernstem Gesicht herunter: “Ziemlich kunstvoller Frisiertisch, schwarzes Samthemd, Bild von französischen Can-Can-Tänzerinnen, drei Radierungen von Toulouse Lautrec, Zweiweg-Spiegel und Aufnahmeausrüstung.” Dann gab er zu, daß dies die lustigere Seite der Operation war.

Mr. John Gittinger, der 26 Jahre bei der CIA gearbeitet hatte, zitterte und führte ein Taschentuch an die Augen. Er nickte nur zustimmend.

The Times brachte, wie Sie sich in jeder guten Bibliothek überzeugen können, an jenem Tag eine ähnliche Geschichte aus Washington. Der Autor beschrieb Dokumente aus CIA-Akten und fügte hinzu:

Eine Menge Dokumente sind den Journalisten in Washington unter dem Freedom of Information Act zugänglich gemacht worden, der den öffentlichen Zugang zu Regierungsunterlagen garantiert. Fast alle sind stark zensiert.

Das ist das Schlüsselwort - in der letzten Zeile. Fast alle sind stark zensiert. Alternative 3 ist seit seiner Schaffung in den fünfziger Jahren immer als von dem Freedom of Information Act ausgenommen betrachtet worden. Und es ist kein Zufall, daß diese kontroversen Experimente - wie heute offen zugegeben wird - ebenfalls in den Fünfzigern begannen.

Die Herausgeber dieser Zeitung konnten nicht wissen, daß ihre Geschichten, so beunruhigend sie waren, in direkter Verbindung zu Alternative 3 standen. Und sie konnten auch nicht wissen, daß sie nur einen Bruchteil der Wahrheit über dieses CIA-Experimente herausgefunden hatten.

Die Informationen aus den vollständigen Experimenten wurden gemeinsam mit den in der Dnjepropetrowsker Psychiatrieklinik gewonnenen ausgewertet. Die beiden Datenströme wurden kombiniert, damit Fabrikationsmethoden entwickelt werden konnten, um eine Sklavenspezies hervorzubringen.

Erinnern Sie sich noch an die merkwürdige Aussage des Ermittlers Ron Suttan im Oktober 1975 - nach dem Verschwinden des "Massentransports" aus Oregon?

"Ihnen wurde gesagt, sie müßten alles fortgeben, sogar ihre Kinder. Ich prüfe meinen Bericht von einer Familie, die angeblich eine Farm von 150 acres [ca. 60 Hektar] und drei Kinder weggab." Diese Worte passen jetzt ins Bild.

In den Tagen vor den amerikanischen Bürgerkriegen hatten Sklaven kein Recht auf eine Familie, kein Recht, ihre Kinder zu behalten, und sie hatten kein Eigentum. Sie waren Eigentum. Diese schreckliche Philosophie, das können wir jetzt beweisen, ist von den Weltraum-Sklavenhaltern der siebziger Jahre übernommen worden.

Alternative 3 braucht regelmäßige Lieferungen von Sklaven. Sie müssen für die Leute in den Schlüsselstellungen arbeiten. Für Leute wie Dr. Ann Clark.

Abschnitt Drei

Drei Menschen haben, ohne es zu wissen, unwissentlich diese Fernsehdokumentation inspiriert. Sie wären sicher nicht erfreut, dies zu erfahren, aber sie haben geholfen, die Welt auf die Schrecken von Alternative 3 aufmerksam zu machen.

Die Wissenschaftlerin Dr. Ann Clark hat sich auf Sonnenenergie spezialisiert. Brian Pendlebury, ein früherer Royal Air Force-Mann, ist Elektronikexperte. Robert Patterson ist Mathematikprofessor - beziehungsweise er war es bis zum Zeitpunkt seines Verschwindens. Heute lehrt Patterson fast sicher nicht mehr Mathematik, sondern arbeitet mit ganzer Kraft für Alternative 3.

Diese Menschen waren also die Auslöser für die gesamte Untersuchung. Darum haben wir ihnen, obwohl wir ihnen nie begegnet sind, dieses Buch gewidmet.

Ann Clark, eine dunkelhaarige, attraktive Frau um die Dreißg, traf ihre große Entscheidung Ende 1975. Sie hätte das nie getan - obwohl ihr Stolz nicht zuließ, daß sie das im Fernsehen zugab - wenn ihr Verlobter ihre Verbindung nicht unerwartet gelöst hätte.

Ihre Zukunft schien klar zu sein. Sie hatte beabsichtigt, trotz aller Frustration in dem Forschungslabor in Norwich zu bleiben, bis sie heiraten würden. Und dann wahrscheinlich noch, bis ihr erstes Kind geboren wurde. Die Bedingungen in dem Labor waren, wie sie oft sagte, "ziemlich mies", aber sie war darauf eingestellt, sie zu ertragen. Es würde schließlich nicht mehr so lange dauern.

Dann hatte Malcolm sie mit seinen Neuigkeiten völlig durcheinander gebracht. Er war erstaunlich sachlich gewesen. Ganz anders als Malcolm, den sie zu kennen gemeint hatte. Er hatte ihr einfach brutal gesagt, daß ihre Verlobung ein Fehler gewesen war und daß er sich noch nicht binden wollte. Und dann hatte sie nur vier Wochen später gehört, daß er davon sprach, ein Mädchen namens Maureen zu heiraten.

Plötzlich wirkte das Labor und alles andere unerträglich deprimierend auf sie. Heruntergekommen, fast schmutzig. Alle Behörden gaben zu, daß ihre Forschung wichtig war. Besonders angesichts der Energieknappheit und der steigenden Ölpreise. Aber offensichtlich war sie nicht wichtig genug, um Geld hineinzustecken.

Experimente brauchten oft dreimal so lange wie eigentlich erforderlich, weil die Ausrüstung notdürftig und in manchen Fällen völlig überholt war. Bestimmte Projekte konnten nicht einmal begonnen werden. “Vielleicht im nächsten Finanzjahr, aber im Moment ist das Budget verplant.” Das war eine Standardantwort von der Verwaltung. Und Ann Clark wurde immer frustrierter.

Sie wollte sich jetzt stärker denn je zuvor in die Forschung stürzen, völlig darin untertauchen, aber sie wurde sich immer mehr bewußt, daß sie - wie die anderen - ihre Ausbildung nicht richtig nutzen durfte. Sie hätte es nie so deutlich gespürt, wenn Malcolm nicht gewesen wäre. Aber Malcolm und sein Plan diese Maureen zu heiraten ... das bewog sie wirklich, ein neues Leben anzufangen.

In diesem Jahr ging es noch vielen anderen so. Sie verließen England und machten sich auf die Jagd nach den tollen Jobs in Europa und dem Nahen Osten. Und in Amerika. Sie verdoppelten ihr Gehalt und nahmen Vergünstigungen wie Firmenwagen und Betriebswohnungen in Anspruch. Außerdem erhielten sie viel bessere Arbeitsbedingungen.

Der englische Ausdruck für diese Abwanderung war Brain Drain (Gehirn-Auszehrung). Und diese Bezeichnung ist ganz richtig. In den zwölf Jahren bis Dezember 1975 - dem Monat, als Ann Clark zu ihrer

Entscheidung kam - waren fast vier Millionen Menschen aus England ausgewandert. Mehr als ein Drittel von ihnen stammten aus den Akademiker- und Managerkreisen der britischen Gesellschaft.

Einer der führenden Köpfe in Norwich hatte Anfang des Jahres einen Superposten in Amerika angenommen, und wie seine gelegentlichen Briefe deutlich machten, hatte er den Wechsel nicht bereut. Er bedauerte lediglich, nicht schon Jahre früher gegangen zu sein. Ann Clark beschloß, ihm zu schreiben.

Zu ihrer Überraschung rief er sie aus Kalifornien an, sowie er den Brief erhalten hatte. Es wäre alles kein Problem, sagte er ihr. Nicht bei ihren Fähigkeiten und mit ihrer Erfahrung. Sie war genau der Typ, den sie brauchten, und wenn sie wollte, konnte er ihr mit Sicherheit den richtigen Job besorgen.

Und ob sie wollte! Sie hatte sich nie vorgestellt, daß es so leicht sein könnte. Erregung durchflutete sie beim Zuhören. Offensichtlich gab es da einen Mann in London, der Wissenschaftler für die Firma in Kalifornien anwarb, und wenn sie mit diesem Mann Kontakt aufnahm ...

Sie notierte sich den Namen und die Adresse des Mannes in London und seine Telefonnummer. “Ich werde ihn noch heute anrufen”, sagte sie. “Ich kann ihnen gar nicht sagen, wie dankbar ....”

“Lassen Sie mich zuerst anrufen”, unterbrach er. “Ich werde ihn über Sie ins Bild setzen.”

“Vielen Dank”, sagte sie. “Wirklich vielen Dank.”

Am nächsten Tag traf sie sich mit dem Mann in London, und innerhalb einer Stunde war alles geregelt. Im Zug zurück nach Norwich formulierte sie ihre Kündigung.

Wie wir später noch erklären werden, nahm Sceptre Television in dieser Woche zum ersten Mal Kontakt mit ihr auf. Und zuerst war sie überglücklich darüber, mit den

Fernsehleuten über ihre Pläne zu sprechen. Die Sache mit Malcolm erwähnte sie natürlich nicht, denn das ging die Zuschauer nichts an. Aber sie hatte das Gefühl, es sei wichtig, daß die Menschen genau erführen, warum Wissenschaftler England verließen. Sie war auch geschmeichelt, sich öffentlich äußern zu können und sagte sich, daß sie dadurch, daß sie es aussprach, vielleicht die Bedingungen für die Zurückbleibenden verbessern konnte.

Nun kommen wir zu einem Geheimnis, das wir noch nicht vollständig gelöst haben. Die Informationen, die wir zusammengetragen haben, stammen von Ann Clarks Freunden und Kollegen in Norwich. Sie liefern fast eine Antwort ... aber sie lassen auch Fragen offen.

Kurz nachdem das Sceptre Television-Aufnahmeteam im Januar 1976 im Labor ankam - für das erste aus einer Reihe von Interviews - erhielt Ann Clark dort Besuch von einem merkwürdigen Amerikaner. Er hatte sich nicht mit ihr verabredet, sondern tauchte einfach auf, und sie nahm an, es hinge in irgendeiner Weise mit ihrem neuen Job zusammen. Der Amerikaner sprach lange unter vier Augen mit ihr, und hinterher schien sie verwirrt. Sie wollte nicht sagen, was er gewollt hatte oder worüber sie gesprochen hatten, aber sie war offensichtlich außerordentlich verstört.

Dieser Amerikaner, das haben wir inzwischen herausgefunden, suchte an diesem Abend ihre Wohnung auf und blieb dort dreit Stunden. Und nach diesem Abend änderte sich Ann Clark's Haltung ihrer Umgebung gegenüber und gegenüber den Leuten von Sceptre Television in ganz ungewöhnlicher Weise. Sie tat ihre Arbeit so konzentriert wie immer, war aber merkwürdig geistesabwesend. Sie ließ sich nicht in Gespräche ziehen. Es war, als hätte sie um sich herum einen Schutzwall errichtet.

Dazu kam noch etwas Anderes. Einer ihrer Kollegen, ein älterer Mann, sagte uns: Ich bemerkte, daß sie manchmal mich - und andere - mit einem merkwürdigen Gesichtsausdruck anschaute. Es war fast, als ob wir ihr aus irgendeinem Grund leid täten. Alles ein bißchen merkwürdig ...”

Alles sehr merkwürdig. Dr. Ann Clark verließ Norwich in einem Mietwagen am 22. Februar 1976. Sie arbeitete nicht bis zum Ablauf ihres Vertrags, denn, wie sie erklärte, wollten die Amerikaner sie schnell haben. So wurde sie Teil des Brain Drain. Aber sie ist bis heute nicht bei jener Firma in Kalifornien angekommen.

Brian Pendlebury war dreiunddreißig, als er im Juli 1974 Teil des Brain Drains wurde. Er ging hauptsächlich, weil er das englische Klima nicht mochte, besonders das Klima in Manchester. Er war ein Sonnenmensch.

Seit er sein Studium in Elektrotechnik abgeschlossen hatte, hatte er Geschmack daran gefunden, als Offizier für besondere Projekte für die Royal Air Force unterwegs zu sein.

Die Air Force hatte ihm die Welt gezeigt. Sie hatte ihm auch gezeigt, daß er nicht der Typ war, es sich in irgendeiner Alltagsroutine bequem zu machen. Und bestimmt nicht in Manchester.

Fünf Monate nachdem er den Dienst in der Armee quttiert hatte, bewarb er sich um einen Job bei einer großen Elektronikfirma in Sydney in Australien. Und zur großen Enttäuschung seiner Eltern bekam er den Job.

Sie waren, wie sie heute zugeben, aus einem selbstsüchtigen und sehr verstädnlichen Grund enttäuscht. Er war ihr einziges Kind, und sie beteten ihn an - sie hatten sich krummgelegt, um ihm das Studium zu finanzieren und waren so stolz auf seinen Erfolg gewesen - und seit Jahren hatten sie kaum etwas von ihm gesehen. Sie hatten gehofft, daß er nun zu Hause wohnen würde, wenigstens für ein Jahr oder so. Seine Mutter hegte auch die schöne Vorstellung, daß Brian irgendein nettes, sensibles Lancashire-Girl heiraten würde und sie glückliche Großmutter würde.

"Vielleicht können wir einen Kompromiß schließen" hat er ihr kurz angebunden erklärt. "Ich werde versuchen, ein nettes, sensibles australisches Mädchen zu finden, und dann könnt ihr einen Enkelsohn mit etwas Aborigine-Blut bekommen ..."

Es war aussichtslos, mit ihm zu streiten, wenn er einmal etwas beschlossen hatte. Er versprach jedoch, daß er in engem Kontakt bleiben würde. Er würde regelmäßig schreiben und viele Fotos schicken. Ja, er wußte, daß er das schon oft gesagt hatte ... aber diesmal würde er es wirklich tun.

Er hielt sein Versprechen. Er hielt es ungefähr fünf Monate lang, nachdem er aus Manchester weggegangen war. Jede Woche bekamen sie einen Brief mit Neuigkeiten über sein Leben in Australien. Der Job lief wohl wunderbar, und er fühlte sich sehr wohl dort. Sie erhielten auch Fotografien: Brian beim Surfen ... Brian mit Freunden in einer Bar ... Brian vor der Hafenbrücke von Sydney. Dieses Brückenbild war besonders gelungen. Sie ließen es rahmen und stellten es auf den Kaminsims.

Also war alles in Ordnung, absolut in Ordnung, abgesehen von ein paar merkwürdigen Tatsachen.

Brian Pendlebury wohnte nicht unter der Adresse, die auf seinen Briefen angegeben war. Die Firma, für die er zu arbeiten behauptete, bestand darauf, daß sie nie von ihm gehört hätte. Und in Wahrheit ist Pendlebury, soweit wir es beurteilen können, nie nach Australien gelangt.

Über das englische Steuersystem konnte sich der

zweiundvierzigjährige Patterson leidenschaftlich aufregen. Und als Mathematiker kannte er immer die letzten Neuigkeiten, die seinen Ärger rechtfertigten.

Seine Freunde an der St. Andrews University, wo er Professor war, hatten sich daran gewöhnt, regelmäßig mit Zahlen wie diesen bombardiert zu werden:

“Ist euch klar, daß in Deutschland der höchste Steuersatz für die Höchstverdienenden bei 56 Prozent liegt! Und in Amerika ... also das ist ein Land, wo man den Wert des Leistungsprinzips wirklich erkannt hat ... in Amerika liegt dieser Steuersatz nur bei 50 Prozenz!”

Jeder seiner Sätze, wenn er über Steuern sprach, endete mit einem feuerigen Ausrufezeichen:

“Und was ist hier in England? Ihr fragt mich das, und ich sage es euch! Dreiundachtzig Prozent ... so ist das hier ... dreiundachtzig Prozent! Und ihr wundert euch, warum die Leute kein Interesse mehr daran haben, zu arbeiten!”

Diese Art von Gespräch - bei der Patterson sämtliche Fragen und Antworten selbst beisteuerte - konnte eine ganze Weile weitergehen, ohne daß sonst jemand ein Wort sprach. Es war eine Folge seiner Vorlesungstechnik und machte ihn ganz unerträglich langweilig.

Viele Leute an der Universität waren ziemlich erleichtert als er schließlich ankündigte, er würde jetzt endlich das tun, was er immer schon vorhatte. Er und seine Frau Eileen würden England verlassen. Sie nahmen ihre Kinder mit, um in Amerika neu anzufangen.

Er war ungewöhnlich schweigsam im Hinblick darauf, was er in Amerika tun würde und sagte nur, er sei “zu einem interessanten Projekt eingeladen” worden. Trotz seiner Verschwiegenheit schien er offensichtlich irgendeinen wirklich guten Posten in Amerika angenommen zu haben. Und an der Universität überraschte das niemanden, denn er war bekannt als einer der brillantesten Mathematiker in England. Es war ein Jammer, daß er ansonsten so ein Langeweiler war.

Patterson teilte seine Neuigkeiten Anfang Februar 1976 mit, und im Guardian erschien ein Artikel darüber.

Einer der Mitarbeiter bei Sceptre Television - der auch das erste Interview mit Ann Clark organisiert hatte - sah den Artikel und nahm sofort mit Patterson Kontakt auf. Er bot Patterson die beste Plattform, die er jemals gehabt hatte, um seine Ansichten über das britische Steuersystem loszuwerden, denn die Sendung Science Report wurde im ganzen Land ausgestrahlt.

“Vielen Dank für die Einladung”, sagte Patterson. “Normalerweise hätte ich liebend gerne angenommen, aber ich habe ein Zeitproblem. Wir fliegen Ende nächster Woche, und ich habe noch so viel zu tun ...”

“Wir würden gar nicht so viel von Ihrer Zeit benötigen”, beharrte der Fernsehmann. Er hatte genug Schwierigkeiten, die richtigen Leute zu finden, und er würde sich einen Treffer wie Robert Patterson nicht so einfach entgehen lassen. “Wir könnten einen Reporter mit Filmteam nach Schottland hochsenden und das Interview in der Universität oder bei Ihnen zu Hause machen.” Harman, das wußte er, würde wahrscheinlich darüber zetern, was es wieder kostete, ein Team nur für ein Interview von Londin bis nach Schottland zu schicken - sollte er zetern.

Sie konnten keine erfolgreiche Sendung machen, ohne auch etwas zu investieren. In jedem Fall, dachter er, konnte Chris Clements das mit Harman auskämpfen. Dafür waren Produktionsleiter da. Sein Job war es, an die richtigen Leute heranzukommen, und er machte seine Sache verdammt gut. “Es wird nicht lange dauern, Mr. Patterson”, sagte er. “Wir können uns terminlich ganz nach Ihnen richten.”

Patterson zögerte. “Wie wäre es mit nächsten Dienstag morgen?” sagte er. “Prima. Wieviel Uhr?”

“Elf Uhr?”

“In Ordnung. und wo?”

“Es wäre mir lieber hier bei mir zu Hause.”

“Dann bei Ihnen zu Hause, Mr. Patterson. Wir werden um elf Uhr dort sein. Und vielen Dank.”

Colin Benson, der jetzt mit uns zusammenarbeitet, war der Fernsehreporter, der an jenem Dienstag morgen zu Pattersons Haus fuhr. Er fand das Haus verschlossen und offensichtlich verlassen vor. Die Pattersons waren nach Angaben der Nachbarn am Samstag mittag eilig fortgefahren.

Wenn Sie sich diese Sondersendung des Science Report angeschaut haben, werden Sie sich vielleicht daran erinnern, daß das Auto der Familie später verlassen in London gefunden wurde. Aber die Pattersons - Robert, Eileen, der sechzehnjährige Julian und die vierzehnjährige Kate - sind seitdem nicht mehr gesehen worden.

6. Februar 1977. Sir William Ballantine schaute immer wieder nervös auf seine Uhr. Er verstand nicht, warum Carmell noch nicht angerufen hatte. Das war ganz eindeutig die Verabredung gewesen. Er hätte, sowie er in England angekommen war, anrufen und ein Treffen vereinbaren sollen.

Aus dem Fenster seines Arbeitszimmers konnte Ballantine gegen das trotz der Jahreszeit strahlende Blau des Nachmittagshimmels das hoch aufragende riesige Lauschrohr vom Radioteleskop von Jodrell Bank sehen.

Er starrte es jetzt an und versuchte die Überzeugung zu unterdrücken, daß irgendetwas schrecklich schiefgegangen war. Seit Tagen hatte er diese Vorahnung, daß sie irgendwie herausbekommen hatten, was er plante und daß die Zeit ihm davonlief.

Es war ein Fehler gewesen, ein schrecklicher Fehler, das Band so lange geheimzuhalten. Er hätte schon vor Monaten damit an die Öffentlichkeit gehen müssen, was wirklich im Weltraum ablief. Er hätte es an dem Tag tun sollen, als er - im NASA-Hauptquartier in Amerika - die unwiederlegbare Wahrheit sah ... daß die Menschheit das Unmögliche erreicht hatte.

Aber andererseits, wer hätte ihm geglaubt? Die Tatsachen waren so fantastisch, daß es trotz seines internationalen Ruhmes als Radioastronom sehr viel Skepsis gegeben hätte - und Harry Carmell hatte ihn gewarnt, daß die NASA alles sehr heftig abstreiten würde.

Carmell hat ihm geholfen. Er war sehr nervös dabei gewesen, aber er hatte ihm geholfen, ohne die Erlaubnis seiner Vorgesetzten einzuholen. Er hatte Ballantine's Band von Jodrell Bank mit einem elektronischen Dekodierer der NASA abgespielt. Und dann hatten sie, nur sie beide, die erstaunlichen Bilder gesehen, die dem entschlüsselten Band plötzlich entlockt wurden.

Carmell hatte sofort große Angst bekommen. “Sagen Sie keinen Mucks darüber - zu niemandem”, hatte er gesagt. “Diese Schweine würden uns umbringen, wenn sie wüßten, was wir gerade gesehen haben. Nehmen Sie meinen Rat an, mein Freund, und zerstören Sie dieses verdammte Band ...”

Wir kennen den Wortlaut seines Rates, weil diese Worte Ballantine sehr beeindruckt hatten. So sehr, daß er sie in seinem Tagebuch von 1976 vermerkt hatte.

Carmell hatte sich geweigert, sich weiter auf die Sache einzulassen. Und Ballentine, beunruhigt von der Heftigkeit seiner Warnung, hatte das Band mit zurückgenommen und in einer Schreibtischschublade eingeschlossen. Dort war es seit seiner Rückkehr aus Amerika geblieben.

Ballantine sprach nicht darüber, was er bei der NASA gesehen hatte. Er versuchte, es zu vergessen. Aber das gelang ihm natürlich nicht.

Am Mittwoch, dem 26. Januar 1977, erhielt Ballantine einen unerwarteten Telefonanruf von Carmell aus Amerika. Die meisten Telefongespräche von Ballantine enthielten eine solche Menge an technischer Informationen, daß er sie für seine eigenen Zwecke aufnahm. Er nahme auch dieses auf, und dank der Erlaubnis von Lady Ballantine können wir es hier wiedergeben:

Carmell: Haben sie getan, was ich gesagt habe? ...
Haben Sie das Band zerstört?
Ballantine: Ich habe niemandem davon erzählt ... aber ich bewahre es immer noch an einem sicheren Ort auf ....
Carmell: Gott sei Dank! Dann können wir diesen ganzen Mist auffliegen lassen ...
Ballantine: Tut mir leid ... wovon sprechen Sie?
Carmell: Massentransporte ... davon spreche ich ... Ich sage Ihnen, mein Freund, es ist unglaublich, was diese Verbrecher tun ...
Ballantine: Massentransporte? ... Ich weiß nicht, was das heißen soll ...
Carmell: Schreckliche Gräßlichkeiten ... das heißt es ... Aber ich will nicht mehr sagen, nicht am Telefon ... Ich sage es Ihnen, wenn ich zu Ihnen komme ...
Ballantine: Sie kommen nach England?
Carmell: Mit dem ersten verdammten Flug, den ich bekomme ... Ich habe bei der NASA aufgehört und mir eine Baby-Juke-Box ausgeborgt ...
Ballantine: Ich glaube, das habe ich nicht ganz mitbekommen ...
Carmell: Eine Juke-Box ... wissen Sie ... einen Dekodierer, wie wir ihn letztes Jahr benutzt haben ... Ich habe einen und ich bringe ihn mit nach England ...

Ballantine: Aber was ist passiert? ... Und was sind Massentransporte?
Carmell: Warten Sie, bis wir uns sehen, mein Freund, und ich werde Ihnen ein Licht aufstecken ... Jesus, ich wußte, daß es miese Schweinehunde sind, aber so etwas hätte ich mir nie vorgestellt ... Hören Sie, ich rufe Sie an, wenn ich in London bin, okay?
Ballantine: Sie werden wahrscheinlich morgen hier sein?
Carmell: Kann ich nicht genau sagen ... die wissen, daß ich dieses Gerät habe, und sie suchen mich ... also muß ich schlau vorgehen. Vielleicht gehe ich erst nach Kanada und auf diese Weise raus ... Geben Sie mir bis ... na, sagen wir bis Sonntag in einer Woche ... bis dahin muß ich es geschafft haben ...
Ballantine: Wissen Sie, ich finde das sehr schwer zu glauben ... sind Sie wirklich in Gefahr?
Carmell: Nicht in irgendeiner Gefahr. mein Freund ... in der allergrößten Gefahr ... aber ich konnte einfach nicht danebenstehen und sie weitermachen lassen ... Also hören Sie, ich muß los ... also spätestens etwa Sonntag in einer Woche, okay?
Ballantine: Das ist der 6. Februar ...
Carmell: Ja ... mit etwas Glück bin ich früher da ... wenn Sie bis zum 6. Februar nichts von mir gehört haben - sagen wir bis um vier Uhr nachmittags - wissen Sie, daß alles vermasselt ist ...
Ballantine: Und was heißt das?
Carmell: Daß ich tot sein werde, mein Freund, das heißt es!
Ballantine: Guter Himmel! Aber wenn das geschieht ... was soll ich dann tun?
Carmell: Wenn Sie irgend etwas auf Anstand oder menschliche Würde geben ... dann gehen Sie los und lassen Sie die ganze stinkende Bude auffliegen ... da gibt es einen Typen in Genf, der Ihnen helfen wird ... er heißt ...

Das war das Kernstück des Gespräches. Wir drucken den Namen, den Harry Carmell nannte, nicht, denn dieser Mann heißt für die Zwecke dieses Buches Trojan. Angesichts dessen, wie Trojan bei dieser Untersuchung geholfen hat, wäre sein Leben in akuter Gefahr, wenn er durch dieses Buch irgendwie zu identifizieren wäre.

Ballantine stand also in seinem Arbeitszimmer und es war der 6. Februar. Es war fast 16.45 Uhr nachmittags. Und Carmell hatte immer noch nicht angerufen.

Vielleicht, dachte er, war Carmell gefangen worden. Vielleicht war gefangen und umgebracht worden. Es schien alles völlig unmöglich, aber nach dem, was er bei der NASA gesehen hatte, hielt Ballantine nichts mehr für unmöglich.

Offenbar mußte er jetzt mit dem Mann in der Schweiz Kontakt aufnehmen. Das hatte er Carmell versprochen. Na ja, mehr oder weniger versprochen. Aber auch das war nicht so einfach, wie es schien. Carmell hatte ihm weder eine Adresse noch eine Telefonnummer gegeben. Nur einen Nachnamen. Und Genf war ziemlich groß.

Um 17.30 Uhr war er davon überzeugt, daß Carmell tot war. Er war auch davon überzeugt, daß für ihn selbst ernste Gefahr bestand. Carmell's Worte gingen ihm immer wieder durch den Kopf: "Ich wußte, daß es miese Schweinehunde sind, aber so etwas hätte ich mir nie vorgestellt ..." Und jetzt ging Ballantine's Fantasie mit ihm durch. Wahrscheinlich wußten sie bereits von seinem Band und was er damit vorhatte ...

Er zog die Kassette aus der Schublade. Er wußte, daß er sie in Sicherheit bringen mußte. Da fiel ihm ein Freund ein, der ihm vielleicht einen Rat geben konnte - John Hendry, der leitende Herausgeber einer internationalen Nachrichtenagentur in London.

Hendry hatte vor allem einen Korrespondenten in Genf - und der würde mit Sicherheit den von Carmell genannten Mann aufspüren können. Hendry würde ihm auch sagen können, wie er die Nachrichten am besten unterbringen könnte - denn es war wichtig, den ersten Eindruck so stark wie möglich zu machen. Er würde das ganze bizarre Geschäft geradewegs vor das Auge der Öffentlichkeit zerren. Er würde auch eine gründliche Untersuchung über das Verschwinden von Harry Carmell erzwingen.

Er blickte wieder auf die Uhr. Früher Sonntag abend. Es war möglich, daß John Hendry noch in seinem Büro war. In der Fleet Street [Presseviertel in London] arbeiteten sie zu merkwürdigen Zeiten. Er würde es probieren.

Er hatte Glück. Er erwischte Hendry, der gerade gehen wollte. Hier ist, wieder mit Lady Ballantine's Erlaubnis, ein Transkript dieses Telefonanrufes:

Ballantine: John? ... Hier ist William Ballantine ...
Hendry: Oh, was für eine schöne Überraschung! Wie geht's da draußen in Jodrell?
Ballantine: Ich habe ein Problem, John, ein ziemlich ernstes Problem ... und ich brauche deine Hilfe ...
Hendry: Na klar, du weißt, daß jede Hilfe, die ich die geben kann ... worum geht es denn?
Ballantine: Kann ich dich heute abend sehen?
Hendry: Bist du in London?
Ballantine: Ich rufe von zu Hause an ... aber ich könnte schnell reinfahren ...
Hendry: Gut ... ich wollte für heute gerade alles zusammenpacken ...
Ballantine: Es ist wichtig, John ... und ich verspreche dir, es ist die größte Story, die du dieses Jahr zu sehen bekommst ...
Hendry: Wie kann ich da nein sagen? Willst die ins Büro

kommen?
Ballantine: Ich werde so schnell wie möglich bei die sein. Oh - und John - ich tue auch ein Päckchen für dich in die Post ... aber ich werde dir das erklären, wenn wir uns sehen ...
Hendry: Ich kann nicht ganz folgen ... warum bringst du es nicht mit ...?
Ballantine: Weil ich so ein Gefühl habe ... eine Vorahnung, wenn du so willst ... daß die Ereignisse sich überstürzen ... und ich will es in Sicherheit und von mir weg haben ...
Hendry: Und das soll logisch sein? William, was ist denn bloß los?
Ballantine: Warte nur auf mich ... dann wirst du alles verstehen.

Die Folge von Ereignissen, die unmittelbar auf dieses Gespräch folgte, ist von Lady Ballantine beschrieben worden. Wir haben sie am 27. Juli 1977 besucht. Hier ist die Aussage, die sie damals machte:

Ich trat ins Arbeitszimmer, gerade als mein Mann den Hörer auflegte und bemerkte sofort, daß er sehr aufgeregt war. Das war ungewöhnlich, weil er normalerweise ein ruhiger und extrem selbstbeherrschter Mann war. Er erlaubte sich nie, den Kopf zu verlieren. Er hatte sich seit etwa einer Woche ein bißchen merkwürdig, ein bißchen anders als sonst verhalten - seit er einen Telefonanruf von einem Mann in Amerika erhalten hatte. Er wollte mit mir nicht darüber sprechen - was ebenfalls ungewöhnlich war - aber es schien ihn sehr zu belasten.

Ich habe ihn allerdings noch nie so gesehen, wie er aussah, als ich damals in sein Arbeitszimmer trat. Ich hatte das deutliche Gefühl - und ich glaube nicht, daß ich im nachhinein dramatisiere - daß er Angst hatte.

Ich fragte ihn, was ihn bedrückte, denn es war offensichtlich, daß es da etwas gab, aber er schüttelte den Kopf und sagte, es ei nichts.

Er sagte mir, er müßte sofort nach London fahren und sich dort mit jemandem treffen ...

Lady Ballantine war während dieses Teils ihrer Aussage sehr erschüttert, und wir warteten eine Weile, bis sie sich wieder gefaßt hatte. Sie entschuldigte sich für ihre Tränen und sagte, sie wollte gerne weitermachen, um uns zu helfen. Unsere Untersuchung, sagte sie, hätte die vollste Unterstützung ihres Mannes gehabt. Sie fuhrt fort:

Er nahm ein Päckchen aus seiner Schreibtischschublade und verpackte es in einen großen Umschlag, den er an Mr. Hendry in London adressierte. Er versah es mit Briefmarken und bat mich, es sofort zum Briefkasten zu bringen. Er sagte, es sei dringend, und obwohl ich einwandte, daß an diesem Abend nicht mehr geleert würde, beharrte er eisern darauf, daß ich es dort einwerfen sollte.

Er sagte, er würde wahrscheinlich am frühen Montagmorgen aus London zurückkommen, aber wie Sie wissen, habe ich ihn nie wiedergesehen.

Warum verhielt sich Ballantine, was das Band anging, so merkwürdig? Es wäre sicher logischer gewesen, es mit nach London zu nehmen. Es von seiner Frau zur Post bringen zu lassen - und so sicherzustellen, daß es Hendry erst mit Verzögerung erreichen würde - scheint wenig Sinn zu ergeben. Wir bekennen, daß wir keine Antwort haben. Es sei denn, in der Mitschrift seines Gespräches mit Hendry steckt die Antwort ...

"Ich habe so ein Gefühl ... eine Vorahnung, wenn du so willst ..." Das sagte er. Und es könnte der Schlüssel sein. Wir wissen heute, daß dieses Band Hendry nie erreicht hätte, wenn es in Ballantine's Auto gewesen wäre. Aber im nachhinein, um einen Ausdruck von Lady Ballantine zu übernehmen, sieht alles anders aus.

Ballantine's Tod machte Schlagzeilen, wie Sie sich erinnern werden. Die riesige Titelzeile eines der Sensationsblätter hieß "Merkwürdiger Schleuderunfall tötet Wissenschaftler" und das schien es auf den Punkt zu bringen. Es gab keine gute Erklärung dafür, daß sein Auto auf jener Fahrt nach London von der Straße abgekommen war. Ballantine war ein guter und ruhiger Fahrer, der diese Route schon oft gefahren war. Er wußte von der steilen scharfen Kurve und dem steilen Abhang jenseits der Leitplanke.

Und sogar in aufgeregtem Zustand hätte er sich dieser Stelle fast sicher vorsichtig genähert. Ein merkwürdiger Schleuderunfall. Ja, das schien alles zu sagen.

Nur eine einzige Fotografie des Unfalls wurde Presse und Fernsehen zur Verfügung gestellt. Der Agenturfotograf George Green hatte eine ganze Serie geschossen, aber nur eine wurde je veröffentlicht. Sie zeigte einen Teil des Wracks - und eine mit einer Decke bedeckte Gestalt auf einer Trage.

Wir fragten Green, was auf den anderen Bildern zu sehen war. Warum waren sie konfisziert worden?

"Mir ist befohlen worden, die Klappe zu halten", sagte er. "Aber ich kann euch soviel sagen ... ihr solltet diesen Professor Radwell fragen, warum er bei der gerichtlichen Untersuchung gelogen hat. Mehr sage ich nicht ... ich will nicht meinen Job verlieren. Mit ihm solltet ihr reden."

Professor Hubert Radwell war der Pathologe, der bei der gerichtsmedizinischen Untersuchung von Ballantine mitgewirkt hatte. Er hatte berichtet, der Körper sei "stark verbrannt" gewesen. Das für sich war schon verwirrend, denn es hatte kein Feuer gegeben - und Radwell war nicht zu einer näheren Erklärung gedrängt worden.

Wir überprüften wieder Trojan's Transkript von der Sitzung des Politischen Komitees - die Sitzung drei Tage vor Ballantine's Tod. Und wir gingen die Worte durch, die über Ballantine und Harry Carmell gefallen waren:

> R Sieben: Wie Sie sagen, ist es keine Frage ... für beide ist eine Maßnahme erforderlich.
> A Acht: Alle einverstanden? ... Gut ... ich schlage ein paar "Hot Jobs" vor ... die Coroners spielen sie immer herunter ..."

"Hot Jobs" und "starke" Verbrennungen ... und die Coroners "spielen sie immer herunter". Und nun diese geheimnisvolle Aussage des Fotografen George Green. Es konnte nicht alles Zufall sein.

Professor Radwell weigerte sich zuerst, irgendeinen Kommentar abzugeben. "Die Sache mit Ballantine ist Vergangenheit", sagte er. "Es ist nichts damit gewonnen, alles wieder aufzurühren."

Wir erhielten den Eindruck, daß er unter Druck stand und Anweisungen erhalten hatte, nicht zu sprechen. Und ihm war nicht wohl bei diesen Anweisungen.

Der Eindruck erwies sich als richtig. Wir drängten ihn, das Ausmaß der Verbrennung näher zu beschreiben. Und plötzlich, zu unserer Überraschung, schien er sich selbst von einer Last befreien zu wollen. "Es war unheimlich", sagte er. "Sehr unheimlich." Nach einer Weile fuhr er fort: "Sie sagten mir, das würde zu unnötiger Aufregung führen ... es sei nicht wichtig, daß die Leute das erführen ... aber ich bin nicht sicher ... ich habe die Wahrheit immer heilig gehalten." Eine weitere Pause. Dann hatte er sich offensichtlich zu einem großen Entschluß durchgerungen und sprach schnell und ausführlich. Seine Aussage, die wir später bringen werden, liefert eine erstaunliche Einsicht in die wahre Todesursache von Sir William Ballantine. Und sie liefert Auskunft darüber, was das Politsche Komittee mit einem "Hot Job" meint.

Harry Carmell hörte die Nachricht von Ballantine's Tod zuerst im Radio. Er hörte sie am frühen Morgen des 7. Februar und registrierte sie kaum.

Carmell registrierte zu jener Zeit nur sehr wenig. Der lange Streß, aus Amerika herauszukommen in dem Wissen, daß er ein Exekutionsziel war, hatte ihn zurück in eine Gewohnheit gestoßen, von der er geglaubt hatte, sie für immer überwunden zu haben. Er war wieder auf Drogen. Harten Drogen.

Er war Mitte dreißig, aber normalerweise sah er mindestens zehn Jahre jünger aus. An diesem speziellen Morgen in einem Hotelzimmer in London's Earls Court wirkte er mehr wie ein kranker Mann von über sechzig. Er lag vollständig angezogen auf einem zerwühlten Bett, die blaßblauen Augen blind auf einen Riß in der Decke gerichtet. Seine Haut, die sich viel zu straff über sein Gesicht spannte, war leichenblaß. Und er fühlte sich, als würde er sich jeden Moment wieder übergeben müssen.

Seine Freundin Wendy war losgegangen und holte Zeitungen. Er zündete sich eine Zigarette an und versuchte, sich wieder in die Normalität zu zwingen. Aber sein Kopf schien immer noch völlig vernebelt.

Ballantine. Er konnte fast schwören, daß er diesen Kerl im Radio den Namen Ballantine hatte erwähnen hören. Oder vielleicht war es ein ganz ähnlicher Name.

Das erinnerte ihn jedenfalls daran, was er zu tun hatte. Er mußte Kontakt zu Ballantine aufnehmen. Er mußte ihm die Juke-Box geben. Er prüfte auf seiner Uhr das Datum und fluchte in stiller Verzweiflung. 7. Februar.

Himmel! Das hieß, daß er drei ganze Tage nicht bei sich gewesen war - seit er in England angekommen war. Plötzlich erinnerte er sich genau daran, was er Ballantine gesagt hatte und war in Panik. Er hatte Ballantine ganz definitiv gesagt, daß er allerspätestens am 6. Februar anrufen würde. Und wenn er bis dahin nicht angerufen hätte, könnte Ballantine davon ausgehen, daß er tot war.

Er quälte sich aus dem Bett und blätterte hastig in seinem Notizbuch. Wo zum Teufel war diese blöde Nummer? Er hatte sie gerade auf dem Rand einer Karte gefunden, da kam Wendy zurück. Er hocklte auf seinem Kissen und wollte gerade wählen, als sie ihm eine der Zeitungen gab. Ein Blick auf die Titelseite bewirkte, daß er den Hörer fallenließ, als sei er plötzlich glühend heiß. Dieser Kerl im Radio ... er hatte ihn richtig gehört. Ballantine war bereits ermordet worden.

Die Angst brachte sofort wieder Klarheit in sein Gehirn. “Pack’ deine Sachen zusammen.” Er stand auf, sein Ton war entschieden. “Wir ziehen aus - sofort.”

Wendy starrte ihn verwirrt an. “Was ist denn los?”

“Ich will weiterleben - das ist los.” Carmell warf bereits seine Kleidung in eine lederne Reisetasche. “Los, komm jetzt.”

Zwölf Minuten später hatten sie ihre Rechnung bezahlt und das Hotel verlassen. Und während sie forteilten, erzählte er genau, warum sie in England waren.

Wir sollten hier erwähnen, daß wir Wendy’s Nachnamen auf ihre Bitte hin nicht nennen. Sie fürchtet sich vor einer Verfolgung durch das Politische Komittee und obwohl wir nicht den Eindruck haben, daß diese Ängste gerechtfertigt sind, haben wir zugesagt, ihre Wünsche zu respektieren.

Wir haben sie dreimal interviewt, und sie hat erklärt, daß sie vermutet hatte, ihre plötzliche Flucht durch Kanada hinge irgendwie damit zusammen, daß Carmell seinen Vertrag mit der NASA gebrochen hatte.

Sie hatte ihn nicht gefragt. Und sie hatte nicht die geringste Ahnung gehabt, daß sein Leben in Gefahr war. Jedenfalls nicht bis zu diesem Morgen im Februar. Er erzählte ihr an diesem Morgen alles, während er sie über den Bürgersteig von Earls Court schob. Er erzählte ihr viel.

“Sie werden jetzt in den Hotels suchen”, sagte er. “Daher werden wir von nun an auf der Flucht leben. Wir werden uns irgendwo eine Wohnung suchen und unangemeldet dort leben.”

Und später in den heruntergekommenen Haus, wo sie die nächsten beiden Nächte schliefen, sagte er ihr, daß er entschlossen war, seinen Plan auszuführen. Er wollte diese Leute und ihre gräßlichen Verbrechen anprangern. Und er würde sich von Ballantine’s Tod nicht aufhalten lassen.

“Vielleicht sollte ich direkt zur Presse gehen”, sagte er. “Das ist die einzige Art, jetzt damit umzugehen ...”

“Aber was ist, wenn sie die nicht glauben?”

“Natürlich werden sie mir glauben! Es ist wahr und ich werde verdammt nochmal dafür sorgen, daß sie mir glauben!”

“Ich habe neulich abend eine Sendung im Fernsehen gesehen”, sagte Wendy. “Während du - du weißt schon geschlafen hast. Die Sendung hieß Science Report ...”

“So?”

“Ich glaube, daß eine solche Sendung wissenschaftliche Berater hat ... und diese Berater, du Dummkopf, verstehen vielleicht, wovon du sprichst ...”

Carmell begeisterte sich sofort. “Da hast du verdammt nochmal recht ... die verstehen mehr als jeder Zeitungsreporter. Hey, ich glaube, du hast es getroffen. Dieser Science Report, auf welchem Sender läuft der?”

“Ich glaube, er kommt jede Woche ... aber ich weiß

den Sender nicht mehr," sagte Wendy. "Ich weiß, daß zwischendurch ein Werbespot kam, es kann also nicht BBC gewesen sein ..."

"Ich werde ihn finden" unterbrach Carmell sie. "Und ich werde ihnen Material für den sensationellsten Science Report geben, den sie je gesendet haben ..."

Abschnitt Vier

Die Sendung Science Report lief 1975 über dreizehn Wochen sehr erfolgreich. Die Einschaltquoten waren gut, überraschend gut für ein so ernsthaftes Projekt, und Sceptre Television hatte wenig Mühe, den Sender von einer sechsundzwanzigwöchigen Serie für 1976 zu überzeugen.

Das war toll für Christ Clements und sein Ego, denn "Science Today" war sein Kind. Er produzierte die Sendung und führte Regie. Und er behauptete nicht ganz zu Unrecht, daß die meisten guten Ideen von ihm stammten.

Insofern war die Entscheidung des Senders ein großes Kompliment für ihn, aber auch eine enorme Herausforderung. Diesen Standard sechsundzwanzig Wochen hintereinander aufrechtzuerhalten - das war wirklich eine ganze Menge. Clements zweifelte allerdings keinen Augenblick daran, daß er in der Lage war, dieser Anforderung gerecht zu werden. So etwas brachte nur sein Adrenalin in Wallung.

Er war ein kleiner drahtiger Mann, der aussah, als wäre er einmal Jockey gewesen, und er hatte spärliches dunkles Harr, das immer ziemlich ungekämmt wirkte. Er sprach schnell, in drängenden Stakkatosätzen, als ob seine Zunge es ständig eilig hätte. Und er verbreitete Begeisterung. Niemand konnte so gut Begeisterung ausstrahlen wie Christ Clement.

Sie würden mindestens zwölf Sendungen vorher abdrehen. Das war der Plan. Und dann würden sie die letzten vierzehn drehen, während die Sendung schon lief.

Mitte Dezember 1975 hatten sie bereits sieben im Kasten - waren also ihrem eigenen Zeitplan sogar voraus - und das Produktionsteam überlegte, welches das nächste Thema sein könnte.

Sie saßen an jenem Tag zu acht in Clements' Büro, das über dem Gang hinter Studio B lag. Er hatte schon oft protestiert, das Büro sei zu klein für richtige Sitzungen, und er konnte auch die Kochgerüche nicht leiden, die aus der Kantinenküche emporstiegen.

Seine Proteste hatten zu nichts geführt. Sie hatten ihm nur bissige Bemerkungen von Leonard Harman eingebracht - dem Stellvertretenden Programmdirektor (Verwaltung) - der darauf hingewiesen hatte, daß Raum immer Mangelware war und daß Science Report nicht zu einem eigenen Produktionsbüro berechtigt war. Harman hatte natürlich ein viel größeres Büro mit einer vernünftigen Klimaanlage.

Nun saßen sie also zu acht in diesem Raum, der wirklich zu klein war. Clements' Produktionsassistentin Jean Baker saß am Tisch. Sie saß meistens am Tisch während dieser Besprechungen, weil überwiegend sie das Protokoll führte und in Akten nachschaute und weil Clements am liebsten im Gehen dachte. Er schritt vor und zurück, und seine Arme fuhren ausdrucksvoll durch die Luft, während sie gemeinsam Ideen schmiedeten.

Neben ihm saßen der frühere ITN-Nachrichtensprecher Simon Butler, der die Sendung moderierte, und die Journalisten Katherine White und Colin Benson. Ihnen gegenüber hatten die wissenschaftlichen Berater Professor David Cowie und Dr. Patrick Snow Platz genommen, und in der Ecke neben der Tür saß der Recherchemann Terry Dickson.

"Wellenkraft" schlug Benson vor. "Energie aus Wellen ..."

"Ist schon totgeritten, mein Lieber," sagte Clements. "Haben Sie nicht letzten Mitwoch BBC-2 gesehen?"

Dickson war enttäuscht. Er hatte die Sendung auf BBC-2 auch nicht gesehen. Und da er es für ein gutes

Thema hielt, hatte er im stillen schon für Wellenkraft recherchiert. das konnte er jetzt vergessen. Clements war, obwohl er die Angewohnheit hatte, alle Leute “mein Lieber” oder “meine Liebe” zu nennen, ziemlich direkt. Wenn er nein sagte, meinte er auch nein.

“Newsweek hat etwas Interessantes über Roboter-Dienstmädchen gebracht,” sagte Cowie. “Sie werden jetzt anscheinend gebaut und können angeblich den Fußboden wischen und sogar die Betten machen ...”

“Prima, das gefällt mir!” frohlockte Clements. “Mechanische Dienstmädchen! Ja, das könnte eine feine Sache werden. Jean, meine Liebe ... schreiben Sie das als Möglichkeit auf ... wir kommen darauf zurück.”

“Ich glaube, es ist Zeit, daß wir uns mal den Brain Drain genauer anschauen,” sagte Butler.

Clements blieb stehen und sah ihn zweifelnd an. “Ich weiß nicht, Simon ... kommt mir ein bißchen schwierig vor.” Er stützte sein Kinn in die rechte Hand. “Geht uns das wirklich was an?”

“Ich finde jedenfalls, daß es uns etwas angehen sollte,” sagte Butler. “Wir sind eine Wissenschaftssendung, und wenn man sich ansieht, wie viele Wissenschaftler weggehen ... und was das für dieses Land bedeutet ...”

“Ja,” stimmte Clements zu. “Vielleicht wenn wir es mit ein paar guten Biographien etwas aufpeppen ...” Er blickte Dickson an. “Wie wäre es damit, Terry? Meinen Sie, Sie könnten ein paar interessante Fallgeschichten ausgraben?”

Dickson sah seine Arbeitslast emporschnellen. “Das würde Zeit brauchen,” sagte er vorsichtig.

“Natürlich würde es das, mein Lieber. Die richtigen Leute finden ... das sehe ich ein. Aber es muß nicht sofort sein. Wenn wir es für die fünfnächste Sendung einplanen ... dann könntest du dich darum kümmern, wenn du mit den ersten vier gerade nicht so viel zu tun hast ...”

So einfach und nüchtern war es. Keiner von ihnen hatte auf dieser Sitzung auch nur die leiseste Ahnung, daß sie dabei waren, die erstaunlichste Fernsehdokumentation zu planen, die je produziert wurde - die, bei der das Geheimnis von Alternative 3 gelüftet wurde.

Dickson wußte, daß es für solche Projekte nur einen befriedigenden Weg gab - Dutzende von Telefonanrufen. Wahrscheinlich endlos viele. Es hatte keinen Sinn, sich auf die Lokalzeitungen zu verlassen, denn sie brachten nie die wirklich guten Sachen. Nicht über solche Akademikerjobs.

Er würde die Kopfjägerfirmen und die großen Akadamikerorganisationen anrufen müssen ... Universitäten und Forschungseinrichtungen. Man würde ihm sagen, daß die Leute nicht in der Sendung auftreten wollten oder er würde finden, daß sie zu blöd wären, um in dem Programm zu erscheinen. Und wenn er hart arbeitete - und ein bißchen Glück hatte - würde er eine gute Mischung zusammenbekommen. Von Menschen, die wichtig waren und die gut reden konnten.

Er hatte schon ziemlich schnell Glück. Einer seiner ersten Telefonanrufe - ein bißchen ins Blaue hinein - galt einem Komplex von Forschungslaboratorien. Ein hilfsbereiter Mann in der Werbeabteilung erzählte ihm, daß eine der Expertinnen für Solarenergie bald nach Amerika gehen würde. Sie hieß Ann Clark und war 29 Jahr alt.

Der Werbemann wies darauf hin, daß er natürlich nicht wußte, ob Dr. Clark einer Teilname an der Sendung zustimmen würde. Von der Verwaltung aus gebe es jedenfalls keine Einwände. Er konnte Dickson auch sagen, daß Dr. Clark "eine Klassenfrau" sei, fügte aber schnell hinzu, hierbei handelte es sich um eine Hintergrundinformation, und er wollte nicht zitiert werden.

Zu Dickson Erleichterung wollte Ann Clark gerne in Science Report auftreten. Sie war sogar sehr froh, daß eine Fernsehgesellschaft die entmutigenden Bedingungen zeigen wollte, unter denen britische Wissenschaftler arbeiten mußten. Sie sprach offensichtlich sehr flüssig und gut.

Clements verlangte üblicherweise ein Foto und einen kurzen Lebenslauf, bevor er jemandem zusagte, ihn in seine Sendung zu nehmen. Er hatte diese Regel vor Jahren aufgestellt, nachdem er blindlings eine Expertin über Schönheitspflege engagiert hatte - und dann feststellen mußte, daß sie aussah wie eine alte Hexe und auch so klang. Er hatte die Aufnahme mit ihr natürlich drehen müssen und sie weggeworfen, sowie sie das Studio verlassen hatte. Und Harman hatte ihm die Hölle heiß gemacht wegen Verschwendung wertvoller Studiozeit.

Seitdem ging Clements auf Nummer Sicher. Er hatte diese Regel. Also sorgte Dickson dafür, daß eine Nachrichtenagentur in Norwich Ann Clark anrief. Diese Agentur meldete dann das Gerücht, daß diese nicht ausschließlich aufgrund der Arbeitsbedingungen nach Amerika ging. Die Bedingungen waren schlecht, sehr schlecht, aber sie hatte auch eine Enttäuschung in der Liebe erlebt...

Dickson beschloß, das Gerücht zu vergessen. Es komplizierte die Sache nur. Die Fotografie fand Clement's Zustimmung, und Colin Benson, der junge farbige Reporter, machte sich mit einem Filmteam auf nach Norwich.

Später gab es Verdächtigungen, daß die Sache von jemanden bei Sceptre sabotiert worden sei. Diese Verdächtigungen konnten nie bewiesen werden. Also konnten wir nur berichten, daß irgend etwas mit dem Film geschah, nachdem er zur Entwicklung kam - und daß nur ein Bruchteil der Aufnahmen in der Sendung benutzt werden konnten.

Damals schien es noch eine Routineaufgabe zu sein. Benson sagt: “Dr. Clark war nicht nur äußerst redegewandt und entgegenkommend, sondern sie hatte sich auf ihre Emigration offensichtlich auch sehr gründlich vorbereitet. Sie hat schön erklärt, wie Initiative und Talent in England - ganz abgesehen von den Frustrationen in ihrem Labor - auf vielerlei Art gedämpft werden.

“Zum Beispiel hat sie von Marcus Samuel erklärt, der die Firma Shell - ich glaube sie sagte 1830 - als kleine Privatfirma gegründet hat, die lackierte Muscheln verkaufte. Männer seines Kalibers, sagte sie, würden in England definitiv entmutigt - und das sei ein weiterer Grund, warum sie froh sei, nach Amerika zu gehen.

“Sie war eine wirklich gute Interviewpartnerin, ein Naturtalent für das Fernsehen. Und ich war froh über das, was wir im Kasten hatten.”

Seine Freude erstarb abrupt, als sie in die Studios zurückkamen und der Film entwickelt wurde. Der größte Teil - Ton wie Bild - war vollständig leer. So etwas war noch nie vorgekommen, und es gab keine logische Erklärung dafür, warum es jetzt geschehen war. Es waren mehr als fünfundvierzig Minuten Interview, die nach dem Schneiden ungefähr zwölf Minuten Bildschirmzeit ergeben hätten. Nun war alles, was sie retten konnten, eine kurze Sequenz von 15 Sekunden.

Clements schäumte natürlich. Ein Filmteam bis nach Norwich hochzusenden war verdammt kostspielig - und er wußte, wie Harman ihn ankeifen würde, weil er sein Budget überzog. Er fragte Benson gründlich aus. “Bist du wirklich sicher, daß sie so gut war? Lohnt es sich wirklich, noch einmal hinzufahren?”

“Es war ein unglaublich gutes Interview” beharrte Benson. “Ich sage, wir sollten nochmal hinfahren.”

Er telefonierte mit Ann Clark, erklärte die Lage und

verabredete sich neu mit ihr. Er erzählte weiter: "Sie war sehr mitfühlend und gern bereit, sich nochmals mit uns zu treffen. Aber als wir zwei Tage später nach Norwich kamen, war alles ganz anders ...

"Sie war nicht in ihrer Wohnung, wo wir uns mit ihr verabredet hatten, aber nach ziemlich vielen Schwierigkeiten fanden wir sie unter einer anderen Adresse. Sie sah zerstreut und - ich glaube nicht, daß ich mir das einbilde - ein bißchen verängstigt aus. Es schien ganz deutlich, daß sie aus dem einen oder anderen Grund gehofft hatte, uns entwischen zu können.

Sie wollte überhaupt nicht reden und von nichts etwas wissen. Später stellte sich heraus, daß sie sogar dem Sicherheitsdienst in den Laboratorien erzählt hatte, wir würden sie belästigen, und man sollte uns nicht einlassen. Es war wirklich eine verrückte Situation.

"Ich schaffte es, am nächsten Morgen am Tor ein paar Worte mit ihr zu wechseln - obwohl sie versuchte, sich zu ducken, als sie uns dort warten sah - und fragte sie, was los wäre.

"Wissen Sie, was sie antwortete? Sie blickte mich nur seltsam an und sagte: "Es tut mir leid ... ich kann den Film nicht beenden ... ich gehe fort."

"Dann huschte sie hinein, und das war das letzte, was wir je von ihr gesehen haben."

Benson wußte es zu diesem Zeitpunkt nicht, aber er wurde gerade in Alternative 3 verwickelt ...

Benson und das Filmteam fuhren deprimiert wieder von Norwich nach London, als Terry Dickson den Artikel über Robert Patterson im Guardian entdeckte.

Dickson wußte, daß er diesmal kein Bild und keine Biographie von Patterson brauchte, denn Patterson war nicht nur ein führender Mathematiker, sondern trat auch oft als Steuerexperte im Fernsehen auf. Er war ein flüssiger und beeindruckender Redner.

Zuerst wirkte Patterson ungewöhnlich zögerlich. Er hatte viel zu tun. Er wußte nicht, ob er sich Zeit für ein Interview nehmen konnte. Aber schließlich konnte Dickson ihn überreden. Sie kamen überein, daß das Filmteam am folgenden Dienstag morgen um 11.00 Uhr zu Patterson nach Hause kommen sollte.

“Wir wollen hoffen, daß wir etwas mehr Glück haben als in Norwich,” sagte Clements säuerlich. “So eine Pechsträhne habe ich noch nie erlebt ...”

Es war natürlich noch schlimmer als in Norwich.

Benson erhielt keine Antwort, als er an dem Haus in Schottland klingelte. Die Gardinen im Erdgeschoß waren teilweise zurückgezogen, und als er durch die Lücken spähte, konnte er sehen, daß die Räume unaufgeräumt waren. In der Küche und auf dem Eßzimmertisch standen Essensreste und schmutzige Teller herum ... Bücher und Kleidung lagen über den Fußboden verstreut und die Garage war leer. Das ganze Haus sah aus, als ob es eilig verlassen worden wäre.

Benson fragte die Nachbarn. Die Pattersons, erzählten sie ihm, waren vor drei Tagen weggefahren. Und zwar sehr eilig am Samstag, und seitdem waren sie nicht mehr gesehen worden.

Benson ging zur Universität St. Andrews und erfuhr vom Vizekanzler, daß Patterson bereits nach Amerika gegangen war. Er mußte offensichtlich ein bißchen eher weg, als er ursprünglich beabsichtigt hatte.

“Er sagte mir, sie brauchten ihn dringender, als ihm klar gewesen wäre,” sagte der Vizekanzler. “Es tut mir schrecklich leid, daß sie diese Reise umsonst gemacht haben ... und ich muß auch sagen, daß das gar nicht zu ihm paßt ... eine Verabredung einfach nicht einzuhalten. Ich kann nur annehmen, daß er das Interview in der Eile vollständig vergessen hat.”

Sie brauchten ihn? Wer waren sie?

Der Vizekanzler schüttelte entschuldigend den Kopf. “Auch da kann ich Ihnen, fürchte ich, nicht weiterhelfen. Patterson tat ziemlich geheimnisvoll mit seiner zukünftigen Aufgabe - und wohin er genau ging. Irgendwo in Amerika ... mehr hat er nicht gesagt.”

Wir haben inzwischen jede Universität in Amerika geprüft. Keine von ihnen hat irgendeine Kenntnis von irgendeinem Posten, der Robert Patterson angeboten worden wäre.

Und niemand kann uns eine Vermutung geben, wo er denn stecken könnte.

Wir haben auch die amerikanische Firma herausgefunden, bei der Dr. Ann Clark arbeiten sollte - und die es angeblich so eilig damit hatte, daß sie dort anfing.

Dort bestätigte man uns, daß ihr eine Stelle mit mehr als doppelt so hohem Gehalt wie in Norwich angeboten worden sei. Wir erfuhren auch, daß dann ein kurzer Brief von ihr eingetroffen war, in dem sie bedauernd mitteilte, daß sie aus persönlichen Gründen doch nicht nach Amerika würde kommen können.

Simon Butler schilderte, wie Sie sich vielleicht erinnern werden, in der Dokumentationssendung die nächste Stufe des Geheimnisses. Er fuhr mit einem Kamerateam zu dem Parkplatz des Terminals Nummer drei im Flughafen Heathrow und zeigte das Auto, welches Ann Clark in Norwich gemietet hatte.

Wir zitieren die exakten Worte, die er in dieser Sendung benutzt hat: “Was immer vorgeht, es hatte Ann Clark veranlaßt, hierherzukommen ... sie hatte Freunden erzählt, daß sie nach New York fliegen würde. Und doch gibt es keinen Hinweis darauf, daß Ann Clark diesen Flughafen an diesem oder irgendeinem anderem Tag verlassen hat. Der einzige Hinweis, daß sie da war, ist das von ihr zurückgelassene Auto. Ansonsten - nichts.”

Es gab noch ein anderes verlassenen Auto auf demselben Parkplatz. Ein blauer Rover. Er gehörte Robert Patterson.

Es hat allerdings einige Zeit gedauert, bevor das Fernsehteam diese Autos fand. Tatsächlich war das erst Monate nach Benson's Rückkehr aus Schottland. Vielleicht wären sie nie gefunden worden - und die Sendung über Alternative 3 wäre nie produziert worden - wenn da nicht die merkwürdige Sache mit Brian Pendlebury gewesen wäre.

Im April 1976 war das Brain Drain-Projekt fast abgeschlossen. Dickson hatte weitere Interviewpartner gefunden, und gleichzeitig war die Arbeit an anderen Themen weitergegangen - darunter eine revolutionäre neue Methode, den Ölverbrauch zu vermindern, und die mechanischen Roboter-Dienstmädchen.

Butler mußte nur noch ein paar letzte Studioarbeiten leisten, dann würde die Brain Drain-Sendung fertig zur Ausstrahlung sein.

Sie waren natürlich verblüfft über das merkwürdige Verhalten von Ann Clark und Robert Patterson - und es hatte ein paar häßliche schriftliche Anmerkungen von Harman über die "sinnlose Verschwendung von Filmmaterial" gegeben - aber sie machten eine Wissenschaftssendung. Und deswegen gingen sie weggelaufene Leute kaum etwas an.

So wäre es jedenfalls gewesen ... wenn Christ Clements nicht eines Abends in seiner Stammkneipe von einem seiner Nachbarn eine merkwürdige Geschichte gehört hätte ...

Dieser Nachbar hatte Verwandte namens Pendlebury, die in Manchester wohnten. Und offenbar war der Sohn der Pendleburys - ein Elektronikexperte - in Australien spurlos verschwunden. Und noch merkwürdiger, er hatte seinen Elern scheinbar monatelang geschrieben - von einer Adresse, wo er überhaupt nicht bekannt war.

"Brian war immer schon ein selbstsüchtiger kleiner Halunke, der sich nur dafür interssierte, was für ihn selbst etwas brachte. aber das ist wirklich verrückt," sagte der Nachbar. "Weißt du, er hat ihnen sogar Bilder geschickt und alles, aber jetzt sieht es so aus, als ob er nie dagewesen wäre ..."

Auch Clements verstand das nicht. Er dachte in der Nacht darüber nach und erwähnte es am nächsten Tag gegenüber Colin Benson. "Scheint eine gute Jahreszeit für verschwindende Wissenschaftler zu sein," sagte er. "Andererseits spielt er seinen Angehörigen vielleicht auch nur einen üblen Streich."

"Und wenn nicht?" fragte Benson plötzlich. "Na ja, was sonst könnte es sein?"

"Ja, was ist, wenn es da ein Muster gibt? Wenn Clark und Patterson, und jetzt dieser Pendlebury ... wenn sie vielleicht irgendwie miteinander zusammenhängen?"

"Ich sehe nicht, wie so etwas möglich sein sollte."

"Lassen Sie mich nach Manchester fahren und die Eltern besuchen ..."

"Sehen Sie mal, mein Lieber, ... wir liegen bereits eine Woche hinter der Planung zurück und können es uns nicht leisten, Abzweigungen zu verfolgen ..."

"Christ, ich habe so ein Gefühl ... fragen Sie mich nicht warum ... aber ich habe das Gefühl, daß wir da einer dicken Sache auf der Spur sind."

Clements schüttelte den Kopf. "Wir müssen unsere Sendung machen. Ich weiß, daß Sie immer noch daran denken, Colin, was damals in Norwich und Schottland passiert ist ... aber keiner hat Ihnen die Schuld für diese Pleiten gegeben ... also tun Sie mir den Gefallen und lassen Sie locker."

"Harman hat mir die Schuld gegeben ..."

"Harman gibt jedem für alles die Schuld. So ist er nun einmal. Und außerdem habe ich den Tritt bekommen - nicht Sie."

"Ich werde an meinem freien Tag fahren," sagte Benson. "Und meine verdammten Kosten selber zahlen."

"Zeitverschwendung, mein Lieber," sagte Clements. "Und denken Sie ja nicht daran, die Zugkosten in mein Budget zu schmuggeln."

"Könnte ich es nicht unter Kontaktpflege abbuchen."

Clements grinste. "Ich glaube, ich habe noch nie jemanden erlebt, der so hartnäckig ist wie Sie. Okay - fahren Sie los und pflegen Sie ein paar Kontakte ..."

Wir haben das Gespräch mit Hilfe der beiden Männer genauso wiedergegeben, wie es stattgefunden hat, weil daran deutlich wird, daß es fast keine weitere Untersuchung gegeben hätte ... und daß Sceptre Television sich von Alternative 3 fast wieder abgewendet hätte.

Bensons Entscheidung, nach Manchester zu fahren, war der Wendepunkt. Sie führte letztlich dazu, daß Sceptre Television eine sorgfältig ausgewogene, aber unspektakuläre Sendung über den Brain Drain kippte - und durch eine ersetzte, welche die Welt in Bestürzung versetzen sollte.

Dennis Pendlebury war, bis er 1976 in Rente ging, Milchmann. Er und seine Frau Alice wohnen in einem Häuschen mit Terrasse in einer der etwas schäbigeren Vorstädte von Manchester. Sie sind, wie sie selbst sagen, ein ganz normales Ehepaar. Sie haben nie viel Geld gehabt und ihren Sohn Brian nur unter Opfern das Universitätsstudium ermöglicht.

Mrs. Pendlebury ist putzen gegangen - damit Extras bezahlt werden konnten - bis Brian zur Royal Air Force ging.

Benson saß in ihrem Wohnzimmer, das für Besucher und besondere Gelegenheiten reserviert war, und besah sich die Farbfotografien, die ihren Sohn in Australien zeigen sollten.

Mit Erlaubnis der Pendleburys zeichnete er das gesamte Gespräch auf, und sie haben uns erlaubt, für dieses Buch das Transkript zu benutzen.

Die Pendleburys saßen nebeneinander auf dem Sofa und boten ihm eine Tasse Tee und Kuchen an. “Na ja, wir waren natürlich schon ein bißchen enttäuscht, als er nicht mehr schrieb, aber zuerst haben wir nicht allzuviel darüber nachgedacht,” sagte Mr. Pendlebury. Er zündete sich seine Pfeife wieder an und nahm ein paar nachdenkliche Züge. “Unser Brian war noch nie einer, der viel schrieb.”

“Und wie haben Sie es herausgefunden?” fragte Benson. “Ich meine, daß er dort gar nicht war ...”

“Mrs. Prescott, drüben in Nummer neun,” sagte Pendlebury. “Sie hat es herausgfunden. Ihre Tochter Beryl ist nach Australien ausgewandert ... wann war das ... vielleicht vor fünf Jahren?”

“Sechs Jahre,” sagte Mrs. Pendlebury. “Im nächsten September sieben.”

“Na ja, egal, fünf oder sechs ... das macht keinen Unterschied. Ihre Tochter lebt da unten ... das will ich damit sagen ... und Mrs. Prescott wollte sie besuchen. Also sagten wir zu ihr ... warum schaust du nicht ein mal nach unserem Brian? Wir dachten, es wäre eine nette Überraschung für ihn. Sie wissen schon ... jemand von zu Hause. Sehen Sie, sie kennt ihn, seit er so groß war ...”

“ Sag’ dem Herrn, was sie gesagt hat ...”

“Das mache ich doch, Frau ... ich sage es ihm.”

In Pendleburys Stimme lag eine Spur Gereiztheit. Seine Pfeife war wieder ausgegangen, und es gab eine Pause während er ein weiteres Streichholz anzündete. “Also ging sie zu dieser Adresse - die auf den Briefen gestanden hatten und so - aber der Mann dort behauptete, er hätte noch nie von ihm gehört."

"Was war das für ein Mann?" fragte Benson.

"Was mich umhaut, daß wir ihm dorthin geschrieben haben," sagte Pendlebury. "Was hat Mrs. Prescott über ihn gesagt?"

"Ich glaube, sie sagte, er war ein Amerikaner," sagte Pendlebury. "Ich glaube, mehr hat sie nicht gesagt."

Vielleicht war er der neue Mieter? Vielleicht war Ihr Sohn einfach ausgezogen?"

"Nein, das glaube ich nicht. Er wohnte dort schon seit Jahren, nach dem zu urteilen, was er zu Mrs. Prescott gesagt hat."

"Und was war mit seiner Arbeitsstelle?"

"Tja, das war es, nicht wahr. Die sagten genau das gleiche .. sie hätten noch nie von ihm gehört."

Mrs. Pendlebury stieß ihn mit dem Ellenbogen an. "Zeig' dem Herrn den Brief," sagte sie.

"Oh ja, Sie müssen den Brief sehen," sagte Pendlebury. "Er ist drüben, Mutter - hinter der Uhr auf dem Kaminsims." Als seine Frau das Zimmer verlassen hatte, beugte er sich vor und senkte vertraulich die Stimme. "Es macht sie ganz schön fertig," sagte er. "Diese Sorge und die Ungewißheit".

Er bot Benson noch eine Tasse Tee an und schenkte sich selbst ein, als Benson ablehnte. "Wir haben an diese Firma geschrieben, um herauszufinden, was los war und ... ah ja, hier ist die Antwort. Schauen Sie sich das an."

Benson nahm den Brief von Mrs. Pendlebury entgegen und erkannte am Briefkopf, daß er aus der Sydneyer Niederlassung einer international bekannten Elekrofirma stammte. Er war vom Personaldirektor unterschrieben und an Mrs. Pendlebury gerichtet. Er las:

Vielen Dank für ihren Brief, den mir der leitende Direktor übergaben hat. Ich fürchte, daß Ihnen falsche

Informationen vorliegen, denn ich habe unsere Personalakten der letzten fünf Jahre durchgesehen und festgestellt, daß die Firma zu keiner Ziet jemanden mit dem Namen B.D. Pendlebury eingestellt oder ihm eine Einstellung angeboten hat.

Ich kann nur vermuten, daß Sie uns mit einer anderen Firma verwechseln und bedaure, Ihnen in dieser Angelegenheit nicht weiterhelfen zu können.

Benson las den Brief zweimal und runzelte nachdenklich die Stirn. “Und sie sind sicher, daß sie sie nicht mit einer anderen Firma verwechseln?”

“Ganz sicher,” sagte Pendlebury. “Gib mir die Brieftasche, Mutter ...” Aus der Brieftasche zog er ein Blatt Papier mit Namen und Adresse der Firma in Sydney. “Sehen Sie ... hier ist es ... in Brians Schrift.”

Mrs. Prescott aus Nummer neun, eine Witwe mit einem gewitzten und lebhaften Verstand, bestätigte die Geschichte, hatte aber wenig hinzuzufügen. Sie wählte ihre Worte sorgfältig, offensichtlich in dem Wunsch, die Pendleburys nicht zu verletzen, aber sie vermittelte Benson den Eindruck, daß sie nie sehr begeistert von Brian gewesen war. Es lag mehr in ihrem Tonfall als in dem, was sie tatsächlich sagte. Benson erinnerte sich daran, was Clements’ Nachbar ihm gesagt hatte ... Brian Pendlebury sei ein “selbstsüchtiger kleiner Halunke” gewesen ... und er fragte sich, ob Brian seinen Eltern nur einen bösen Streich spielte. Dann verwarf er den Gedanken. Es war zu lächerlich.

Benson lieh sich den Brief der Elektrofirma und die Fotografien, und Mrs. Prescott bot ihm an, ihm eine Abkürzung zur Bushaltestelle zu zeigen.

Als sie um die Ecke bogen, sprach sie plötzlich mit ruhiger Eindringlichkeit: “Sehen Sie, ... das ist der Dank , den sie dafür bekommen, daß sie ihn verdorben haben.”

Er blickte sie überrascht an. “Wie meinen Sie das?”

“Er schaut auf sie herab, der Brian. Schämt sich ihrer ein bißchen, wenn sie mich fragen. Zur Universität ... da hat er große Flausen bekommen ...

“Sie denken doch nicht, daß er absichtlich verschwunden ist?”

Sie schürzte die Lippen. “So etwas zu sagen steht mir nicht zu,” sagte sie. “Schau’n Sie, ...hier kommt Ihr Bus ... sie werden laufen müssen, wenn Sie ihn noch kriegen wollen.”

Er nahm Ihre Andeutung überhaupt nicht ernst - das kam erst Monate später. Damals schien es ihm, während der Bus durch Manchester kurvte, daß sie nur versuchte, das letzte bißchen Dramatik aus der Situation herauszuquetschen.

Im Zug verbrachte er viel Zeit damit, die Fotografien anzuschauen, besonders die im Freien aufgenommenen. Irgendetwas faszinierte ihn, ein Detail schien nicht ganz richtig. Und doch war er sich nicht sicher ...

In den Studios holte er sich Hilfe bei einem Fotografen, der Beziehungen zur Grafikabteilung hatte. Dieser Mann machte Negativkopien der Freilichtaufnahmen und erstellte dann Großabzüge von ihnen.

Über das Nachtclubfoto machte Benson sich keine Gedanken, denn das, überlegte er, konnte fast überall geschossen worden sein. In London. Sogar in Manchester. Und in jedem Fall enthielt es nicht dieses eine unpassende Detail ...

Er wartete ungeduldig, bis die Vergrößerung fertig waren. Dann sah er ganz deutlich, daß er recht gehabt hatte. Auf jedem Bild - auch auf dem, wo Brian Pendlebury surft und auf dem, wo er vor der Sydney Harbour-Brücke stand - waren am Himmel drei Vögel zu sehen. diese Vögel waren auf jedem Bild identisch - auch ihre Positionen.

Und da war noch etwas anderes, was ihm vorher nicht aufgefallen war: Die Wolkenformationen waren auf allen Bildern genau gleich.

Die Erklärung war überraschend eindeutig: Die "australischen" Schnappschüsse von Brian Pendlebury waren vor einem gemalten Hintergrund aufgenommen worden. Es waren ganz fraglos Studioaufnahmen.

Er raste mit den Abzügen in Clements' Büro hinter Studio B. "Wir sind da in eine ganz verflixte Sache gestolpert mit dieser Brain Drain-Story," sagte er. "Ich verstehe noch gar nichts, aber ... Chris ... wir müssen ein bißchen bohren ..."

Abschnitt Fünf

Dieses Nachbohren förderte, wie Simon Butler im Fernsehen dann auch sagte, eine erstaunliche Tatsache zutage:

Noch einundzwanzig weitere Menschen, hauptsächlich Wissenschaftler und Akademiker, waren unter den gleichen mysteriösen Umständen verschwunden. Sie gehörten zu den 400 Akademikern, deren Verbleib das Science Report-Team - vorgeblich für eine ausgeweitete Version der Brain Drain-Sendung - recherchierte.

Manche, so erklärte Butler , waren völlig auf eigene Faust verschwunden. Andere waren, wie Patterson, mit ihrer Familie fortgegangen. Alle hatten Nachbarn oder Kollegen erzählt, daß sie im Ausland arbeiten würden.

Wir wir bereits angedeutet haben, wurde allerdings nur ein Teil der Geschichte im Fernsehen gebracht. Viele Fakten waren zur Zeit der Ausstrahlung noch nicht bekannt. Und viel Material, das bekannt war, wurde aus der Sendung gestrichen.

Der Hauptzensor war Leonard Harman, der Stellvertretende Programmdirektor (Verwaltung), der auch versucht hat, dieses Buch zu verhindern.

Brief vom 9. August 1977 von Leonard Harman an die Herren Ambrose und Watkins:

Mir ist zur Kenntnis gekommen, daß Sie ein Buch planen, dem eine von unserer Fernsehgesellschaft produzierte Science Report-Sendung zugrundliegt, und daß Sie darüber hinaus planen, bestimmte vertrauliche Memoranda im Hinblick auf dieses Programm zu veröffentlichen, die ich geschrieben oder erhalten habe.

Hiermit teile ich Ihnen mit, daß ich nicht bereit bin, eine solche Publikation gutzuheißen und daß ich sie als grobe Verletzung meiner Privatsphäre betrachten würde.

Ich vermute, daß dieses Buch, das Sie zur Zeit vorbereiten, einen unverantwortlichen Beigeschmack hätte, denn wie Ihnen ohne Zweifel bekannt ist, hat der Sender inzwischen die Echtheit eines großen Teils des in dieser Sendung präsentierten Materials dementiert.

Es ist zu hoffen, daß Sie dieses Projekt nicht weiter vorantreiben, aber in jedem Fall bitte ich Sie, mir schriftlich zu bestätigen, daß Sie mich oder meine Memoranda nicht erwähnen werden.

Brief vom 12. August 1977 von Rechtsanwalt Edwin Greer an Leonard Harman:

In Vertretung der Interessen von Mr. David Ambrose und Mr. Leslie Watkins und unter Bezugnahme auf Ihren Brief vom 9. des Monats.

Meinen Mandanten ist die Erklärung Ihrer Gesellschaft im Anschluß an die Ausstrahlung der Alternative 3-Sendung bekannt, und sie berücksichtigen bei ihren eigenen Untersuchungen den Hintergrund dieser Erklärung.

Meine Mandanten weisen darauf hin, daß ihnen alle sich zur Zeit in ihrem Besitz befindlichen Memoranda von den Personen, die sie empfangen oder gesandt haben, freiwillig ausgehändigt wurden und daß sie sich daher in keiner Weise verpflichtet fühlen, die von Ihnen gewünschte Versicherung abzugeben.

Eine erste Gruppe von Aktennotizen, die wir für unser Buch benutzten, bezog sich auf eine merkwürdige Entdeckung durch den Recherchemann Terry Dickson Mitte Mai 1976. Zu diesem Zeitpunkt hatte sich das Team des Science Report gegen den Widerstand von Harman vergrößert und sein eigenes Produktionsbüro erhalten.

Die Brain Drain-Sendung war aus der Reihe zurückgezogen worden - mit der Absicht, daß die Untersuchung, wie es dann ja auch geschah, als Spezialsendung außer der Reihe präsentiert werden würde.

Memo vom 17. Mai 1976, Terry Dickson an Chris Clements - zur Kenntnisnahme an Fergus Godwin, Programmleiter:

Wir haben jetzt herausgefunden, daß Verwandte von mindestens zwei weiteren unserer Verschwundenen, Dr. Penelope Mortimer und Professor Michael Parsons, eine Zeitlang Briefe empfangen haben, die angeblich aus Australien kamen. In beiden Fällen trugen die Briefe, die vier oder fünf Monate lang kamen, die im Fall von Pendlebury angegebene Adresse.

Angeblich in Australien aufgenommene Fotografien von Dr. Mortimer und Professor Parsons zeigen den gleichen Hintergrund wie die Pendlebury-Bilder. Die Vögel und die Wolken sind völlisch identisch.

Auf Ihre Bitte hin habe ich einen freien Journalisten in Sydney gebeten, die in den Briefen angegebene Adresse zu überprüfen. Er berichtet, daß es sich um eine ebenerdige Zweizimmerwohnung in der Nähe des Hafens handelt, die jetzt seit fast einem Jahr leersteht. Sie war früher offenbar von einem Amerikaner mittleren Alters namens Denton oder Danton, bewohnt (er konnte die Schreibweise nicht überprüfen).

Nachbarn sagen, daß Denton oder Danton zurückgezogen und geheimnistuerisch gelebt habe. Man habe nie Besucher bei ihm gesehen. Unser Mann sagt, es gäbe Gerüchte, daß er Verbindungen zur CIA hätte. Wollen Sie, daß er die Spur dieses Denton/Danton verfolgt, und soll ich Fotos von der Wohnung besorgen?

Memo vom 18. Mai 1976 von Leonard Harman an Mr. Chris Clements:

Eine Kopie von Dickson's Notiz über die in Australien ohne meine Autorisierung durchgeführten Untersuchungen ist in Abwesenheit des Programmleiters an mich gelangt. Ich habe bereits besondere Anweisungen gegeben, daß ich über alle Aspekte dieses Projektes voll informiert bleiben möchte. Bitte wiederholen Sie diese Anweisungen an Dickson und alle anderen Mitglieder des Science Report-Teams und sorgen Sie dafür, daß sie wirklich verstanden werden.

Ich bin überrascht zu erfahren, daß Sie trotz meiner früheren Warnungen offensichtlich immer noch entschlossen sind, Zeit und Geld der Gesellschaft zu verschwenden. Ich möchten Sie daran erinnern, daß Science Report vom Sender als ernsthafte Sendung betrachtet wird und daß seine Glaubwürdigkeit durch den verrückten Kurs, den Sie einschlagen, nur Schaden nehmen kann.

Je mehr ich über diese Angelegenheit erfahre, um so offensichtlicher wird es für mich, daß Sie dabei sind, Ihre Objektivität als Redaktuer zu verlieren. Viele Menschen verschwinden völlig freiwillig, weil sie aus persönlichen Gründen jeden Kontakt mit ihrer Vergangenheit abbrechen und ganz neu anfangen wollen. Ich werde nicht zulassen, daß dieser Sender eine solche Situation als Ausrede für dumme Sensationshascherei nimmt.

Ich hatte angenommen, Sie seien erfahren genug, um zu erkennen, daß Sie im Hinblick auf diese Geschichte mit den Bildhintergründen auf den Fotos natürlich einem Streich aufgesessen sind. Nun entnehme ich aus Dickson's Notiz (die, ich wiederhole, auch mir hätte gesandt werden sollen), daß Sie sich offenbar mit "Gerüchten" befassen - geliefert von einem freiberuflichen Journalisten, mit dem wir noch nie zusammengear-

beitet haben - Gerüchten darüber, daß ein Mann, von dem Sie noch nicht einmal den genauen Namen wissen, "Verbindungen zur CIA" hat.

Haben Sie in Betracht gezogen, daß einige Ihrer sogenannten Geheimnisse unter Umständen durch Inkompetenz in Ihrem Mitarbeiterstab verursacht sein könnten?

Weigerte sich zum Beispiel Dr. Ann Clark, Benson ein zweites Interview zu geben, weil sie seine Art und Weise während des ersten Interviews beleidigend fand?

Hat Dickson den für das Interview mit Robert Patterson vorgesehenen Termin verwechselt und deshalb ein teures Filmteam für nichts und wieder nichts nach Schottland gesandt?

Das sind die Fragen, denen Sie Ihre Aufmerksamkeit zuwenden sollten, nicht irgendeinem Unsinn am anderen Ende der Welt. Ich bin nicht bereit, irgendwelche weiteren Ausgaben in Australien gutzuheißen und empfehle Ihnen nochmals, sich an die in Ihrem Vertrag vorgeschriebenen Aufgaben zu halten.

Memo vom 19. Mai 1976 von Christ Clements an Terry Dickson:

Vertraulich. Anbei die Kopie eines Denkzettels, den ich gerade von Harman erhalten habe. Sein Brief erklärt sich selbst, und im Augenblick hätte ich gerne, daß Sie das für sich behalten. Und senden Sie in Zukunft bitte keine Kopie mehr an irgend jemanden, ohne es vorher mit mir abzustimmen.

Im Moment sollten wir uns im Hinblick auf Australien ruhig verhalten.

Setzen Sie die Eltern von Mortimer und Parson bitte auf die Interviewliste für Simon oder Colin.

Bitte regen sie sich nicht über den schneidenden

Kommentar über Robert Patterson auf, das lohnt sich nicht. Und bitte erwähnen Sie diesen Ausfall über Ann Clark nicht gegenüber Colin. Sie wissen ja, manchmal bezieht er alles auf seine Hautfarbe, und darum geht es hier gar nicht. Es ist typisch Harman.

Sechs Tage später, am 25. Mai, gab Terry Dickson die schlechten Neuigkeiten an Clements weiter. "Wir werden keine Interviews mit den Mortimers und den Parsons bekommen," sagte er. "Sie haben ihre Meinung geändert und wollen mit der Sendung nichts mehr zu tun haben."

"Aber warum?" fragte Clements. "Sie haben doch sicherlich eine Begründung angegeben."

"Überhaupt keine," sagte Dickson. "Sie sagen einfach, sie würden lieber nicht."

"Sie glauben, jemand hat sie dazu überredet?"

Dickson zuckte die Achseln und zog ein Gesicht. "Den Eindruck habe ich, aber es zu beweisen ... das ist eine andere Geschichte."

"Diese Interviews sind wichtig, mein Lieber, ... versuchen Sie noch einmal, die Leute zu überreden."

Das tat Dickson. Aber Mr. und Mrs. Mortimer blieben eisern, und Mr. und Mrs. Parsons ebenfalls. Keiner von ihnen wollte noch irgend etwas mit Science Reprt zu tun haben, obwohl sie ursprünglich bereits zugestimmt hatten. Wir versuchten im September 1977, Kontakt mit ihnen aufzunehmen, aber wir kamen zu spät. Nachbarn sagten, sie seien ins Ausland gegangen. Und sie hatten keine Adressen hinterlassen.

Das ganze Thema mit den gestellten Fotografien - und den fingierten Briefen - wurde freiwillig aus der Fernsehsendung gestrichen. Clements gibt zu, daß er inzwischen bereut, es draußen gelassen zu haben, denn wie ihm heute klar ist, waren sie ein faszinierender

Aspekt der Operation Alternative 3. Er erklärt, er hätte die Briefe nicht verwendet, weil sie ihn verwirrten und er ihre potentielle Bedeutung nicht erkannte - und aufgrund von Harmans Druck.

Er erzählte uns: "Damals dachte ich, Harman wäre bloß kleinkrämerisch. Es schien gar nicht wichtig genug, um den Stunk zu rechtfertigen, den er darum losließ. Natürlich wußte ich damals noch nicht, was ich heute weiß ..."

Wir waren von diesen Fotografien und Briefen genauso verwirrt. Wir hatten vor, sie zu erwähnen, wie wir es auch taten, einfach damit Sie alle Umstände kennen. Aber was irgendeine Erklärung angeht ... wir waren darauf vorbereitet, daß sich keine Erklärung finden lassen würde. Bis zum 3. Januar 1978, als wir von Trojan einen Umschlag erhielten. der Inhalt lieferte einen unerwarteten Einblick in den von ihnen so genannten "Beruhigungsplan".

Trojan erklärte in einer beigefügten Notiz, daß er das Dokument - eine frühe Direktive an Alternative 3-Einheiten in verschiedenen Teilen der Welt - in einem ansonsten leeren Archivordner gefunden hatte.

Er hatte eine Fotokopie des Dokumentes geschickt. Es war auf den 24. November 1971 datiert und nannte als Absender den "Vorsitzenden, Politisches Komittee". Es war an die "Nationalen Leiter" (National Chief Executive Officers) gerichtet und lautete:

Das jüngste Aufsehen nach dem Ortswechsel von Professor William Braishfield war unglücklich und möglicherweise schädlich. Um jede Wiederholung auszuschließen, ist beschlossen worden, in allen Fällen, wo Familienangehörige oder andere Personen Fragen stellen könnten, ein neues Verfahren anzuwenden.

Der Vorgang, im weiteren Beruhigungsplan genannt,

soll Ängste oder Mißtrauen unmittelbar im Anschluß an den Ortswechsel zerstreuen.

Abteilung Sieben wird dafür sorgen, daß in geeigneter Handschrift Briefe gesandt werden, um jene zu beruhigen, deren Ängste ein Sicherheitsrisiko darstellen könnten. Es ist üblich, Fotos von sich aus der neuen Umgebung nach Hause zu schicken. Es wird auch für die Versendung geeigneter Fotos gesorgt werden. Diese Fotos werden unmittelbar vor der Einschiffung aufgenommen.

Eine Liste bemannter Deckadressen wird von Abteilung Sieben an die Nationalen Leiter (national Chief Executive Officers) gegeben werden. Sie werden dann die Adressen an die einzelnen Umzugswilligen weitergeben.

In jedem "Bestimmungsland" werden mindestens vier Adressen zur Verfügung stehen - so daß die Beamten Umzugswillige, die aus dem gleichen Gebiet stammen, "trennen" können. Es gibt natürlich keine Grenze für die Anzahl von Umzugswilligen, die einer dieser Adressen zugeordnet werden können.

Es kann sich als notwendig erweisen, die Adressen von Zeit zu Zeit zu wechseln, und Abteilung Sieben wird die Leiter von solchen Veränderungen in Kenntnis setzen. Außer unter besonderen Umständen wird die Beruhigungsmaßnahme für die Angehörigen eines Individuums maximal sechs Monate lang erfolgen; dieser Zeitraum wird als lang genug angesehen.

Es wird betont, daß die Beruhigungsmaßnahme aufgrund des damit verbundenen Verwaltungsaufwandes nur in ausgewählten Fällen erfolgt. Das einzige Kriterium wird sein, ob nach der Meinung des verantwortlichen Offiziers ein Publizitätsrisiko besteht. Für die meisten Auswanderungswilligen und mit Sicherheit für alle jene, die ihre Familie mitnehmen, kommt diese Maßnahme nicht in Frage. Komponenten von Massentransporten werden natürlich nicht berücksichtigt.

Plötzlich ergab es Sinn. Es war klinisch und grausam. Aber es ergab weiterhin Sinn. Die Pendleburys beteten ihren Sohn an. Darum erhielten sie diese fröhlichen und geschwätzigen Briefe - von einem Fremden, dem sie nie begegnen würden.

Ann Clark hat niemanden zurückgelassen, der ihr wirklich nahestand, so daß auch niemand Briefe erwartet hätte. Freunde waren vielleicht beleidigt, wenn sie auf ihre Briefe keine Antwort erhielten. Aber sie würden nicht so beleidigt sein, daß sie damit groß an die Öffentlichkeit gelangen würden.

Und Robert Patterson ... tja, er nahm seine Familie mit.

Aber alle diese Leute waren anscheinend freiwillig gegangen. Wohin? Und warum?

Es ist heute klar, daß Brian Pendlebury sich bewußt an dem Betrug an seinen eigenen Eltern beteiligt hat. Ein solches Verhalten scheint jenseits jeder logischen Erklärung. Aber wir müssen der Fairneß zuliebe darauf hinweisen, daß Brian Pendlebury's Taten vor dem alptraumhaften Hintergrund von Alternative 3 gesehen werden müssen. Dieser Hintergrund, denken Sie vielleicht, entschuldigt alles. Nun ja, ... fast.

Donnerstag, 3. März 1977. Ein weiteres U-Boot-Treffen des Politisches Komittees. Vorsitz: R Acht. Die Teilabschrift, die Trojan uns zur Verfügung gestellt hat, beginnt:

A Zwei: Sicher, das mit Ballantine war geschickt genug ... niemand meckert über Ballantine ... aber was ist mit Carmell?

A Acht: Wir werden ihn finden ... er läuft immer noch irgendwo in London herum ... aber wir werden ihn, verdammt nochmal, finden ...
R Sieben: Daß ein Mann wie er Amerika verlassen konnte ... das war ein schwerer, schwerer Fehler ...
A Acht: Um Himmels willen ... bitte ... lassen Sie uns nicht wieder damit anfangen ... ich habe Ihnen vor einem Monat schon gesagt, daß unsere Leute geschlafen haben ... habe ich es Ihnen nicht gesagt?
R Sieben: Ja, aber es ist besonders schwerwiegend, wenn ...
A Acht: Hören Sie ... es ist nicht nötig, einen Staatsakt daraus zu machen. Er hat das Band nicht, und solange er es nicht hat, besteht kein Grund zur Panik
R Drei: Haben wir irgendeine Vorstellung, wo dieses Band sein könnte?
A Acht: Nein ... das ist eines der Geheimnisse ... wir haben bei Ballantine gesucht, aber es gibt keinen Hinweis ...
R Acht: Und es war nicht bei ihm im Auto, als er starb?
A Acht: Nein ... ganz bestimmt nicht. Unser Mann war ja da ...
A Zwei: Also wir wissen nicht, wo Carmell ist und wir wissen nicht, wo das Band ist ... wer sagt uns, daß er es nicht schon hat?
A Acht: Weil er nicht gewartet hätte, ... er hätte es bereits hochgehen lassen.
R Eins: Ist Carmell irgendwo gesehen worden? Oder nehmen wir nur an, daß er in London ist?
A Acht: Er war in einem Hotel in Earls Court ... mit einem Mädchen ... unsere Leute haben ihn um eine Stunde verpaßt ...
R Zwei: Und jetzt?
A Acht: Unsere Information ist, daß sie wahrschein-

lich untergetaucht sind und auf dem Sprung leben ... ein paar Nächte hier, ein paar Nächte dort ... aber es ist nur eine Frage der Zeit ...
R Acht: Die Zeit ist wichtig ... besonders, solange dieses Band noch fehlt ... vielleicht sollten wir mehr Operatoren nach London beordern ...
A Zwei: Der Kerl hat recht ... wir sollten die Stadt überschwemmen ... Himmel! Mit einem Charakter wie Carmell frei herumlaufend ...
A Acht: Okay, okay, ... wir werden es veranlassen ...
A Drei: In Paris haben wir Kräfte frei und ...
A Acht: Ich habe gesagt, wir werden es veranlassen - in Ordnung? ... Überlassen Sie mir die Details ... wir werden Carmell und das verdammte Band bekommen.
R Acht: Ich freue mich darauf, bei unserer nächsten Sitzung von diesen beiden Erfolgen zu hören. Haben Sie alle den Bericht von der Maßnahme für Peterson gelesen?
R Zwei: Vollkommen zufriedenstellend ...
A Fünf: Ich bin immer noch nicht sicher, ob er einen Hot Job verdient hatte ...
R Vier: Nur sehr wenige Männer verdienen es zu sterben, aber bei manchen ist es notwendig ... und Peterson gehörte dazu ...
A Eins: Das stimmt ... und bedenken Sie, die Leute leiden nicht lange bei einem Hot Job ... es dauert nur einen Moment ...
R Acht: Dr. Carl Gerstein ... der Alte ... bei der letzten Sitzung kamen wir überein, daß er unter Beobachtung bleiben sollte ... gibt es was Neues über ihn?
A Acht: Keine Neuigkeiten ... er liegt mit einer Bronchititis im Bett und hat seit Wochen außer seiner Haushälterin niemanden gesehen ...
R Acht: Die Situation ist also unverändert ... ich empfehle, daß wir den Alten weiter beobachten ... alle ein-

verstanden? ... Gut ... Nun, uns liegt aus Genf eine Forderung nach mehr Massentransporten von Tieren vor ...

A Sieben: Ja ... ich habe bereits das Nötige veranlaßt ... wir werden Vieh aus Kansas und Texas und Ponys aus Dartmoor nehmen ... ich hatte etwas Ärger wegen der Transporte, aber jetzt sind sie für die zweite Juliwoche eingeplant ...

R Acht: Wie viele Tiere werden in jeder Sendung sein?

Die Antwort auf die letzte Frage erfuhren wir nie. Denn damit endete die Abschrift. Wir haben keine konkreten Beweise dafür, daß in Kansas oder Texas in der zweiten Juliwoche 1977 Vieh in bedeutenden Mengen verschwunden ist, obwohl es zu dieser Zeit Klagen über eine Zunahme von Viehdiebstahl gab.

Wir wissen allerdings - weil es in der Daily Mail vom 15. Juli stand - daß die Ponyentführung aus Dartmoor schiefgegangen ist.

Dieser Abschnitt des Transkriptes macht auch deutlich, wie nah Dr. Carl Gerstein - der im Februar-Transkript nur als “der Alte” erwähnt wird - einem plötzlichen Tod war, ohne es zu wissen. Wenn vom Politischen Komitee - bei der Sitzung im Februar oder im März 1977 - eine Maßnahme beschlossen worden wäre, hätte Gerstein nie in Cambridge von Simon Butler interviewt werden können. Und Alternative 3 wäre nie ans Licht gekommen.

Wie wäre Gerstein gestorben? Wahrscheinlich wie Ballantine und Professor Peterson, der Weltraumexperte, durch das, was das Politische Komittee als “Hot Job” bezeichnete. Und wie der anonyme A Eins bemerkt hat, ist ein solcher Tod schnell. Das hat uns auch der Pathologe Professor Hubert Radwell bestätigt, der im Fall Ballantine ausgesagt hat.

Professor Radwell machte, als wir ihn wegen der "starken" Verbrennungen an Professor Ballantines Körper bedrängten, schließlich folgende Aussage:

Es wäre technisch korrekt, Ballantine's Körper als stark verbrannt zu beschreiben, obwohl diese Worte nur einen Teil der Wahrheit enthalten. Sie sind eine Untertreibung. Diese Untertreibung wurde von mir verlangt, damit die Öffentlichkeit nicht unnötig alarmiert würde.

Mir war natürlich bewußt, daß es nach früher berichteten Fällen von spontaner Verbrennung ein gewisses Maß an öffentlicher Hysterie gegeben hatte, und ich war auch der Meinung, daß es überhaupt keinen Nutzen hätte, bei dieser Anhörung alle Details zu beschreiben.

Ich bereue diese Entscheidung jetzt und bin froh über die Gelegenheit, meinen Bericht zu korrigieren.

Ballantine's Körper war nicht nur verbrannt. Von ihm war kaum mehr übrig als Schlacke und versengte Knochen. Sein Schädel war aufgrund der intensiven Hitze, der er ausgesetzt gewesen war, geschrumpft, und trotzdem war seine Kleidung kaum beschädigt.

Es gab kleine Versengungsspuren auf der Lederhülle des Steuerrades, offensichtlich dort, wo Ballantine's Hände zur Zeit des Vorfals zugefaßt hatten, aber der Rest des Fahrzeuges zeigte keine Brandspuren.

Allerdings war das Fahrzeug schweer beschädigt, wie die Polizei bei der Anhörung feststellte, und Ballantine's Wirbelsäule wurde vom Motor verletzt, der, nachdem er sich gelöst hatte, nach hinten geschleudert wurde. Das ist das erste Mal, daß ich persönlich eine Spontanverbrennung bei einem Menschen gesehen habe, aber ich weiß aus Veröffentlichungen von dreiundzwanzig ähnlichen Ereignissen. Der Effekt ist vergleichbar damit, was in einem Mikrowellenherd mit einem Hähnchen geschieht, nur viel stärker. Das Hühnchenfleisch wird innerhalb von Sekunden gegart, obwohl die umhüllende Haut nicht verkohlt ist und das Gefäß, in dem das Hühnchen liegt, so kühl bleibt, daß man es anfassen kann.

Für das Phänomen der Spontanverbrennung ist noch keine Erklärung bekannt.

Wir fragten Professor Radwell, ob es denkbar wäre, daß die Spontanverbrennung bewußt hervorgerufen würde. Er erwiderte: “Die Amerikaner und die Russen haben mit Sicherheit in dieser Richtung experimentiert, um die Spontanverbrennung als ferngesteuerte Waffe einzusetzen, aber die Ergebnisse dieser Experimente sind geheim. Ich würde davon ausgehen, daß es sehr unwahrscheinlich ist, daß sie erfolgreich waren ...”

Sehr unwahrscheinlich! Fast alles im Zusammenhang mit Alternative 3 ist sehr unwahrscheinlich. Daß die Supermächte heimlich wissenschaftliche Informationen austauschen - auch das ist sehr unwahrscheinlich. Ebenso unwahrscheinlich ist die Verschwörung des Schweigens über die wirklichen Errungenschaften in der Raumfahrt. Aber die erschreckende Wahrheit ist, daß es geschehen ist. Und daß es weiter geschieht.

Am Mittwoch, den 10. Februar 1977, drei Tage, nachdem er von Ballantine’s Tod erfahren hatte, rief der Amerikaner Harry Carmell das Science Report-Büro bei Sceptre Television an.

Colin Benson nahm den Anruf entgegen und dachte zuerst, da wäre wieder ein Verrückter in der Leitung. Der Mann tat so vorsichtig und geheimnisvoll - er wollte nicht einmal seinen Namen nennen. Und besonders seit der Sendung über mechanische Dienstmädchen war man mit verrückten Anrufen überschüttet worden.

Es war wirklich merkwürdig, wie manche Zuschauer auf die Roboterdienstboten reagiert hatten. Ein Mann hatte wütend den Moderator Simon Butler beschuldigt, er hätte seine Erfindung gestohlen - und behauptet, er hätte bei sich auf dem Dachboden seit fünf Jahren an einem identischen Modell gearbeitet. Zwei Frauen hatten wissen wollen, bei welcher Agentur sie diese Dienstmädchen anheuern konnten. Und ein wütender Gewerkschafter hatte eine erhitzte Tirade darüber abgelassen, daß Sceptre "billige, nichtgewerkschaftliche Arbeit" unterstützen würde.

Dieser Amerikaner hier, fand Benson, paßte gut in die Kategorie der Verrückten - bis er etwas von verschwundenen Wissenschaftlern erwähnte. Das war der Augenblick, wo Benson das an das Telefon angeschlossene Tonbandgerät einschaltete. Hier ist das Transskript des restlichen Gespräches:

Benson: Würden Sie das bitte wiederholen ... was Sie über Wissenschaftler gesagt haben ...
Carmell: Ich sagte, ich weiß, warum sie verschwinden ... und wer dahintersteht ...
Benson: Also sagen Sie es mir ... warum und wer?
Carmell: Nicht am Telefon ... ich kann am Telefon nicht reden ...
Benson: Na ja, also wirklich, das ist ein bißchen ...
Carmell: Hören Sie, ich mache keinen Spaß ... Sie wissen, was sie mit Ballantine gemacht haben ...
Benson: Ballantine?
Carmell: Sir William Ballantine, der Astronom ...
Benson: Oh ja, davon habe ich gelesen ... der Autounfall ...
Carmell: Ich traf mit ihm zusammen, als er zum NASA Hauptquartier in Houston kam ... darum ist er

gestorben ...
Benson: Tut mir leid ... das erscheint mir nicht viel Sinn zu geben ...
Carmell: Können wir uns treffen?
Benson: Was meinen Sie damit, daß darum Ballantine starb?
Carmell: Am Telefon kann ich nicht mehr sagen ... Entweder wir treffen uns oder ich gehe woanders hin
Benson: Von wo aus rufen Sie an?
Carmell: Öffentliche Telefonzelle ... etwa eineinhalb Kilometer nördlich von Ihrem Studio ...
Benson: Warum kommen Sie nicht her?
Carmell: Zu ristkant ... Kennen Sie irgendwo einen weniger auffälligen Ort?
Benson: Sehen Sie ... Mister ... äh ...
Carmell: Harry. Nennen Sie mich einfach Harry.
Benson: Fein. Nun, Harry, Sie machen sich nicht über mich lustig, oder? ... Ich meine, Sie waren wirklich bei der NASA?
Carmell: Eine belebte Straße wäre am besten ...
Benson: In Ordnung ... wir werden es so machen ... einmal um die Ecke neben den Studios ist ein großer Straßenmarkt ... Sie können ihn nicht verfehlen ... wie klingt das?
Carmell: Nennen Sie mir eine Stelle auf diesem Markt ... und wie erkenne ich Sie?
Benson: Da ist ein Obstladen namens Drages, und davor steht ein Briefkasten ... und Sie werden keine Schwierigkeiten haben, mich zu erkennen. Ich trage einen dunkelblauen Anzug und ein rotes Buch ... und ich bin auf Jamaika geboren ...

Sie verabredeten sich für eine Stunde später. Und wenn Sie die Science Reoprt-Sondersendung gesehen haben, wissen Sie bereits, was jetzt passierte. Simon

Butler erzählte den Zuschauern:

Was Sie nun sehen, werden viele von Ihnen für unethisch halten. Wir glauben allerdings, daß unser Vorgehen im Licht der späteren Entwicklungen gerechtfertigt war. Eine versteckte Kamera wurde in der Nähe des Marktes angebracht. (Anmerkung der Autoren: Die Kamera wurde in einem Touristen-Informationskiosk installiert.) Benson wurde mit einem Minisender ausgestattet, damit wir das Gespräch aufnehmen konnten.

Wir sollten darauf hinweisen, daß wir Sceptre Television dieses Vorgehens wegen angefochten haben - besonders, da Carmell so deutlich um Geheimhaltung besorgt war. Clements hat seine Entscheidung durch die Behauptung verteidigt, der Film wäre nicht ausgestrahlt worden, wenn die Ereignisse sich anders entwickelt hätten. Es ist allerdings eine Tatsache, daß Clements und die Gesellschaft später von der Unabhängigen Rundfunkbehörde gerügt wurden.

Hier geben wir, wörtlich nach dem Text dieses umstrittenen Abschnitts in dem Fernsehfilm, das Gespräch wieder, das auf dem Markt stattfand:

Benson: Ich glaube, Sie suchen nach mir - Colin Benson.
Carmell: Ja ... hallo ... danke, daß Sie gekommen sind ... hören Sie, das muß ich wissen: Wie weit sind Sie bereit, in dieser Sache zu gehen? Ich meine, wirklich bis zum Ende?
Benson: Dafür bin ich hier. Können Sie uns helfen?
Carmell: Ich kann helfen ... und wenn Sie eine Bestätigung haben wollen, sollten Sie mit Dr. Carl Gerstein reden.
Benson: Gerstein?

Carmell: Carl Gerstein ... er lebt in Cambridge. Fragen Sie ihn nach Alternative 3.
Benson: Sie reden in Rätseln, Harry ... was ist Alternative 3?
Carmell: Später ... das läuft hier nach meinen Regeln ab - okay?
Benson: Okay.
Carmell: Geh'n wir ein bißchen, hm?
Benson: Gut.

Die Zuschauer werden sich erinnern, daß die Klangqualität während dieses Interviews schlecht war, besonders während des Teils, als von Carl Gerstein und Alternative 3 die Rede war. Es gab viele statische Störungen, und Benson's Funkmikrofon nahm auch die Stimmen von Passanten und den Verkehrslärm auf. Die meisten Worte waren allerdings gut zu verstehen.

Carmell: Es tut mir leid, daß ich ein bißchen nervös wirke - das liegt hauptsächlich daran, daß ich es auch bin.
Benson: Und weswegen?
Carmell: (Kurzes Lachen) Aus Angst, mir einen tödlichen Fall von Röteln zuzuziehen ... wissen Sie, was ich meine? Wie Ballantine?
Benson: Aber das war doch ein Unfall ... ich weiß noch, daß ich in der Zeitung etwas von einem merkwürdigen Schleuderunfall gelesen habe ...
Carmell: Blödsinn! Das kann kein Unfall gewesen sein ... es war das, was sie als Maßnahme bezeichnen, und ich weiß, warum es geschah ... ich muß es zu Protokoll geben, bevor die mich kriegen ...
Benson: Die ...?
Carmell: Hören Sie, wir bleiben dabei, daß ich Ihnen sage, was ich Ihnen zu sagen habe - okay?

Benson: Wie Sie wollen ...

Carmell: Richtig! Und so will ich es ... diese Adresse hier, morgen früh, halb elf. Bringen Sie alles mit - Kamera, Tonbandgeräte, Zeugen - das ist der Schutz den ich brauche. Ich habe dort alle Antworten für Sie

Benson: Hey! Bleiben Sie doch noch eine Minute ... kommen Sie zurück ...

Er griff nach Carmells Ärmel und versuchte ihn aufzuhalten, aber Carmell war zu schnell. Er riß sich los, schoß durch eine enge Lücke zwischen zwei Obstständen und verschwand in der Menge. Benson war enttäuscht. Der ganze ausgeklügelte Kameraaufbau, so dachte er damals, war eine lächerliche Zeitverschwendung gewesen. Er blickte auf das Blatt Papier, das Carmell ihm in die Hand gedrückt hatte. Darauf stand eine Adresse in Lambeth.

"Tja, was meinen Sie?" fragte er später Clements.

"Natürlich weiterverfolgen, mein Lieber. Ich werde für morgen früh ein Filmteam für Sie bestellen."

"Und was ist mit diesem Gerstein?"

"Ich werde mit Simon reden ... mal sehen, ob er gerne nach Cambridge fahren möchte."

Das war der Stand der Dinge am Abend des 10. Februar 1977. Simon Butler, der Dr. Carl Gerstein schon vor Jahren einmal für die Independent Television News interviewt hatte, würde zur Universität fahren. Colin Benson würde zu der Verabredung in Lambeth fahren.

Beide sollten eine Überraschung erleben. Besonders Colin Benson.

Abschnitt Sechs

Benson kam am 11. Februar kurz vor 10.30 Uhr mit einem Kamerateam zur angegebenen Adresse in Lambeth. Das Haus hatte drei Stockwerke und Terrassen - schmuddelig und beklemmend öde - und in dem schmalen Vorgartenstreifen lag Abfall. Die meisten Fenster waren wie bei den Nachbarhäusern vernagelt, aber eins im ersten Stock schien mit einem dreckigen Tuch verhängt zu sein. Das Gartentor war weggerissen, und auf dem Weg zur Haustür lagen Bruchstücke von Dachziegeln.

Benson ging schnell die Stufen hinauf, die Techniker hinterher, und rüttelte an der Tür. Keine Antwort. Er versuchte es noch einmal stärker. Immer noch keine Antwort. Das Haus schien wie ausgestorben. Er rief und donnerte mit beiden Fäusten gegen die Tür. Dann kam von drinnen die Stimme eines Mädchens: "Wer ist da?"

"Mein Name ist Benson. Colin Benson."

Auf der anderen Seite der schäbigen Tür stand Wendy im dunklen Flur und fürchtete sich. Sie wußte immer noch nicht genau, wer sie waren oder was sie wollten, aber sie wußte, daß sie jederzeit kommen konnten. Und daß sie Harry wahrscheinlich etwas tun wollten. Sie biß sich auf die Unterlippe und bereute nun, daß sie ihre Anwesenheit kundgetan hatte. "Wer ist da?" fragte sie.

Benson schüttelte frustriert den Kopf. An dem Haus stand keine Hausnummer. Er ging den Weg durch den Vorgarten zurück, prüfte die Nummern an den anderen Häusern und kam dann wieder zur Tür. "Das ist doch die Nr. 88, oder nicht?"

"Und wer haben Sie gesagt sind Sie?" Wendys amerikanischer Akzent, der jetzt deutlicher wurde, war die Bestätigung, die Benson brauchte.

“Colin Benson,” wiederholte er. “Ich stehe hier mit einem Fernsehteam.”

Wendy war immer noch mißtrauisch, wie sie uns später erzählt hat. Sie hatte Angst. Und wie die Dinge an diesem Morgen standen, dachte sie nicht allzu klar. Vielleicht war es ein Trick. Harry hatte gesagt, daß sie mit allen Tricks arbeiteten. “Wie kann ich da sichergehen?” Ihre Stimme zitterte leicht. “Für welche Sendung arbeiten Sie?”

“Science Reoprt ... ein Mann namens Harry hat uns eingeladen.”

Kurzes Schweigen. Dann wurde der schwere Riegel zurückgezogen, und die Tür wurde einen Spalt breit geöffnet.

Wendy, ungekämmt und mit angstvoll aufgerissenen Augen, starrte Benson und dann die Filmausrüstung an. Sie schien Schwierigkeiten zu haben, zu einem Entschluß zu kommen. “Also ihr seid wirklich vom Fernsehen?” fragte sie schließlich.

Benson grinste und versuchte sie zu beruhigen. “Das ist richtig,” sagte er munter. “Ich bin wirklich vom Fernsehen. Ist Harry da drin?”

Sie reagierte nicht auf seine Freundlichkeit und machte keine Anstalten, die Tür weiter zu öffnen. “Nicht zum reden,” sagte sie.

Allmählich wurde es Benson zu dumm. “Können wir hereinkommen und ihn sehen?” fragte er. “Er hat uns eingeladen.”

Wendy zuckte gleichgültig die Achseln. “Wenn Sie unbedingt wollen.” Sie öffnete die Tür weit. “Aber Sie werden nicht viel aus ihm herausbekommen,” sagte sie. “Nicht heute morgen.”

Sie folgten ihr durch den moderigen Flur und ein paar nackte Stufen hinauf. Uralte Rosentapeten blätterten von den Wänden, und der ganze Ort roch nach Schmutz und Feuchtigkeit. Wendy hielt plötzlich auf dem Treppenabsatz inne und rief zum Kameramann hinunter, der als letzter kam: "Machen Sie die Tür hinter sich zu ... wir müssen sie verschlossen halten." Sie sah ihm dabei zu.

"Wissen Sie, es ist wirklich Zeitverschwendung," sagte sie dann ruhig zu Benson.

"Vielleicht wäre es doch besser, wenn Sie jetzt einfach umkehren und gehen."

"Er bat mich, herzukommen - hier bin ich."

Wieder zuckte sie die Achseln. "Wie Sie wollen."

Vom Treppenabsatz führten drei Türen weg. Sie öffnete die eine zur Vorderseite des Hauses. Und dort, in dem Raum mit dem verhängten Fenster, sah Benson Harry Carmell.

Zuerst erkannte er ihn gar nicht, denn er sah nur eine ausgemergelte Gestalt mit leeren Augen. Er zitterte krampfhaft, seine Zähne klapperten, und er umklammerte eine verfilzte Decke, die um seine nackten Schultern lag - es schien unmöglich, daß dies der Mann sein sollte. dem er erst gestern auf dem Markt begegnet war.

Aber es war Carmell. Er war es wirklich. Er hockte verteidigungsbereit mit an die Brust gezogenen Knien auf einem alten Sofa - dem einzigen Möbelstück im Raum - und zwinkerte heftig mit den Augen, als wollte er deutlicher sehen.

Benson ging vorsichtig auf ihn zu. "Harry?"

Carmell preßte den Rücken noch stärker gegen das Sofa. Er hörte auf zu zwinkern und starrte ihn mißtrauisch und verängstigt an. "Wer sind Sie?" Sogar seine Stimme klang anders, wie die eines uralten Mannes.

"Sie erinnern sich ... Colin Benson."

Wendy versuchte zu helfen. "Es ist in Ordnung, Harry ... er ist vom Fernsehen ..."

Plötzlich und erschreckend heulte Carmell in verzweifelten Entsetzen auf. “Sie sind es!” kreischte er. “Sie haben dich angeschmiert, und jetzt haben sie mich gefunden ...”

“Wovon redet er?” fragte Benson. “Was ist mit ihm los?”

Wendy beachtete ihn nicht und eilte zum Sofa, wo sie neben Carmell niederkniete und ihn umarmte. “Schon gut, Harry ...” sagte sie beruhigend. “Es ist alles in Ordnung ... du brauchst keine Angst zu haben.” Sie blickte zu Benson empor und wies mit dem Kopf zur Tür. “Sie gehen wohl besser.”

“Ist er unter Acid oder so etwas?”

“Bitte gehen Sie jetzt, sofort!”

“Aber vielleicht sollten wir einen Arzt holen ...”

An diesem Punkt schleuderte Carmell in einem unerwarteten Ausbruch hysterischer Gewalttätigkeit Wendy zur Seite und sprang vom Sofa. “Also, dann kommt, ihr Schweinehunde!” schrie er. “Kommt und tötet mich!” Er wedelte wild mit den Armen und die Decke glitt von seinen nackten Schultern. Nun sahen sie, daß er außer Socken nichts anhatte.

Plötzlich stand Carmell ganz still - halb zusammengekrümmt wie ein Affe, keinen Meter von Benson entfernt. Seine Finger, steif wie Eisenklammern, waren weit gespreizt und seine Hände in Hüfthöhe erhoben.

Seine Augen glitzerten jetzt höhnisch. “Aber so leicht stirbt Harry Carmell nicht.” Seine Stimme stand im scharfen Gegensatz zu seiner grotesken Erscheinung - sie klang normal, genauso wie Benson sie auf dem Markt gehört hatte. “Harry Carmell ist ein Kämpfer ... und er wird es, verdammt nochmal, mit dir aufnehmen.” Während er sprach, nahm er einen Schritt zur Seite, um sein Gleichgewicht zu stärken und sprang Benson dann mit einem schrecklichen Kampfschrei an. Benson duckte sich und versuchte auszuweichen, aber Carmell’s

Fingernägel fuhren ihm durch das Gesicht - um Haaresbreite an den Augen vorbei - und zogen tiefe symmetrische Furchen über beide Wangen.

Die Filmtechniker standen hinter Benson im Gang und konnten ihm nicht helfen und Benson, nun genauso entsetzt wie Carmell vorhin, schlug wild um sich, um den Angriff zurückzuschlagen. Einer seiner Schläge traf hart auf Carmell's Nase, und plötzlich war der Kampf vorbei.

Aus Carmell's Nase schoß Blut. Er stöhnte, griff sich mit beiden Händen ins Gesicht und brach auf dem Boden zusammen. Dort lag er und preßte das Gesicht gegen die schmutzigen Bretter. Und plötzlich wurde sein geschwächter, nackter Körper von heftigen Schluchzern geschüttelt.

Benson wich leicht schwankend auf den Treppenabsatz zurück, wo der Kameramann stützend seinen Arm ergriff. "Tut mir leid," sagte er zu Wendy. "Ich habe nicht damit gerechnet ..."

"Ich habe Ihnen gesagt, Sie sollen gehen." Sie kniete jetzt wieder bei Carmell und wischte ihm das Gesicht sanft mit einem Taschentuch ab. "Jetzt lassen Sie uns um Himmels willen allein!"

Sobald sie wieder in den Studios waren, erstatteten sie Clements Bericht, und Clements beschloß, die Polizei zu informieren. "Wir können ihn unmöglich so dalassen," sagte er. "Es klingt für mich, als ob er stationäre Behandlung braucht."

Als die Polizei zu der Adresse kam, gab es jedoch von Carmell oder Wendy keine Spur mehr. Wendy war fast sofort, nachdem das Kamerateam fort war, gegangen. Wir wissen das, weil sie es uns erzählt hat.

Sie ging damals zum nächsten Laden, um ein Antiseptikum und Verbandszeug zu holen. Als sie zurückkehrte, war Harry weg. Es gibt Anlaß zu der Vermutung, daß er das Opfer eines Hot-Jobs wurde, aber wir waren bisher nicht in der Lage, irgendwelche Beweise dafür zu finden. Daher können wir nur berichten, daß Harry Carmell seitdem nicht mehr gesehen worden ist.

Sie hockten zu dritt - Clements, Benson und Dickson - um eine der kleinen Schneidemaschinen in der Filmabteilung und sahen sich noch einmal die ungeschnittenen Filmaufnahmen vom Marktplatz an.

“Da ist es!” sagte Clements. “Gehen Sie nochmal dahin zurück!”

Der Techniker vor ihnen drückte auf die Rückspultaste, und während der Film zurückspulte, hörten sie hohe Mickey-Mouse-Geräusche.

Ein weiterer Tastendruck, und die Bilder standen still. In dem Schweigen war auf dem winzigen Schirm ein Standbild von Benson und Carmell zu sehen.

“Gut, mein Lieber, lassen Sie es laufen.”

Sofort wurden die winzigen schwarzweißen Gestalten lebendig und gingen vom Briefkasten im Hintergrund fort, ihre Stimmen waren zu hören. Benson sprach über Ballantine:

Benson: Aber das war doch ein Unfall ... ich weiß noch, daß ich in der Zeitung etwas von einem merkwürdigen Schleuderunfall gelesen habe ...

Carmell: Blödsinn! Das konnte kein Unfall sein ... es war das, was sie als Maßnahme bezeichnen, und ich weiß, warum es geschah ... ich muß es zu Protokoll geben, bevor die mich kriegen ...

“Okay ... abschalten,” sagte Clements. Der Techniker hielt den Film an und schaltet das Gerät ab. “Nun?” fragte Clements. “Was meinen Sie?”

Dickson schüttelte skeptisch den Kopf.

“Drogenabhängig,” sagte er. “Er hat offensichtlich in der Zeitung von Ballantine gelesen und hat ein bißchen herumfantasiert ...”

“Ich bin geneigt, zuzustimmen,” sagte Clements. “Ich bin nicht sicher, ob wir noch mehr Zeit auf ihn verschwenden sollten, Colin?”

Die Kratzer auf Benson’s Wangen heilten jetzt ab. Er rieb sie nachdenklich. “Denken Sie daran, was er über die verschwindenden Wissenschaftler gesagt hat. Vielleicht haben Sie recht ... vielleicht ist er nur ein drogenabhängiger Spinner ... aber es ist doch schon ein verdammter Zufall ... wie seine Fantasien auf unsere Arbeit übergreifen. Ist Ballantine in Amerika gewesen, wie Harry gesagt hat?”

“Ja, er hat die NASA besucht, aber das hat auch in der Zeitung gestanden,” sagte Dickson. “Ich habe die Archive überprüft.”

Benson blickte ihn scharf an. “Da! Übersehen wir nicht das Offensichtliche? Sie wissen es, weil Sie die Artikel geprüft haben. Und was glauben Sie? Daß dieser LSD-Süchtige ebenfalls die Zeitungsartikel geprüft hat? Oder war es etwas, was er wirklich wußte?”

Clements erhob sich und blickte auf die Uhr. “Also, was möchten Sie tun, Colin?”

“Vielleicht mit Lady Ballantine sprechen?”

“Die können Sie jetzt nicht behelligen. Heute ist die Beerdigung.”

“Dann werde ich diskret sein,” sagte Benson “und bis morgen warten.”

Freitag, 12. Februar 1977. Lady Ballantine war gefaßt und freundlich, als Benson verabredungsgemäß um 15.30 Uhr bei ihr eintraf. Sie erzählte ihm praktisch das gleiche, was sie später am 27. Juli uns erzählt hat. Und er war besonders interessiert an dem großen

Umschlag, den sie auf Ballantine's Beharren hin zur Post hatte bringen sollen. Wußte sie, was er enthielt?

"Ich kann es mir nicht vorstellen," sagte sie. "Ich weiß, daß er das Päckchen aus seinem Schreibtisch holte, aber ich habe keine Ahnung, was drin war."

Hatte ihr Mann irgendeine Erklärung darüber abgegeben, warum sie es mit der Post nach London schicken sollte - obwohl er am selben Abend nach London fuhr?

"Das hat mich am meisten verwirrt," sagte Lady Ballantine. "Besonders als ich später merkte, daß es an den Mann adressiert war, mit dem er sich treffen wollte."

"Wie bitte?" sagte Benson. "Ich verstehe nicht."

"Der Umschlag ... er war an einen Journalisten namens John Hendry adressiert. Er und William - sie waren seit Jahren befreundet. Nun ... spät, sehr spät am Freitag erhielt ich einen Anruf von Mr. Hendry. Er war immer noch in seinem Büro und wartete auf William und, na ja, den Rest wissen Sie ..."

"Haben Sie seitdem mit Hendry gesprochen? Ihn nach dem Päckchen gefragt?"

"Er rief am Samstag wieder an ... um mir sein Beileid auszusprechen ... aber ich war zu durcheinander, um an Päckchen und solche Dinge zu denken ..."

Vier Stunden später war Benson in Hendrys Büro in der Fleet Street.

"Eine Vorahnung - das ist das Wort, das er benutzt hat," sagte Hendry. "Die Ereignisse begannen sich zu beschleunigen, und er hatte eine Vorahnung - genau das hat er gesagt. Es ist wirklich außergewöhnlich ... wenn Sie bedenken, was geschehen ist."

"Das Päckchen," beharrte Benson. "was war in dem Päckchen?"

Hendry erhob sich vom Schreibtisch, ging hinüber zu einem Tisch am Fenster und nahm aus einer Schublade ein Band. "Nur das," sagte er. "Keine Botschaft, rein gar nichts."

"Und was ist da drauf?"

"Das ist das Merkwürdigste an der Sache. Überhaupt nichts, soweit wir feststellen können."

"Sie haben den Film ganz abgespielt?"

"Klar ... wir haben alles ausprobiert. Aber es ist nichts drauf. Wissen Sie, was ich glaube? Ich glaube, er hat aus Versehen die falsche Spule losgeschickt."

"Das klingt ziemlich unwahrscheinlch," sagte Benson. "Ein Mann wie Ballantine - er würde mit peinlicher Sorgfalt vorgehen."

Hendry kehrte zu seinem Schreibtisch zurück, warf das Band auf den Tisch und zündete sich eine Zigarre an. "Normalerweise ja ... aber wie ich Ihnen gesagt habe, am Freitag war er nicht er selbst. Seine Stimme am Telefon - ich habe sie kaum erkannt. Er war völlig aufgelöst und aufgeregt und - ich sage das sehr ungern, weil er mein Freund war - aber er redete den unglaublichsten Blödsinn. Vielleicht hatte er sich überarbeitet oder so etwas - wer weiß - aber ich hatte den Eindruck, daß er wirklich durchgedreht war. Und wissen Sie was? Das könnte auch den Unfall erklären. Wenn sein Fahrstil nur halb so wild war wie seine Worte ... na ja, es ist kein Wunder, oder?"

Benson nahm die Spule in die Hand. "Kann ich mir das hier ausleihen?"

Hendry sog heftig an seiner Zigarre, deren Ende hellrot aufglühte. "Ich möchte ja nicht persönlich werden," sagte er. "Aber diese Narben in Ihrem Gesicht ... wie sind Sie dazu gekommen?"

Benson betastete seine Wangen und grinste kläglich. "Ist schon in Ordnung, es sind keine Stammesabzeichen" scherzte er. "Ich habe versucht, einen ziemlich rauhen Kerl zu interviewen. Offenbar gefielen ihm meine Fragen nicht."

Hendry erwiderte das Lächeln. Er hatte zur Zeit der

Straßenschlachten als Reporter in der Fleet Street gearbeitet - bevor es hier so ruhig und respektabel geworden war - und seine Nase war etwas schief. "Sowas kommt vor," sagte er lakonisch. "Warum wollen Sie das Band?"

"Wir haben in den Studios eine sehr gute Ausrüstung. Vielleicht können wir etwas finden."

"Es schadet nichts, wenn Sie es probieren," sagte Hendry. "Aber ich möchte es wieder zurückhaben, und ich erwarte, daß Sie mir sofort erzählen, wenn Sie irgendetwas Interessantes finden."

Auf dem Band war nichts. Oder jedenfalls schien nichts drauf zu sein.

Es wurde in der Dokumentationssendung, wie Sie sich erinnern werden, in seinem ursprünglichen Zustand abgespielt. Und wie Simon Butler damals ausführte, enthielt es offensichtlich nur "das endlose Rauschen des Weltraumes - nicht viel anders als zahllose Tonbänder in den Archiven der Radioastronomie.

An diesem Punkt der Sendung erzählte Butler den Zuschauern: "Was es bedeutete ... welche entscheidende Information Sir William Ballantine aus dieser scheinbar zufälligen Geräuschkulisse entziffert hatte .... würden wir erst viel später herausfinden."

Später entdeckte man, daß die Wartezeit wesentlich kürzer gewesen wäre, wenn Harry Carmell an jenem Februarmorgen in Lambeth nicht so unter Drogen gestanden hätte. Denn Carmell hatte natürlich den Dekoder - den er der NASA gestohlen hatte.

Aber Stück für Stück kamen sie voran. Während Benson in diesem heruntergekommenen Haus von dem verrückten Carmell angegriffen wurde, versuchte Butler sich mit einem alten Herrn in Cambridge zu verabreden - und dieser alte Mann brachte sie schließlich näher an die erstaunliche Wahrheit über Alternative 3 heran.

Dr. Carl Gerstein stand unter der besitzergreifenden Schutzhaft seiner Haushälterin. Sie hatte ihn seit Jahren wegen seines Pfeifenrauchens ausgeschimpft. Das war ihrer Meinung nach eine scheußliche und verachtenswerte Angewohnheit und für ihn, mit seiner schwachen Brust, sicherlich nicht gut.

In ihrer Stimme hatte ein Klang von "Ich habe es Ihnen ja gesagt" mitgeschwungen, als er Ende Januar 1977 einen schweren Anfall von Bronchitis erlitt. Alles, was sie je über diese Pfeife gesagt hatte, trat ihrem Gefühl nach jetzt deutlich zutage. Vielleicht hörte er diesmal auf sie und warf das schmutzige Ding fort. Aber Gerstein hatte natürlich keineswegs die Absicht, seine Pfeife wegzuwerfen. Sie war ein Teil von ihm.

Was Besucher anging, bekam sie allerdings ihren Willen. Bevor er vollkommen wiederhergestellt war, durfte niemand zu Besuch kommen, absolut niemand. Er brauchte absolute Ruhe - das hatte der Arzt gesagt - und sie würde dafür sorgen, daß er sie bekam. Sie weigerte sich sogar, ihn zum Telefonieren die Treppe hinunter zu lassen. "Der Flur ist zugig, und wenn Sie etwas am Telefon sagen müssen, können Sie das durch mich tun," sagte sie. "Sie bleiben hier oben im Warmen."

Darum mußte Butler am 11. Februar erst hart mit ihr verhandeln. Sie hatte Butler oft im Fernsehen gesehen und besaß eine Schwäche für ihn. Aber diese Schwäche war nicht so groß, daß sie eine Ausnahme von ihren Regeln gemacht hätte.

"Nicht diesen Monat," sagte sie. "Das kommt gar nicht in Frage."

"Wie ist es mit nächstem Monat?" fragte Butler. "Ist nicht anzunehmen, daß es ihm dann besser geht?"

Wir sollten hier erwähnen, daß Butler später einen Riesenschrecken bekam, als wir ihm den entsprechenden Abschnitt von Trojan's Transkript von der Sitzung des

Politischen Komittees am 3. März 1977 zeigten - in dem es um Gerstein ging:

A Acht: Keine Neuigkeiten ... er liegt mit einer Bronchitis im Bett und hat seit Wochen außer seiner Haushälterin niemanden gesehen ...

R Acht: Die Situation ist also unverändert ... ich empfehle, daß wir den Alten weiter beobachten ...

Butler hätte sich ganz anders verhalten, wenn er gewußt hätte, daß Gerstein unter Beobachtung stand. Aber er wußte es nicht und beharrte: "Es ist wirklich sehr wichtig ... ich würde sonst nicht im Traum daran denken, ihn zu behelligen ..."

Sie ließ sich erweichen und sagte, sie würde nach oben gehen und den Arzt fragen.

Schnell war sie wieder am Telefon. "Ich kann nur eine provisorische Verabredung festmachen, Mr. Butler," sagte sie. "Es wird davon abhängen, wie es ihm dann geht."

"Welches Datum schlagen Sie vor?"

"Nicht ich schlage das vor - Dr. Gerstein. Er sagt, er freut sich sehr, Sie widerzusehen." Sie war entschlossen, die Dinge im richtigen Licht erscheinen zu lassen. "Am vierten März um 14.00 Uhr - würde das passen?"

Butler prüfte seinen Terminkalender. Dienstag, der vierte März, war noch ohne Eintrag. "Vielen Dank," sagte er. "Wenn ich nichts Gegenteiliges höre, werde ich kommen."

Ihre Ermittlungen sollten, obwohl sie es noch nicht merkten, bald eine erstaunliche Wende nehmen.

Abschnitt Sieben

Das Interview mit Gerstein, das gefilmt wurde, fand wie geplant am 4. März 1977 statt und war ein wichtiger Bestandteil der am 20. Juni ausgestrahlten Sendung. Simon Butler stellte die Aufnahmen den Zuschauern mit folgendem Off-Kommentar vor:

Gersteins Theorien waren, als er sie vor mehr als zwanzig Jahren zum ersten Mal formuliert hatte, fast überall abgelehnt worden. Man hatte ihn als Schwarzseher und Pessimisten bezeichnet. Die Ereignisse zeigten allerdings, daß er im Gegenteil eher ein Optimist war.

Ende der sechziger Jahre war die Erde bereits in einem Mantel aus ihren eigenen Ausdünstungen gefangen, daß die Wärme immer schwerer entfliehen konnte.

Zehn Jahre früher als nach Gerstein's Voraussage war der berüchtigte "Treibhaus"Effekt - zurückzuführen auf den Anstieg der Kohlendioxidwerte auf das Achtfache im letzten Sommer - Wirklichkeit geworden und drohte die Durchschnittstemperatur auf der Erde zu verdoppeln.

Gersteins Brust war zur Zeit des Interviews noch nicht ganz in Ordnung. Er schnaufte noch. Und er rauchte weiter seine Pfeife. "Ihren mysteriösen Harry da ..." sagte er. "Ich glaube, den kann ich nicht einordnen."

"Er war ganz genau, was Sie angeht," sagte Butler. "Er bat uns, Sie nach etwas zu fragen, was als Alternative 3 bezeichnet wird."

Gerstein starrte auf seinen Schreibtisch und sog gedankenvoll an seiner Pfeife. "Wußte er ...." sagte er langsam. "Das war merkwürdig, daß er das getan hat."

"Diese Alternative 3 - wissen Sie, was das bedeutet?"

“Ich will Ihnen etwas zeigen,” sagte Gerstein. Er wühlte in der untersten Schreibtischschubdlade und zog einen Schnellhefter heraus, in dem sechs mit Schreibmaschinen beschriebene Seiten lagen. “Die Amerikaner haben eine bemerkenswerte Begabung dafür, bei öffentlichen Erklärungen die Wahrheit herunterzuspielen,” sagte er. “Lesen Sie das ... es ist ein CIA-Bericht.”

Butler nahm den Schnellhefter und las die rot angestrichene Passage:

In den armen und machtlosen Gebieten muß die Bevölkerung so weit sinken, daß sie ernährt werden kann. Dafür sind Nahrungsmittelhilfen und äußere Unterstützung, wie großzügig die Geber auch sein mögen, nicht das richtige. Außer wenn oder bis sich das Klima verbessert und die Ackerbautechniken sich hinreichend geändert haben, können Bevölkerungszahlen, wie sie jetzt für die weniger entwickelten Länder geplant werden, nicht erreicht werden. Das Bevölkerungs-”Problem” würde sich in der unerfreulichsten Weise von selbst lösen.”

“Was soll das heißen?” fragte Butler. “Außer wenn oder bis sich das Klima verbessert ...”

“Das ist es!” sagte Gerstein. “Das ist der Schlüsselbegriff! Und dieser Bericht, das will ich Ihnen sagen, ist etwa vier Jahre alt. Es bedeutet, daß die Amerikaner damals bereit waren, die Wahrheit ein Stück weit durchblicken zu lassen. Natürlich nicht die ganze Wahrheit, denn das wäre zu erschreckend. Aber lassen Sie sich von mir sagen, daß denen die ganze Wahrheit bekannt ist. Ich habe sie ihnen mitgeteilt. Damals, 1957 - auf der Konferenz in Huntsville in Alabama - habe ich ihnen alles erklärt. Darum haben sie angefangen, ernsthaft über die drei Alternativen nachzudenken."

"Und was genau haben Sie ihnen gesagt?" fragte Butler.

"Ich habe ihnen gesagt, daß wir dabei sind, diesen Planeten umzubringen." Gerstein wurde von einem Hustenanfall aufgehalten, der seinen ganzen Körper schüttelte und ihm das Wasser in die Augen trieb. Er entschuldigte sich. "Durch all die Jahrhunderte dachten die Menschen, die Atmosphäre um uns her sei so unendlich, daß sie nie beschädigt werden könnte," sagte er. "Also haben wir sie mißbraucht und verseucht ... und jetzt ist es zu spät."

Er schüttelte traurig den Kopf. "Wir haben um unsere Welt ein Treibhaus erschaffen ... ein Treibhaus aus Kohlendioxid. Kurzwellenstrahlung von der Sonne gelangt geradewegs hindurch, genau wie in jedem Gartentreibhaus, aber das Kohlendioxid absorbiert und hält die Hitze, die von der Oberfläche der Erde abgestrahlt wird.

"Wissen Sie, wieviel Kohlendioxid wir in den letzten hundert Jahren ausgestoßen haben? Mehr als 360 Milliarden Tonnen! Und wenn es einmal oben ist, bleibt es dort - und jedes Jahr kommt mehr dazu.

"Menschliche Lemminge! Etwas anderes sind wir nicht! Ist Ihnen klar, daß wir sogar zur Zerstörung unserer Welt beitragen, weil wir gut riechen wollen? Nein ... ich versichere Ihnen ... ich meine es vollkommen ernst. Diese Deosprays - sie allein blasen jedes Jahr fast eine Million Tonnen Fluorkohlenwasserstoffe in die Atmosphäre."

Er wühlte wieder im Schreibtisch und förderte einen weiteren Hefter zutage. "Eine königlich-britische Kommission über Umweltverschmutzung war geschockt von dem riesigen Ausmaß dieser Verschmutzung. Hören Sie, was sie in ihrem Bericht schreiben." Er öffnete den

Hefter, blätterte über ein paar Seiten hinweg und begann zu lesen:

"Wenn die schlimmsten Befürchtungen über das Ausmaß des Schadens durch Fluorkohlenwasserstoffe auf die Ozonschicht Wirklichkeit würden und wenn sich kein Mittel fände, diese Bedrohung zu bekämpfen, könnten die Folgen für die Menschheit und sogar für einen Großteil des Lebens auf der Erde höchst katastrophal sein."

Er klappte den Hefter zu und warf ihn verächtlich auf den Tisch. "Da!" sagte er. "Das ist ihr Wort - katastrophal! Und dieser Bericht wurde von Leuten geschrieben, denen wahrscheinlich der ganze Ernst der Situation noch nicht einmal klar war. Sie wußten höchstwahrscheinlich noch nicht, daß eine der drei Alternativen nötig war.

Aber die Menschen benutzen diese Dinge ... um ihren Ofen zu reinigen und sich das Haar einzusprühen ... um Fliegen zu töten und Gerüche und Rückenschmerzen. Guter Gott, es gibt sogar Lebensmittel in Spraydosen! Wir verwöhnen uns zu Tode, Mr. Butler, genau das tun wir - und nun ist alles unrettbar tödlich geworden.

"Manche verspäteten Versuche sind natürlich unternommen worden, um das Problem anzugehen. Letztes Jahr, zum Beispiel, hat die Food and Drug Administration der Vereinigten Staaten Fluorkohlenwasserstoffe aus den amerikanischen Sprays verbannt - und das, kann ich Ihnen sagen, war ein schwerer Schlag für eine Industrie mit einem Umsatz von 9.000 Millionen Dollar allein in den USA.

"Aber andere Länder, darunter auch England - wo, ganz nebenbei, die meisten Sprays in ganz Europa produziert werden - haben beschlossen, der amerikanischen

Initiative nicht zu folgen. Verschließe deine Augen vor den Gefahren und tue so, als gäbe es sie nicht - das scheint die Devise zu sein. Sehen Sie ... Arbeitsplätze sind gefährdet ... allein in England ungefähr 10.000 ... und da sitzt auch das große Geld. Nicht daß es noch viel ausmachen würde. Es ist jetzt schon so spät, daß alle diese Überlegungen völlig akademisch geworden sind."

Gerstein wurde von einem weiteren Hustenanfall heimgesucht. Er blickte anklagend auf seine Pfeife, die ausgegangen war, und zündete sie wieder an. "Die Menschen sprechen sehr beredt über den Beton-Dschungel, Mr. Butler. Sie sollten lieber über den Beton-Speicherofen sprechen. Wir verwandeln diese Welt in einen Beton-Speicherofen. Beton ... Asphaltstraßen ... Steingebäude ... das alles hält die Wärme zurück und trägt dazu bei das Desaster voranzutreiben.

"Dazu kommt die gesamte Abwärme aus der Industrie, von den Elektrizitätswerken, Autos und Zentralheizungssystemen. Ist Ihnen klar, daß New York City sieben mal soviel Hitze erzeugt, wie es aus der Sonnenstrahlung erhält? Das ist eine Tatsache, Mr. Butler. Und stellen Sie sich jetzt nur vor, daß diese Art von Wärme - aus der ganzen Welt - sich in unserem großen atmosphärischen Treibhaus fängt!"

"Ja," sagte Simon Butler. "Aber diese Alternative 3 ..."

Gerstein beachtete die Unterbrechung nicht, erhob sich vom Schreibtisch und ging zum Fenster seines Arbeitszimmers. Dort stand er mit hinter dem Rücken verschränkten Händen und betrachtete die weite Rasenfläche. "Ich werde Ihnen sagen, was geschehen wird," sagte er. "Diese Welt wird immer heißer und heißer, bis sie so ist wie die Venus. Ich kann Ihnen nicht sagen, wann es so weit sein wird ... in den nächsten hundert Jahren nicht ... aber ich kann Ihnen versichern, daß es geschieht.

"Dann werden der Nordpol und der Südpol so heiß sein wie heute die Tropen. Und der Rest der Welt ... nun, es wird außer Insekten und kaltblütigen Tieren wie Eidechsen kein Leben mehr geben."

Er wandte sich Butler zu und wies über seine Schulter. "Alles da draußen, all dieses Grünen und Blühen, wird eine verbrannte Wüste sein.

Es wird keine Menschen mehr geben, jedenfalls nicht in unseren Breitengraden. Wahrscheinlich noch ein paar an den Polen, aber über kurz oder lang werden sie von der Hitze ebenfalls getötet werden - und das war's dann auch."

Er setzte sich und blickte Butler düster an. "Wie Sie sehen, ist der CIA-Bericht, den Sie da in der Hand halten - mit diesem Blödsinn über das Klima, das sich vielleicht verbessert - einfach nur Werbegeschwätz."

Er seufzte resigniert, nahm den Ordner von Butler entgegen und legte ihn in die Schublade zurück.

"Das ist vermutlich die Technik. Sie machen eine große Enthüllung und zeigen einen Teil der Wahrheit - genau das haben sie mit diesem Bericht getan - damit die Menschen glauben, daß ihnen die ganze Wahrheit gezeigt worden ist."

"Aber Sie haben drei Alternativen erwähnt," sagte Butler. "Sie sagen, daß Sie bei der Konfenrenz in Huntsville in Betracht gezogen worden wären ..."

"Das ist schon lange her," sagte Gerstein ausweichend. "Zwanzig Jahre. Und es war alles ganz theoretisch ..."

Ich weiß, daß ein Teil der Diskussionen in Huntsville geheimgehalten worden ist und so weiter, von daher kann ich Ihr Zögern natürlich verstehen," sagte Butler. "Aber es ist doch offenbar eine Angelegenheit von ungeheuerer öffentlicher Bedeutung und, wie Sie sagen, Huntsville ist lange her. Wäre es Ihnen also nicht möglich, mir zu sagen ..."

Gerstein erhob die Hand, um ihn zum Schweigen zu bringen. “Alternative 1 und Alternative 2 waren völlig verrückt,” sagte er. “Sie sind nicht einmal wert, daß man über sie redet ...”

“Ich würde sie trotzdem gerne kennenlernen,” sagte Butler. “Könnten Sie mir nicht nur in kurzen Umrissen schildern, worum es dabei geht?”

Gerstein schwieg eine Weile und dachte nach. Schließlich zuckte er die Achseln. “Nun ... sie wurden verworfen, also kann ich vermutlich keinen Schaden damit anrichten,” sagte er. “Die Grundidee von Alternative 1 war so ähnlich, als ob man auf ein normales Treibhaus ein paar Steine wirft. Es entstehen Löcher im Glas, so daß die Hitze entweichen kann. Der Vorschlag lautete, daß hoch oben in der Atmosphäre eine Reihe strategisch plazierter Atomexplosionen stattfinden sollten - um diese Kohlendioxidhülle zu durchlöchern. Dann hätten wir Kamine am Himmel, wenn Sie so wollen. Das hätte das unmittelbare Problem gemildert, und dann hätte als Folgeprogramm eine drastische Kehrtwende in der Lebensweise auf dieser Erde stattfinden müssen.

“Die Menschen hätten anfangen müssen, einfacher zu leben, um ein weiteres Aufschaukeln zu verhüten. Zum Beispiel hätte man über konsequent durchgesetzte internationale Abkommen alle Motorfahrzeuge verbieten müssen - außer für unerläßliche Dienste.

“Sie können eigentliche Ihre eigene Liste erstellen, welche Dinge hätten geopfert werden müssen, damit wir nicht mehr Kohlendioxid in solchen Mengen in die Luft schleudern.

Dann hätte es eine große koordinierte Anstrengung geben müssen, der Welt ihre Lungen zurückzugeben - durch die Entfernung aller unnötig zubetonierten Flächen und die Anlage riesiger Areale mit Bäumen und anderen

Pflanzen, die das Gas hätten absorbieren könnten.

Das war im wesentlichen Alternative 1 ...”

“Nun, mir ist klar, daß es ein unglaublich kompliziertes Projekt wäre ...” sagte Butler. “Aber es klingt sinnvoll ... wenn die Situation so verzweifelt ist, wie Sie sagen ...”

“Es war verrückt,” sagte Gerstein barsch. “Löcher in ein Gartentreibhaus zu schmeißen ist eine Sache. Dasselbe mit der Erdatmosphäre zu tun, ist etwas ganz anderes. Ja, es könnte klappen ... sie haben die Technologie dafür, aber was sie nicht haben ist eine Technologie, um die Löcher hinterher wieder abzudichten ...”

“Wie bitte? ... Ich kann nicht ganz folgen ...”

“Die Ozonschicht!” sagte Gerstein ungeduldig. “Verstehen Sie das nicht? Damit wären auch große Lücken in der Ozonschicht entstanden, und diese Schicht das müssen Sie wissen, schirmt uns vor der vollen Auswirkung der ultravioletten Sonnenstrahlen ab.

“Ohne den Schutz der Ozonschicht, Mr. Butler, würden wir mit viel mehr Strahlung bombardiert werden und das würde sofort alle möglichen Schrecken mit sich bringen - zum Beispiel einen Anstieg der Hautkrebsfälle.

“Nein, das war viel zu gefährlich. Alternative 1 wurde zu Recht abgelehnt.”

“Und Alternative 2?”

Gerstein hatte wieder Ärger mit seiner Pfeife. Sie anzuzünden war eine wichtige Aufgabe, die seine gesamte Aufmerksamkeit fesselte. Er mußte husten und spucken, aber nach drei Streichhölzern hatte er gewonnen. Und wieder hüllte er sich zufrieden in Rauch. “Könnten Sie sich vorstellen, wie ein Troglodyt zu leben, Mr. Butler?”

Es war ofensichtlich eine rhetorische Frage. Butler wartete, er wußte, er mußte nicht antworten.

“Alternative 2 war meiner Ansicht nach noch verrückter als Alternative 1,” fuhr Gerstein fort. “Mir ist natürlich klar, daß im Boden genug Gase eingeschlossen sind, um das Leben zu ermöglichen, aber ... nein, diese Alternative war am wenigsten realistisch.”

“Troglodyt” fragte Butler. “Warum Troglodyt?”

“Es gibt gute Gründe für die Annahme, daß diese Welt einst zivilisierter und wissenschaftlich viel entwickelter war als heute,” sagte Gerstein. “Unsere wirklich entfernten Ahnen, die Jahrtausende vor der sogenannten prähistorischen Menschheit gelebt haben, waren weit über unser gegenwärtiges Wissen hinausgelangt.

“Dann soll es eine Art erdgeschichtliche Katastrophe gegeben haben - vielleicht vergleichbar mit der, vor der wir jetzt stehen - und diese hochentwickelten Menschen bauten vollständig neue Zivilisationen tief unter der Erdoberfläche ...”

“Aber,” sagte Butler, “ich verstehe nicht, wie ...”

“Bitte!” Gerstein war nicht in der Stimmung, sich unterbrechen zu lassen. “Es gibt Beweise, ganz beträchtliche Belege dafür, nach denen es einst ganze Städte - durch ein raffiniertes Tunnelsystem verbunden - weit unter der Oberfläche gab. Reste von ihnen sind unter vielen Teilen der Welt gefunden worden. Unter Südamerika ... China ... Rußland ... ach, überall. Und in dieser unterirdischen Welt, so heißt es, ersetzt eine grüne Luminiszenz die Sonne als Energiequelle - und ermöglicht den Ackerbau.

“Sie sind also dorthin geflohen und konnten dort höchstwahrscheinlich einige Zeit überleben ...”

“Und dann?” fragte Butler. Gerstein zuckte die Achseln. “Nach all der Zeit ... wer kann es sagen? Vielleicht liegt eine historische Wahrheit in der biblischen Geschichte von der Sintflut. Vielleicht folgte auf die Katastrophe, die sie dorthin getrieben hat, die Flut -

und sie waren dort unten alle gefangen und ertranken. Vielleicht haben ihre Zivilisationen so geendet ..."

Er machte eine Pause und sog nachdenklich an seiner Pfeife. "Und daraus könnte folgen, daß die Menschen, die wir für die prähistorische Menschheit halten, nur die Abkömmlinge einer Handvoll von Überlebenden waren - die wahren Kinder Noah's, wenn Ihnen die biblische Version gefällt - die in einer völlig verwüsteten Welt ganz neu anfangen mußten. Haben sie vielleicht deshalb so selbstverständlich - instinktiv, wenn Sie so wollen - in Höhlen gelebt? Dann begann der qualvoll langsame Prozeß, die Welt wieder aufzubauen, immer wieder, bis wir uns jetzt heute in einer ähnlichen Lage befinden ..."

"Alternative 2 beinhaltete also, daß alle in die Eingeweide der Erde transportiert würden?"

"Nicht alle," sagte Gerstein. "Das wäre ein hoffnungsloses Unterfangen. Ausgesuchte Menschen, die aufgrund ihrer besonderen Fähigkeiten oder Talente gewählt worden wären und die als lebenswichtig für die Zukunft der menschlichen Rasse angesehen werden.

"Ich muß Ihnen sagen, daß in Huntsville viele Leute für Alternative 2 waren. Sie führten aus, daß es keine weitere Sintflut geben würde, da ja der gesamte Planet austrocknen würde, und daher würde es nicht so enden, wie es offensichtlich schon einmal geendet hatte."

Er nahm die Pfeife aus dem Mund und wies auf Butler. "Wissen Sie ... da gab es einen sehr berühmten Mann - er ist vor ein paar Jahren gestorben - der sogar einen Plan vorstellte, nach dem gewöhnliche Leute ... überflüssige Leute, wie er sie nannte ... zur Sklavenarbeit heranzuziehen waren.

"Es war alles ganz bestechend, so wie er es ausgearbeitet hatte. Die Sklaventruppen sollten die ganze schwere Arbeit da unten machen und würden entweder chirurgisch oder chemisch so behandelt werden, daß sie ihre neue Rollen zufrieden hinnehmen würden. Sie würden, wie er es nannte, zu Massentransporten zusammengetrieben werden. Ja, diesen Ausdruck hat er benutzt - Massentransporte ...”

Butler schüttelte ungläubig den Kopf. “Aber das ist undenkbar ... völlig unmenschlich. Und in jedem Fall könnte ein Vorhaben in diesem Maßstab nur in engster Zusammenarbeit zwischen den Supermächten abgewickelt werden. Amerika und Rußland müßten ihre Ressourcen und ihr wissenschaftliches Wissen zusammenschließen, und allein das wäre schon völlig undenkbar ...”

“Verbündete werden durch die Notwendigkeit geeint, einen gemeinsamen Feind zu bekämpfen oder sich einer universellen Gefahr zu stellen,” sagt Gerstein. “Denken Sie an den Zweiten Weltkrieg. England, Amerika, Rußland - sie alle waren Partner in dem Überlebenskampf. Damals erschien es nicht so merkwürdig, daß sie zusammenarbeiten sollten. Und diese jetzige Bedrohung, Mr. Butler, ist weit größer als die damalige ...”

“Ist die notwendige Technologie dafür vorhanden?” fragte Butler.

“Die Technologie ja. Das Problem wäre das Geld. Zahllose Milliarden wären nötig, könnten aber im Notfall aufgebracht werden.”

“Warum sehen Sie dann Alternative 2 als am wenigstens realistisch an?”

“Weil sie bestenfalls eine vorübergehende Notlösung sein konnte. Wie ich Ihnen gesagt habe ... das Kohlendioxid bleibt dort, wenn es einmal oben ist. Wir sind gefangen in einem riesigen Treibhaus, und es ist nur eine Frage der Zeit, bis die Auswirkungen auch in die Erde dringen. Auch ganz tief da unten wird schließlich alles austrocknen und anfangen zu schwelen."

Er hielt inne und lachte kurz und trocken. "Vielleicht sind unsere Legenden und Mythen über Hades - mit dem dämonischen Heizer da unten in den Abgründen der Schwärze - nur unbewußte Visionen der Zukunft. Schon mal darüber nachgedacht?"

Er starrte Butler unbarmherzig an und fuhr, da er keine Antwort erhielt, fort: "Die Situation ist, wie Sie sehen, nicht nur unausweichlich - sie hat jetzt die Stufe erreicht, wo sie sich nur verschlimmern kann. Darum ist meiner Meinung nach Alternative 2 lächerlich."

Vor dem Fenster hörte man die Vogelstimmen des Vorfrühlings. Butler blickte Gerstein über die Schulter und sah, wie eine alte Frau friedlich mit ihrem Hund um die Wiese spazierte.

Dort draußen war es so friedlich, so normal. Und das machte ihre Unterhaltung noch bizarrer. Hier, in den von Büchern gesäumten und sonnendurchfluteten Raum, sprachen sie über Armageddon, die letze Schlacht. Sie sprachen darüber in gemessenem und kultiviertem Ton, als wäre es nur eine Angelegenheit von akademischem Interesse. Es war schwer, sehr schwer, zu begreifen daß das Thema wirklich das nahende Ende der Welt war.

Dies war das merwürdigste Interview, das Butler jemals geführt hatte. Aber als Profi fragte er weiter.

"Und Alternative 3?"

Gerstein schüttelte den Kopf. "Ich weiß nicht ..." sagte er. "Vielleicht habe ich bereits zu viel verraten. Ich stehe mit diesen Dingen seit ziemlich langer Zeit nicht mehr in Berührung, und es ist kaum meine Aufgabe, über Alternative 3 zu sprechen. Vielleicht haben sie es aufgegeben nach allem, was ich weiß ... beschlossen, daß sie es einfach nicht schaffen. Vielleicht können Sie mit jemandem sprechen, der mit dem Raumfahrtprogramm zu tun hat, denn die Wahrheit ist, daß ich es einfach nicht weiß ..."

“Nun, geben sie mir einen Hinweis ...” beharrte Butler.

“Ich gebe Ihnen einen Sherry,” sagte Gerstein. Und damit endete das Interview.

In den folgenden Monaten richteten sich die Befürchtungen der Öffentlichkeit weiter auf das Wetter - und auf die Folgen, die es für die Zukunft der Welt haben würden. Am 28. August 1977 brachte der Sunday Telegraph einen Leitartikel mit der Schlagzeile: Wetterexperten ratlos. Der Artikel stammte von einem Mitglied der redaktionellen Gruppe “Close-Up” und lautete:

Was ist mit dem englichen Wetter los? Diese scheinbar harmlos Frage ist plötzlich zu einem regelrechten Forschungsthema geworden.

Sogar die Metereologen schließen sich vorsichtig der Meinung des Mannes auf der Straße an, daß etwas entschieden Merkwürdiges unser Klima beeinflußt und uns die Extreme der letzten beiden Jahre beschert hat ... auch viele andere Länder haben in der gleichen Zeitspanne merkwürdige Wetterphänomene erlebt. Mr. Edwin P. Weigel aus dem amerikanischem Wetterbüro in Washington sagte mir:

“Wir wissen nicht, was los ist. Kalifornien und andere westliche Staaten haben eine zweijährige Dürre erlebt, die alle Rekorde schlägt. In manchen Landesteilen wird das Wasser rationiert ...”

Es gibt unterschiedliche Ansichten darüber, wie rätselhaft alles ist, und es ist noch ziemlich umstritten wie außergewöhnlich solche Extreme wirklich sind ...

Die offizielle Haltung war allerdings weiterhin sehr vorsichtig. Experten, denen die ganze Wahrheit bekannt war, waren ängstlich besorgt, keine Massenpanik auszulösen. Kevin Miles vom vierzigköpfigen Klimaforschungsteam des Meterorologischen Amtes in Bracknell, Berkshire, wurde in diesem Sunday Telegraph-Artikel so zitiert: "Wir sind uns darüber einig, daß wir etwas ungewöhnliches erlebt haben. Berichte aus der ganzen Welt haben unser eigenes Bild von der gestiegenen Schwankungsbreite bestätigt. Aber wir haben gelernt, nicht übertrieben zu reagieren auf etwas, das vielleicht in mehreren kleinen Bereichen auf der Erde als merkwürdig erscheint."

Mr. Miles gab dann zu, daß er und seine Arbeitsgruppe "sehr gerne verstehen würden, was in letzter Zeit los war."

So wurde auf Befehl von allhöchster Ebene die Maskerade aufrechthalten - Wetterexperten auf beiden Seiten des Atlantik bestanden darauf, daß sie die Wahrheit noch nicht wüßten und das beunruhigende Rätsel weiterhin untersuchen würden.

Der Artikel im Sunday Telegraph lautete weiter:

Die Bracknell-Meterorologen erweitern ihr Forschungsprogramm, um jede Hypothese zu untersuchen, die einen Zusammenhang mit den Wetterschwankungen ergeben könnte. Ozeane, Wolken, Landschaftsformen und die Oberfläche der Erde werden mit Hilfe eines der weltschnellsten Computer abgesucht.

Währendessen lassen die amerikanischen Experten genauso viele Versuchsballons steigen wie ihre britischen Kollegen. Die Behörde in Washington sucht gegenwärtig nach möglichen Auswirkungen von Vulkanausbrüchen und Veränderungen in der Bewegung der Sonne. "Manche sind aufregende, heiße Spuren, bei manchem muß man sich an Strohhalme klammern," sagte Mr. Weigel. "Hobby-Wetterbeobachter, die alles von der Concorde bis zur Atombombe für die Klimaschwankung verantwortlich machen, werden von den Versprechungen für mehr und bessere Forschung nicht beruhigt werden.

Diese Amateure wären mit Sicherheit auch nicht beruhigt, wenn man ihnen die ganze Geschichte erzählt hätte. Sie wären entsetzt gewesen.

"Sprechen Sie mit jemanden, der mit dem Weltraumprogramm zu tun hat." Das hatte Gerstein vorgeschlagen. Aber es war nicht so einfach, seinem Rat Folge zu leisten. Jedenfalls nicht, wenn es um echte Informationen ging.

Natürlich gab es Leute bei der NASA, die bereit waren, mit Sceptre Television zu reden. Aber das waren Spezialisten für Public Relations, äußerst redegewandte Männer, die charmant und überzeugend sein konnten. Und die viel reden konnten, ohne irgendwas zu sagen.

Clements wußte, das er mehr brauchte. Viel mehr. Zu diesem Zeitpunkt war er fast besessen von dem Projekt. Er war entschlossen, irgendwie jemanden zu finden, der wirklich über diese Alternative 3 Bescheid wußte - und der bereit sein würde, es zu erklären.

"Wir werden unter Garantie aus keinem, der noch bei der NASA ist, etwas herausbekommen," sagte er zu Terry Dickson." Die haben zuviel Angst, ihren Job zu verlieren, und ich nehme es ihnen nicht einmal übel. Also sehen Sie zu, ob Sie jemanden ausfindig machen können, der bereits gegangen ist. Vielleicht einer von den Mondastronauten. Vielleicht wissen die etwas oder haben etwas gesehen.

"Ein oder zwei von ihnen sind, soweit ich mich erinnere, ziemlich wütend über die Behandlung, die sie erfahren haben. Ich habe - ich glaube, im Daily Express - über Buzz Aldwin gelesen, daß er sich beklagte, er wäre als Handelsreisender benutzt worden. Versuchen Sie, ihn oder einen von den anderen zu fassen zu kriegen. Sie können uns vielleicht mindestens in die richtige Richtung weisen ..."

Dickson rieb sich das Kinn und zog ein jämmerliches Gesicht. "Und wie fange ich das an?" fragte er. "Ich habe keine Ahnung, wo die heute stecken ..."

"Ich frage Sie auch nicht, wie ich die Kamera führen soll, mein Lieber ... Sie sind der Recherchemann ..."

"Ja, aber ..."

"Und kümmern Sie sich vorrangig darum, Terry."

"Es wird kosten," gab Dickson zu bedenken. "Ich werde jemanden in Amerika anheuern müssen, und das ist teuer. Harman wird das nicht gefallen. Denken Sie daran, was er zu Australien gesagt hat ..."

"Machen Sie sich nur keine Sorgen wegen Harman." Clements war knapp und geschäftsmäßig. "Tun Sie Ihre Arbeit und überlassen Sie Harman mir." Plötzlich grinste er und fügte hinzu: "Außerdem ist er ein beschäftiger Mann, und ich denke, wir sollten ihn nicht mit solchen Kleinigkeiten behelligen."

Dickson beauftragte einen freien Journalisten in Amerika. Drei ehemalige Astronauten waren nicht zur Zusammenarbeit bereit. Ein vierter sagte, er würde Zeit brauchen, um seine Haltung zu überdenken. Dieser vierte Mann war Bob Grodin.

Der amerikanische Reporter besorgte Dickson auch ein Tonband mit einem Gespräch, das bei Grodin's erster Mondbegehung zwischen ihm und der Bodenkontrolle stattgefunden hatte. Hier ist das Transkript des wichtigen Teiles:

Grodin: Hey, Houston ... hören Sie diesen ständigen Piepton, den wir hier haben?

Bodenkontrolle: Positiv. Wir haben ihn.

Grodin: Was ist das? Haben Sie eine Erklärung

dafür?

Bodenkontrolle: Nein. Können Sie irgend etwas sehen? Können Sie uns sagen, was Sie sehen?

Grodin: Oh Junge, es ist wirklich ... wirklich etwas Superfantastisches hier. Sie können sich das hier nicht vorstellen ...

Bodenkontrolle: Okay ... können Sie über dieses flache Gebiet hinwegschauen? Sehen Sie auf der anderen Seite irgend etwas?

Grodin: Da ist eine Art Kamm mit einer wirklich sensationellen ... oh mein Gott! Was ist das da? Mehr will ich gar nicht wissen! Was zur Hölle ist das?

Bodenkontrolle: Roger. Interessant. Bitte Tango ... sofort ... bitte Tango ...

Grodin: Da ist jetzt eine Art Licht ...

Bodenkontrolle (eilig): Roger. Wir haben es, wir haben es markiert. Eine Mitteilung ist verlorengegangen, he? Bravo Tango ... Bravo Tango ... Auswahl Jezebel, Jezebel ...

Grodin: Jaah ... jaah ... aber es ist unglaublich ... Recorder aus, Bravo Tango, Bravo Tango.

Mehr war von dem Gespräch nicht zu hören. Grodin hatte an diesem Punkt auf eine andere Frequenz geschaltet. Auf dem Band war nur noch statisches Rauschen ... Simon Butler unterstrich, wie Sie sich erinnern werden, diesen Punkt bei der Ausstrahlung der Fernsehdokumentation. Er sagte: “Bravo Tango? Jezebel? Eine Art Code? Mit größter Wahrscheinlichkeit. Aber was bedeutete das? Für die schätzungsweise sechshundert Millionen Menschen, die auf der Erde zuhörten, absolut nichts ...”

Erinnern Sie sich an die Aussagen des früherern NASA-Mannes Otto Binder, die wir in Abschnitt Eins dieses Buches ausgeführt haben?

“Bestimmte Quellen mit ihren eigenen UKW-Empfängern umgingen die NASA-Übertragungen und behaupten, daß es einen Teil des Erd-Mond-Dialogs gab, der vom NASA-Überwachungsstab schnell abgeschnitten wurde.”

Dieser zensierte Zeil beinhaltete nach Binder diese Worte von Apollo 11: “Diese Babys waren riesig, Sir ... enorm ... Oh Gott, das würden Sie nicht glauben! ... Ich sage Ihnen, es sind noch andere Raumschiffe da draußen ... aufgereiht am Ende des Kraters ...”

Konnten diese Worte eine direkte Verbindung zu dem Wortwechsel auf dem Grodin-Tonband haben? Hatte Grodin wie die Männer der Apollo 11-Mission etwas gesehen, das so erschreckend war, daß es gewöhnlichen Leuten nicht enthüllt werden konnte?

Oder haben sich all diese Monderoberer getäuscht? Gab es im Weltraum etwas, das Halluzinationen hervorruft?

Die Vorstellung, daß unbekannte und unidentifzierte Raumschiffe auf dem Mond “aufgereiht” waren - zum Erstaunen der menschlichen Astronauten - war wirklich zu lächerlich. Und doch ...

Grodin willigte ein, Sceptre Television ein Interview aus einem Studio in Boston, Massachusetts, zu geben. Der Plan war, das gesamte Interview aufzuzeichnen und es später zu überarbeiten. In Wirklichkeit, wie die Zuschauer sich vielleicht erinnern werden, endete dieses Interview abrupt und in der denkbar merkwürdigsten Weise. Und es setzte hinter das ganze Thema von Alternative 3 ein noch größeres Fragezeichen.

Von Anfang an wirkte Grodin etwas manisch und zeigte eine Tendenz, ohne ersichtlichen Grund nervös zu lachen. Aber er sprach flüssig und weigerte sich nicht, über den Zusammenbruch zu sprechen, den er nach seiner letzten Rückkehr aus dem Weltraum erlitten hatte. Nichts Bemerkenswertes passierte oder schien passieren zu wollen, bis Simon Butler eine Frage stellte, die wir wörtlich aus der Sendung, die letztlich ausgestrahlt wurde, übernehmen:

Nun ist, unter anderem auch von sehr verantwortungsbewußten Menschen, vermutet worden, daß Sie - daß Sie alle, die an dem Apollo-Programm teilnahmen - dort draußen viel mehr sahen, als Sie öffentlich zugeben dürfen. Was haben Sie zu dieser Vermutung zu sagen?

Die sofortige Wirkung auf Grodin war faszinierend. Sein Gesicht rötete sich vor Wut und er rief: "Was versuchen Sie da, Mann? Sagen Sie mir das! Was versuchen Sie da zu tun?"

Butler entschuldigte sich. "Ich wollte nur ..."

"Versuchen Sie, mich zu überlisten?" fragte Grodin. Er beugte sich in seinem Stuhl nach vorne und stierte in die Kamera in Boston. "Was wollen Sie? Wollen Sie mich richtig schön reinlegen?"

"Natürlich nicht," sagte Butler schnell. "Und es tut mir leid, wenn ..."

"Wie dieses arme Schwein Ballantine? Wollen Sie das ..."

Weiter kam er nicht. Seine Stimme wurde mitten im Satz abgeschnitten, und sein Bild auf dem Bildschirm verschwand in weißem Rauschen.

"Was ist denn da los?" fragte Butler. "Verdammt nochmal ... was ist los mit diesem ..." Clements Stimme aus dem Kontrollraum des Studios unterbrach ihn. "Die Leitung ist unterbrochen - und nicht an unserem Ende. Sieht aus, als ob da irgendwo jemand einen Stecker gezogen hat."

Clements brauchte fast eine halbe Stunde, um telefonisch die Studios in Boston zu erreichen. “Tut mir leid,” sagte eine höfliche Stimme. “Mr. Grodin steht nicht länger zur Verfügung.”

“Aber wir waren mitten im Interview! Wo ist er?”

“Er hat das Studio verlassen,” sagte die Stimme. “Wir wissen nicht, wohin er gegangen ist.”

Wie dieses arme Schwein Ballantine! Diese Zeile nahm ihre Aufmerksamkeit gefangen. Es mußte irgendwie zu dem Geheimnis des sinnlosen Bandes passen, das Hendry erhalten hatte - und zu den merkwürdigen Umständen von Ballantine’s Tod. Es mußte in Verbindung gebracht werden, mit dem, was Harry gesagt hatte: “Das konnte kein Unfall sein ... es war das, was sie als Maßnahme bezeichnen, und ich weiß warum es geschah.”

“Wir müssen Grodin wiederfinden,” sagte Clements. “Wir müssen ihn finden und unter vier Augen mit ihm sprechen. Terry, mein Lieber, ... sehen Sie zu, was Ihr Bursche in Amerika zustande bringt.” Er wandte sich an Colin Benson. “Wahrscheinlich werde ich Sie hinüberschicken,” sagte er.

Benson strahlte. “Toll!” sagte er. “Aber wird Harman keinen Stunk machen?”

“Wahrscheinlich” sagte Clements. “Aber lassen Sie das meine Sorge sein.”

Harman “machte Stunk”. Er bauschte die Sache heftiger auf, als Clements vorhergesehen hatte. Wir besitzen die Aktennotizen, an denen die Stärke von Harman’s Gefühlen deutlich wird. Aus unserer Sicht grenzen sie fast an Fanatismus ...”

Mittwoch, 13. Juli 1977. Ein weiteres Treffen des Politischen Komittees unter dem Meersspiegel. Vorsitz: A Acht. Der von Trojan gelieferte Transkriptteil beginnt:

R Zwei: Dieser Princeton-Mann ... Dr. Gerard O’Neill ... scheint einen ziemlich unangenehmen Mangel an Diskretion zu besitzen ...

(Anmerkung der Autoren: Dieses Treffen wurde ein bißchen später im Monat abgehalten als üblich, genau zwei Tage, nachdem die Los Angeles Times das umstrittene Interview veröffentlicht hatte - wir sind in Abschnitt Eins des Buches genauer darauf eingegangen - in dem Dr. O'Neill die als "Insel 3" bezeichnete Lösung skizziert hatte. Er sagt in diesem Interview - "Es gibt wirklich keine Diskussion über die Technologie, die dafür nötig ist. das wird von Spitzenleuten der NASA bestätigt.")

Das Transkript von Trojan lautet weiter:

A Vier: Sicher ... er hätte den Mund nicht so weit aufreißen sollen ... aber ich finde nicht, daß er echt Schaden angerichtet hat ... die Leute werden denken, daß er nur theoretisch spricht ...

A Acht: Es ist nur Theorie, um Himmels willen, soweit es ihn betrifft. Er kennt die Technologie, aber darüber hinaus weiß er von nichts ...

R Fünf: Er ist ein angesehener Mann ... seine Worte formen die öffentliche Meinung ... und er sollte nicht ermutigt werden, weiter solche dummen Erklärungen loszulassen ...

A Acht: Es ist bereits geschehen ... bei ihm und in ähnlichen Fällen ...

R Zwei: Was sagen Sie da? Eine ungenehmigte Maßnahme?

A Acht: Teufel nein! Das ist nicht erforderlich. Wie ich gesagt habe ... Gerard O'Neill weiß nicht genug, nicht über die politischen Zusammenhänge ... er hat noch keine Ahnung davon, daß wir uns auf diese Weise treffen ...

R Sechs: Also, was ist unternommen worden?

A Acht: Lassen Sie es uns im richtigen Blickwinkel sehen ... Washington möchte auf die Sache mit O'Neill nicht öffentlich eingehen, weil das seine Bemerkungen zu wichtig erscheinen lassen könnte ... so etwas wird am besten ignoriert ... das ist die offizielle Haltung, und ich bin ganz sicher, daß sie richtig ist ...

R Sieben: Aber als O'Neill von Insel 3 sprach ...

A Acht: Moment ... lassen Sie mich ausreden. Es geschieht etwas, aber es geschieht als umfassende Operation ... Im Moment wird ein Gesetzentwurf zur Geheimhaltung durchgepeitscht, und ich verspreche Ihnen, der wird jeden vorlauten Mund schließen ...

Vierzehn Tage nach dieser Sitzung des Politischen Komittees brachte, wie wir bereits erwähnt haben, der Kolumnist Jeremy Campbell die Nachrichten von dem "Maulkorb"-Gesetzeswurf im Londoner Evening Standard. Campbell ist ein sehr erfahrener Journalist mit dem wohlverdienten Ruf, daß er den Hintergrund der von ihm veröffentlichten Nachrichten kennt. Dies ist, da sind wir ganz sicher, einer der wenigen Fälle, wo er den wirklichen Hintergrund nicht kannte.

Der Rest des von Trojan zur Verfügung gestellten Transkriptes war kurz:

R Sieben: Das mag schon sein, aber ich muß Ihnen sagen, daß unsere Leute in Moskau zunehmend besorgt werden über den Sicherheitsstandard in Amerika ... da war diese miese Sache mit Carmell ...

A Acht: Oh nein! ... Nicht wieder Carmell! Das mit Carmell ist erledigt ... das ist vorbei, okay?

R Sieben: Und Carl Gerstein?

Für diese Frage stand keine Antwort mehr da. Die Sitzung war offensichtlich fortgesetzt worden, aber das war das Ende unseres Teiltranskripts.

Ende August und Anfang September 1977 - wenige

Tage bevor das “Maulkorb”-Gesetz in Kraft trat - gab es weitere merkwürdige Hinweise auf die Behandlung, die den Opfern von Massentransporten widerfahren war. Wir gewannen einen tieferen Einblick in die Arbeit, die in Amerika und Rußland fortgesetzt worden war. Und in England.

Dieser Beweis ist heute öffentlich bekannt, denn wie Bibliotheksarchive zeigen, ist er in etablierten Zeitungen veröffentlicht worden. Aber aufgrund seiner besonderen Bedeutung wollen wir ihn hier noch einmal wiederholen.

Am 27. August schrieb William Lowther, der angesehene Washington Korrespondent der Daily Mail, einen Artikel mit der Überschrift “Der Spion, der aus dem Badezimmer kam.”

Der Artikel lautete:

Morgan Hall war Spion. Er hatte immer ein paar Martinis im Kühlschrank. Und er hatte einen Zweiweg-Spiegel im Badezimmer.

Aber Morgan’s Leben war voller Leid. Seine Vorgesetzten sandten nur zögernd Geld. Sein Auftrag war gräßlich schäbig. Der Codename für sein Projekt lautet “Operation Mitternachtshöhepunkt”: Es sollte für immer ein Geheimnis sein. Und das ist kein Wunder.

Zwei volle Jahre lang verbrachte Morgan seine Arbeitszeit auf einer tragbaren Toilette und beobachtete durch den Spiegel, während er seine Martinis trank, wie eine Prostituierte im angrenzenden Schlafzimmer Männer verwöhnte.

Ihr Aufgabe war es, ihre Kunden zum Trinken von Cocktails zu überreden. Sie wußten jedoch nicht, daß die Drinks von dem geheimnisvollen Morgan gemixt worden waren. In ihnen steckte mehr Chemie als Alkohol.

Morgan mußte die Ergebnisse aufzeichnen. Wir wissen noch nicht genau, was sie waren oder wie sie funktionierten, aber einige der Drinks führten zu sofortigen Kopfschmerzen, andere machten schwindelig oder betrunken oder vergeßlich oder völlig rasend. Die Auswirkungen waren nur vorübergehend, und niemand erlitt großen Schaden.

Morgan war bei der Central Intelligence Agency (CIA) angestellt, und die Spionagechefs Amerika's hatten ihn aus ihrem Hauptquartier in der Nähe von Washington in das "Labor" in einem luxuriösen Appartement über der Bucht von San Francisco geschickt.

Nun sind 1.647 Seiten Finanzberichte im Zusammenhang mit dieser Operation als Teil einer Untersuchung im Kongreß veröffentlicht worden.

(Anmerkung der Autoren: Dieser Untersuchungsausschuß im Kongreß war durch die Information ausgelöst worden, mit der Trojan uns versorgt hatte.) Lowther's Artikel ging weiter:

Das Ganze war Teil des Versuchsprogramms zur MK-Ultra Bewußtseinskontrolle ... man dachte sich, daß Kunden einer Prostituierten sich nicht beschweren würden.

Die Finanzberichte, die gestern freigegeben wurden, zeigen, daß Morgan ständig an das Hauptquartier schrieb. Aus einem typischen Brief: "Brauche dringend Geld, um die Miete September zu zahlen."

Seine Rechnungen für die Wohnung umfassen Poster von Toulouse-Lautrec, ein Bild einer französischen Can-Can-Tänzerin, und auf einer Rechnung steht: "Tragbare Toilette für Beobachtungsposten."

Die CIA sagt dazu: "Morgan Hall starb vor zwei Jahren. Wir wissen nicht, wo er begraben ist."

Wir müssen Vermutungen hier beiseite lassen und die offizielle Versicherung der CIA akzeptieren. Unsere eigenen Nachforschungen in Amerika haben nichts weiteres über Morgan Hall erbracht, und wir müssen kategorisch feststellen, daß wir keine Beweise haben, die irgendwie die Vermutung stützen, daß er das Opfer einer Maßnahme geworden ist.

Auf Lowthers Geschichte folgten schnell zwei weitere Berichte, die etwas bestätigten, was Trojan uns bereits gesagt hatte - eine Reihe geheimer Experimente zur Verhaltenssteuerung war auch in Rußland und England durchgeführt worden.

Am 2. September erschien auf der Titelseite von The Times ein von Reuter und UPI aus Honolulu gesandter Bericht. Die Überschrift lautete “Psychiater verurteilten Sowjetunion” und weiter:

“Die Generalversammlung der World Psychiatric Association hat nach einer Sitzung hinter geschlossenen Türen in einer Resolution die Sowjetunion verdammt, weil sie die Psychiatrie zu politischen Zwecken mißbraucht. So verlautete heute aus Konfenrenzkrisen.

Die Konfenrenz, auf der sich 4.000 Abgeordnete aus sechzig Ländern treffen, hat gestern abend auch einstimmig einem internationalen Ethik-Code zugestimmt, nachdem die sowjetische Delegation Einwände, die eine Abstimmung verzögert hatten, zurückgezogen hatte. Der Code verbietet eine psychiatrische Behandlung, wenn keine Krankheit vorliegt ...

Die Resolution rief die WPA auf, die “zahlreichen Beweise für den systematischen Mißbrauch der Psychiatrie zu ‘politischen Zwecken’ in der Sowjetunion genauer zu betrachten ...”

Der internationale Ethik-Code, die sogenannte “Erklärung von Hawaii”, der jetzt vom Kongreß angenommen wurde, folgt nach Jahren der Kritik an der WPA, die bisher noch nichts für ethische Richtlinien getan hatte.”

Andere Zeitungen behaupten, daß "Scharen geistig gesunder Sowjetbürger gewaltsam in psychiatrischen Kliniken festgehalten werden." Das ist fraglos wahr, aber die Tatsachen müssen in der richtigen Perspektive betrachtet werden. Die übergroße Mehrheit wird aufgrund ihres Einstehens für die Menschenrechte eingekerkert. Sie sind gesund und werden als Staatsfeinde angesehen. Nur ein kleiner Prozentsatz ist dort, weil Menschen als Versuchskaninchen benötigt werden. Diese "Patienten" werden aufgrund von Alternative 3 festgehalten.

Eine noch überraschendere Geschichte - jedenfalls für die Menschen in England - erschien am 28. August im Sunday Telegraph:

Die Gesundheitsbehörde hat Krankenhäuser für Geisteskranke und geistig Behinderte angewiesen, Operationen, die zur Persönlichkeitsveränderung durchgeführt werden, statistisch zu erfassen.

Zum ersten Mal haben Minister erkannt, daß die Bedenken gegen solche Eingriffe wachsen. Die Operationen in der sogenannten Psychochirurgie werden durchgeführt, um Teile des Hirngewebes zu entfernen oder zu zerstören und so das Verhalten von schwer depressiven oder ausgesprochen aggressiven Patienten zu ändern, die auf Medikamente oder Elektroschocks nicht ansprechen.

Der Sunday Telegraph schrieb, "die Veränderung sei irreversibel" und zitierte einen prominenten Psychiater mit den Worten: "Mein Krankenhaus ist gefüllt mit menschlichen Wracks, die sich der Psychochirurgie unterzogen haben."

Die Zeitung wies allerdings nicht darauf hin, daß

solche Operationen auch durchgeführt werden können, um das Verhaltensmuster von vollkommen gesunden Männern und Frauen zu steuern. Oder daß sie bei solchen Menschen tatsächlich schon durchgeführt worden sind.

Dr. Randolph Crepson-White sprach über diese Operationen mit uns, als wir ihn in dem Dorf in Somerset aufsuchten, wo er seit seiner Pensionierung 1975 lebte. Er sprach offen aus, daß er auf keinen Fall namentlich genannt werden wollte. Da er allerdings am 19. Oktober 1977 eines natürlichen Todes gestorben ist, fühlen wir uns nicht mehr an unser Versprechen gebunden.

Dr. Crepson-White erzählte uns: “Ich habe fünf solcher Operationen an Menschen durchgeführt - vier junge Männer und eine junge Frau - die vollständig gesund wirkten. Es gab zwei Ziele. Die Patienten sollten vollständig entsexualisiert werden, ihre natürlichen Triebe sollten ihnen genommen werden, und ihre Individualtität sollte entfernt werden. Hinterher sollten sie jeden Befehl fraglos befolgen. Im Prinzip waren sie dann wie denkende Roboter.

“Mir war klar, daß mein Tun äußerst unethisch war und ich protestierte heftig, aber mir wurde gesagt, die Operationen seien entscheidend für die Sicherheit des Landes.

“Niemand erzählte mir wirklich, daß diese Patienten mit Spionage zu tun hatten, aber mir wurde dieser Eindruck vermittelt. Ich erhielt den Befehl, das Formular über Staatsgeheimnisse zu unterschreiben, und deswegen dürfen Sie meinen Namen nicht nennen - abgesehen davon, daß ich Angst vor gewaltsamen Folgen hätte, wenn bestimmte Leute erfahren würden, daß ich mit Ihnen gesprochen habe.”

Wir sollten darauf hinweisen, daß wir damals versprochen hatten, zum Schutz von Dr. Crepson-White’s

Anonymität die Zahl der Operationen, die er durchgeführt hatte, nicht so genau zu nennen. Diese Abmachung ist jetzt natürlich überflüssig.

Er fuhr fort: "Ich hatte weiterhin ausgesprochene Vorbehalte gegen diesen Aspekt meiner Arbeit. Es wurde schnell deutlich, daß von mir verlangt werden würde, bald noch mehr Operationen an gesunden Menschen durchzuführen ... möglicherweise noch viele ... und da beschloß ich auszusteigen.

"Ich hatte die Absicht gehabt, noch minedstens drei Jahre tätig zu sein, aber unter diesen Umständen konnte ich unmöglich weitermachen."

Dr. Crepson-White, da sind wir sicher, wußte nichts von der Einsammlung von Menschen zu Massentransporten. Er wußte nichts von Alternative 3. Aber umfassende Einsicht in die Art, wie seine Arbeit eingesetzt wurde, lieferte uns schließlich Trojan. Er lieferte es in einem erstaunlichen Dokument, das wir später präsentieren werden.

Abschnitt Acht

Leonard Harman war alles andere als glücklich über den Brief, den unser Anwalt Edwin Greer ihm am 12. August 1977 gesandt hatte.

Brief vom 15. August 1977 von Harman an Rechtsanwalt Greer:

Der Inhalt Ihres Briefes hat mich überrascht, und ich muß darauf bestehen, von den Herrn Ambrose und Watkins eine schriftliche Bestätigung darüber zu erhalten, daß mein Name in dem von ihnen geplanten Buch nicht erwähnt wird. Wie ich Ihrem Brief entnehme, ist Ihren Mandanten bekannt, daß Sceptre Television zugegeben hat, daß die Alternative 3-Sendung ein unglücklicher Scherz war, und die offensichtliche ausweichende Art Ihres zweiten Absatzes erstaunt mich.

Sie schreiben, daß Ihre Mandanten "sich des Hintergrundes dieser Aussage bewußt sind" Was bedeutet das, wenn überhaupt etwas?

Ich wiederhole, daß es äußerst falsch wäre, in Buchform fortzusetzen, was in der Öffentlichkeit bereits mißverstanden worden ist. Die Vermutung irgendeines verdeckten ost-westlichen Vorhabens der in der Sendung beschriebenen Art ist absolut unwahr, und Ihre Mandanten beabsichtigen offenbar, einen bereits eingestandenen schweren Irrtum ihres Urteilsvermögens noch zu verschlimmern.

Wenn Ihre Mandanten auf ihrer Haltung beharren, besonders im Hinblick auf meine Privatsphäre, werde ich mich um rechtliche Beratung und/oder Entschädigung bemühen müssen.

Brief vom 18. August von Edwin Greer an Leonard

Harman:

Mein Brief vom 12. des Monats war nicht ausweichend.

Ich habe lediglich ausgeführt, daß meine Mandanten zum Thema des von ihnen geplanten Buches eigene Untersuchungen in England und in den USA durchgeführt haben. Diese Untersuchungen laufen noch. Jegliche Entscheidung von Mr. Ambrose und Mr. Watkins wird in Absprache mit ihren Verlegern von den letztendlichen Ergebnissen ihrer Nachforschungen abhängen, und ich bin angewiesen, Sie davon in Kenntnis zu setzen, daß es meinen Mandanten nicht möglich ist, Ihnen irgendeine Garantie zu geben.

Sechs Tage später erhielt Greer einen Brief von einem bekannten Abgeordneten, an den Harman sich um Unterstützung gewandt hatte. In unser Originalmanuskript hatten wir die Namen dieses Angeordneten - und den eines anderen, der ebenfalls versucht hat, das Erscheinen dieses Buches zu unterdrücken - aufgenommen, aber angesichts der strengen Verleumdungsgesetzgebung in England ist uns geraten worden, diese Namen aus der gedruckten Version zu streichen.

Dieser Abgeordnete verfolgte die gleiche Linie wie Harman. Sein Brief lautete:

Gemeinsam mit einer Anzahl meiner Kollegen im Unterhaus habe ich bereits die fehlgeleiteten Motive mißbilligt, die zur Fernsehsendung über die sogenannte Alternative 3 geführt haben.

Briefe von vielen meiner Wähler zeigen, welche Unruhe ausgelöst wurde, die trotz späteren Statements von der Fernsehgesellschaft noch anhält.

Die Tatsache, daß Ihre Mandanten offensichtlich entschlossen sind, aus dieser Unruhe Kapital zu schlagen, ist meiner Meinung nach absolut skandalös.

Ich beabsichtige eine Verfügung zu erwirken, mit der die Veröffentlichung dieses Buches verhindert wird.

Er versuchte tatächlich, diese Verfügung zu erwirken. Daß Sie dieses Buch jetzt in den Händen halten können, ist der Beweis dafür, daß es ihm - ebenso wie einem seiner Kollegen im Unterhaus - nicht gelungen ist. Wie wir noch später erklären werden, zwangen diese Abgeordneten uns allerdings zu einem widerwillig eingegangenen Kompromiß.

Sie konnten uns allerdings nicht davon abhalten, weitere interne Aktennotizen zu benutzen, die bei Sceptre Television kursierten.

Memo vom 12, April 1977 von Chris Clements an Fergus Godwin, Programmdirektor an Leonard Harman, Colin Benson, Terry Dickson:

Durch Kontakte in Amerika haben wir nun den ehemaligen Astronauten Bob Grodin unter einer neuen Adresse aufgespürt. Er wohnt dort mit einem Mädchen zusammen und weiß nicht, daß uns sein Aufenthaltsort bekannt ist. Ich habe den amerikanischen Reporter instruiert, sich ihm nicht direkt zu nähern, denn angesichts der Art und Weise, wie Godrin sich nach dem Abbruch des Interviews in Boston versteckt hat, würde er fast sicher versuchen, uns wieder zu entwischen.

Ich möchte Benson nach Amerika schicken, damit er Godrin ausführlicher interviewt, besonders hinsichtlich seiner Anspielung auf Ballantine. Ich bin sicher, er kann uns den Schlüssel zu einer ungeheuer wichtigen Story liefern.

Es wäre natürlich entscheidend, daß Benson ohne Vorwarnung eintrifft. Darf ich um Ihr Einverständnis zu den notwendigen Maßnahmen bitten?

Memo vom 12. April 1977 von Leonard Harman an Mr. Fergus Godwin, Programmdirektor:

VERTRAULICH. Die heutige Notiz von Clements betreffs seiner Interessen in den USA ist eine klare Bestätigung dafür, was ich Ihnen und dem Verwaltungsdirektor bereits angedeutet habe.

Clements ist berufswidrig besessen von dieser lächerlichen Untersuchung, die er da durchführt, und ich empfehle, daß er als Produzent von Science Report sofort ersetzt wird. Ich habe seinen Vertrag geprüft, und wir hätten das Recht, ihm einen Programmbereich zu übertragen, wo er nicht so teuer wäre - vielleicht die Gartensendung oder die Kirchensendung.

Ich mußte ihn schon mehrmals ermahnen, Zeit, Geld und Ressourcen der Firma nicht zu verschwenden - erinnern Sie sich an die Filmpannen bei den Reisen nach Norwich und Schottland? - aber er macht trotzig so weiter.

Von den Untersuchungen, die offensichtlich auf unsere Rechnung in Amerika durchgeführt worden sind, war mir nichts bekannt, obwohl solche Angelegenheiten üblicherweise über mich laufen. Das habe ich auf der Direktorensitzung am Freitag ja auch noch einmal betont. Es wäre völlig verfehlt, Benson's Amerikareise gutzuheißen. Durch ein Gespräch mit diesem Grodin kann nichts gewonnen werden - selbst angenommen, daß er zu einem Gespräch bereit ist, was, wie Clements selbst zugibt, unwahrscheinlich ist. Anhand von Zeitungsberichten habe ich den Eindruck, daß Grodin instabil und wahrscheinlich ganz aus dem Gleichgewicht ist. Es ist nicht unsere Aufgabe als angesehene Fernsehgesellschaft, einen solchen Mann zu jagen -

besonders nicht aus einem so lächerlichen Grund.

Ich schlage vior, daß wir Clements anweisen, seine verwegene Übung abzubrechen, und wir sollten auch ernsthaft darüber nachdenken, ihn zu ersetzen.

Memo vom 13. April 1977 von Fergus Godwin an Leonard Harman:

VERTRAULICH. Wir wollen nicht vergessen, daß Science Report nur dank Clements ein Network-Erfolg ist. Ich nehme jedoch Ihre Einwände zur Kenntnis und muß bekennen, daß ich mir auch schon Sorgen darüber gemacht habe, wieviel Geld in dieses Einzelprojekt geflossen ist. Ich habe Clements für heute zu mir bestellt und werde Sie natürlich auf dem laufenden halten.

Dieses Treffen zwischen Clements und Godwin - am Donnerstag, dem 13. April - lief nicht gut. Godwin hatte die ungeschnittene Version des Interviews mit Gerstein in Cambridge gesehen, und sie hatte ihn nicht beeindruckt. Die Art, wie der alte Mann jeder Diskussion über Alternative 3 ausgewichen war, veranlaßte zu der Vermutung, daß es gar keine Alternative 3 gab - daß die Gefahren wie die Lösungsvarianten wahrscheinlich alle theoretisch waren. Science Report hatte sein Budget bereits ziemlich überzogen, und Godwin wußte, wie das bestimmte Männer im Vorstand erzürnen würde. Einer der Männer im Vorstand hatte eine Buchhalterseele und die kreative Vorstellungskraft eines schwachsinnigen Eisbären, und er war ein aufbrausender kleiner Mann. Godwin war nicht erpicht auf ein weiteres Gefecht mit ihm - nicht übr ein Thema, bei dem er selbst auf so unsicherem Grund stand.

"Ich will darüber nachdenken," sagte er zu Clements. "Sie hören von mir."

Memo vom 14. April 1977 von Fergus Godwin an Chris Clements - z. K. an Leonard Harman:

Bezugnehmend auf unser gestriges Gespräch bin ich zu dem Schluß gekommen, daß es nicht gerechtfertigt wäre, Benson nach Amerika zu senden. Wenn die Situation sich infolge weiterer Ihnen zugehender Informationen ändern sollte, bin ich bereit, erneut mit Ihnen über die Angelegenheit zu sprechen. Im Augenblick allerdings steht das nicht an.

Clements las die Notiz und schob sie über den Schreibtisch zu Dickson hinüber. "Dieser verdammte Harman!" sagte er. "Das ist sein Werk."

"Und jetzt?" fragte Dickson.

"Wir machen es, Terry. Wir machen es definitiv. Wir brauchen nur ein paar weitere Informationen."

"Zum Beispiel?"

"Ich weiß auch nicht, mein Lieber ... du bist der Recherchemann ... eben eine Information, mit der wir Fergus herumkriegen." Er runzelte die Stirn, erhob sich und fing an, im Raum auf und ab zu gehen. "Was hat Gerstein über die Zusammenarbeit zwischen den Supermächten gesagt?"

"Er schien die Vorstellung zu haben, daß sie im Hinblick auf Alternative 3 zusammenarbeiten ..."

"Das könnte es sein!" begeisterte sich Clements. "Kennen wir irgend jemanden, der diesen Gedanken für uns näher ausführen könnte? Es müßte jemand mit wirklichem Ansehen sein ..."

"Broadbent?"

"Wer ist Broadbent?"

"Ein großartiger Experte der Ost-West-Diplomatie ... er leitet das Institut für Internationale Politikforschung an der St. James-Universität ..."

“Hm ... ein Versuch kann nicht schaden. Ist Colin in der Nähe?”

Dickson schüttelte den Kopf. “Hat seinen freien Tag.”

“Er hat immer seinen freien Tag, wenn ich ihn brauche,” sagte Clements unfairerweise. “Bitte Kate, zu mir zu kommen. Sie kann mit Broadbent anfangen ...”

Um 17.15 Uhr am gleichen Tag führte die Reporterin Katherin White ihr Interview mit Professor G. Gordon Broadbent - Teile dieses Interviews wurden, wie Sie sich vielleicht erinnern, in der schließlich ausgestrahlten Sendung verwendet.

Sie brauchte einige Zeit, bevopr Broadbent wirklich anfing zu reden. Er war vorsichtig, mißtrauisch gegenüber ihren Motiven und ängstlich darum besorgt, nicht in irgendeine Sensationshascherei hineingezogen zu werden.

Das war verständlich, denn immerhin ist er ein international anerkannter Mann. Nach einer Weile allerdings ging er etwas mehr aus sich heraus, und wir drucken hier - wörtlich nach dem Transkript - den wichtigsten Teil dieses Interviews, wie es in der Fernsehdokumentation gezeigt wurde:

Broadbent: Im Gesamtthema der Beziehungen zwischen Sowjets und Vereinigten Staaten gibt es zugegebenerweise ein geheimnisvolles Element, das viele Leute in meinem Fach verwirrt. Um es ganz einfach zu sagen, niemand von uns versteht, wie der Frieden in den letzten fünfundzwanzig Jahren aufrechterhalten worden ist.

White: Sie meinen, die Experten sind verblüfft?

Broadbent (lächelt): Aber auch wenigstens einmal einig. Der beliebte Mythos, daß dieser Friede ein Beweis für das Gleichgewicht des Schreckens durch die Atombombe ist, stimmt einfach nicht ganz. Und je genauer man es betrachtet, um so weniger Sinn ergibt es. Es gibt zu viele Unausgewogenheiten - besonders wenn Sie es aus historischer Perspektive sehen.

White: Was ist dann Ihre Erklärung?

Broadbent: Im Prinzip vermuten wir, daß auf den allerhöchsten Ebenen der Ost-West-Diplomatie ein Faktor wirkt, von dem wir nichts wissen. Es könnte sein - und ich betone das Wort "könnte", daß dieser unbekannte Faktor eine intensive, aber geheime Zusammenarbeit im Weltraum ist. Aber welche Gründe dahinter stehen ... es ist nicht unsere Sache, darüber zu spekulieren."

Clements stürzte in das Büro des Programmdirektors ohne die Antwort auf sein heftiges Klopfen abzuwarten. "Haben Sie das Broadbent-Transkript gelesen?" fragte er. Godwin sah von seiner Arbeit auf, lehnte sich zurück und lächelte resigniert. "Ja - und Ihre Begleitnotiz auch."

"Und?"

"Und was?"

Clements stöhnte aufgebracht. "Das gibt des Sache doch Hand und Fuß."

Godwin schüttelte langsam den Kopf. "Nein, jedenfalls nicht aus meiner Sicht. Es ist nur noch mehr Theorie ... das ist alles."

"Aber Fergus, es paßt alles! Gerstein und Broadbent - jeder auf seinem Gebiet ein Spitzenmann - beide vermuten die gleiche geheime Kooperation im Weltraum zwischen den Supermächten.

"Harry, dieser Amerikaner, der behauptet hat, er wüßte, warum ständig Wissenschaftler verschwinden, und die Verbindungen, die er offenbar zu Ballantine und mit der NASA hatte. Dann Grodin, der ohne jeden Zweifel dort oben auf dem Mond etwas wirklich Unglaubliches gesehen hat ... wir können die ganze Sache jetzt nicht einfach liegenlassen und vergessen!"

"Hören Sie auf herumzufuchteln, Chris, und setzen Sie sich." Godwin wies auf einen Stuhl. "Na los ... setzen Sie sich." Er wartete, bis Clements sich niedergelassen hatte. "Also, jetzt möchte ich das zum letzten Mal klären. Ich erkenne an, daß vielleicht etwas Merkwürdiges vorgeht, aber ich verstehe es nicht, und ich finde, das sollte nicht unsere Sorge sein ..."

Clements wollte wütend von seinem Stuhl hochspringen und ihn unterbrechen, aber Godwin hielt ihn zurück. "Sie haben mit Science Report sehr gute Arbeit geleistet. Das finden alle, und die Einschaltquoten haben es bewiesen. Daher möchte ich, daß Sie sich weiter mit dem befassen, was Sie so wunderbar können ..."

"Das bedeutet, Sie sagen weiterhin 'Nein' zu Amerika?"

"Genau das heißt es."

"Wenn es um die Kostenfrage geht, kann ich darauf hinweisen, wieviel Gewinn die Gesellschaft letztes Jahr gemacht hat ..."

Godwin hat uns inzwischen reuevoll erzählt, daß er nur einen Aspekt seines Berufes nicht mag - daß er der Hauptpuffer zwischen den Redakteuren und den Geldleuten ganz oben ist. Die einen denken unausweichlich, daß er geizig ist, und die anderen verdächtigen ihn, ein Verschwender zu sein. Es macht nicht viel Spaß, dazwischen aufgerieben zu werden. Darum war seine Erwiderung an Clements ungewöhnlich scharf:

"Es ist wohl kaum Ihre Sache, darauf hinzuweisen, aber wo Sie es schon getan haben, will ich Ihnen etwas sagen. Die Gesellschaft macht Gewinne, und sie macht gute Gewinne, aber nicht, indem sie Aufnahmeteams mit idiotischen Aufträgen um die ganze Welt schickt ... also bitte, lassen Sie die Sache ruhen ..."

Clements erhob sich, bereit zu gehen. "Was wäre,

wenn ich eine vergünstigte Reise buchen würde?"

"Die Fluggesellschaften werfen heutzutage nicht gerade mit Freiflügen um sich - nicht über den Atlantik."

"Benson könnte einen Teil für die Urlaubsserie machen, während er drüben ist. Ich habe mit Simon Shaw gesprochen, der die Urlaubssendungen übernommen hat, und er ist ganz versessen drauf ... und ich kenne eine Fluglinie, die sich darauf einlassen würde."

"Meine Güte ... Sie geben wirklich nicht so leicht auf!" Godwin grinste. "In Ordnung ... sagen Sie Benson, er soll nach Amerika gehen."

"Warum sind Sie damals verschwunden?" fragte Benson. "An dem Abend mit dem Interview ... warum sind Sie einfach fortgelaufen?"

"Nehmen Sie sich noch ein Bier," sagte Grodin. Er schob ihm eine volle Dose über den niedrigen Tisch und goß sich selbst noch ein Bier ein. "Dieser Schweinehund versuchte mich reinzulegen. Hatte ich mehr gesehen, als ich öffentlich zugeben darf? Jesus ... was für eine saublöde Frage war denn das?"

Benson zwang sich zu einem Lächeln und versuchte die Spannung zu lösen. Er fühlte sich wie ein Angler, der einen schwierigen Fisch an der Angel hat. Vorsicht ... Vorsicht ... nur so kam er weiter. Er nahm einen tiefen Zug und seufzte vor Befriedigung, als er das leere Glas abstellte. "Das Bier habe ich gebraucht," sagte er. "Ich hatte wirklich Durst."

"Und Sie haben jetzt das gleiche mit mir vor?" Grodin sah ihn mißtrauisch an. "Sie wollen mich genauso reinlegen?"

Er hatte Angst. Das war ganz deutlich. Und er versuchte seine Angst mit Aggressivität zu bemänteln. Benson empfand Mitgefühl. Der Mann schien so entsetzlich verwundbar, und Benson erinnerte sich an Harman's

Worte in jenem Memo: “Grodin ist instabil und wahrscheinlich ganz aus dem Gleichgewicht und es ist nicht unsere Aufgabe als angesehene Fernsehgesellschaft, einen solchen Mann zu jagen.”

Letzten Endes war an Harman’s Worten etwas daran, Grodin war eindeutig nicht normal. Es war schön und gut, skrupellos professionell zu sein, aber würde es wirklich etwas bringen, Grodin weiter zu bedrängen? Wäre es nicht fairer, die ganze Sache fallenzulassen, ins Auto zu steigen und Grodin zu vergessen? Benson zögerte. Es wäre leicht, Clements zu erzählen, daß Grodin sich einfach geweigert hatte und daß es unmöglich gewesen war, ihn zu überreden. Clements würde sich nicht darüber freuen - er würde sogar ziemlich wütend werden - aber er würde es akzeptieren müssen, besonders nach dem Fiasko mit dem abgebrochenen Interview.

Dann dachte er wieder an diesen Harry. Wie er ihn in Lambeth gesehen hatte - nackt und völlig verängstigt in diesem zerfallenen Haus. Und er fragte sich, wie viele noch so waren wie er. Und wie viele in Zukunft so sein würden, wenn die Wahrheit nicht ans Tageslicht kam.

“Kameras, Mikrophone, Zeugen - das ist die Art von Schutz, die ich brauche.” Das hatte Harry gesagt. Und sie hatten ihn im Stich gelassen. Sie waren zu spät gekommen.

Schutz wovor? Das war immer noch ein Geheimnis. Aber es hatte irgend etwas mit dem Verschwinden von Ann Clark zu tun. Und mit dem von mindestens zwanzig anderen Leuten, darunter auch Brian Pendlebury und Robert Patterson.

Grodin besaß den Schlüssel, wenigstens zu einem Teil der Antwort, und Benson wußte, er hatte keine Wahl. Er mußte Antworten erhalten. Irgendwie mußte er aus diesem Mann jedes bißchen an Information herausquetschen:

“Nun?” beharrte Grodin. “Wollen Sie mich genauso reinlegen?”

Benson schüttelte den Kopf und öffnete sich die nächste Bierdose. “Ich hoffe nur auf ein paar Antworten,” sagte er.

Sie saßen in einfachen Leinensesseln zu zweit auf der grüngefliesten Veranda hinter dem Bungalow, den Grodin in einer einsamen Ecke von New England gemietet hatte. Es war friedlich hier draußen. Keine Nachbarn. Keine Stadt, kein Ort im Umkreis von fünfzehn Meilen. Weit in der Ferne, hinter dem ausgedehnten Buschland, konnten sie die rauchblauen Berge sehen, die sich dort wie eine Spielzeuglandschaft erstreckten. Ihre Gipfel schienen mit dem Himmel zu verschmelzen. Stille. Nur sie und das einschläfernde Summen von Insekten.

Aus dem Bungalow hinter ihnen drangen keine Geräusche, aber Benson wußte, daß Annie, Grodin’s Freundin, wahrscheinlich in der Küche beschäftigt war. Grodin hatte gesagt, es würde bald etwas zu essen geben, also mußte Annie dort sein. Benson war ihr bei seiner Ankunft kurz vorgestellt worden, dann hatte sie sich sofort scheu zurückgezogen. Annie, das spürte er, war nicht besonders glücklich über diesen Überfall. Sie sah jung aus, viel zu jung für Grodin, mit glattem Haar, ohne Make-up und mit einer goldgeränderten Omabrille. Die Sorte ernsthaftes Mädchen, wie sie überall Psychologie studieren. Es war nicht schwer, ihre Hauptfunktion zu erraten. Benson hoffte, daß sie auch eine gute Köchin war.

Auf der anderen Seite des Bungalows prüfte Benson’s Kollege von der Technik, Jack Dale, noch im Auto seine Ausrüstung und bereitete sich vor. Er hatte eine besonders leise Kamera, aber er war so klug, sie nicht zu zeigen, bevor er ein Zeichen erhalten hatte. Die Kamera mußte außer Sicht bleiben, bis Benson Grodin in die richtige Stimmung gebracht hatte ...

Grodin leerte sein Glas. “So etwas ähnliches wie hier hat mir mal gehört,” sagte er. “Nicht nur gemietet wie jetzt, sondern es gehörte mir richtig. Wissen Sie, damals dachte ich, ich würde dort Wurzeln schlagen. Ich fuhr immer im Sommer mit der Familie hin. Ach, damals war alles anders. Wir hatten Pferde und ...” Er hielt inne, schnitt eine Grimasse und lächelte ironisch. “Vermutlich könnte man sagen, daß ich mir für die Zukunft nicht mehr besonders viel vornehme.”

Er betrachtete prüfend sein Glas, als versuche er herauszufinden, warum es plötzlich leer war. Er drehte die Dose um, und ein kleiner Schluck Bier tropfte heraus. “Ich schwöre, die füllen heutzutage diese Dosen nur zur Hälfte,” sagte er bitter. “So machen die ihr Geld - wußten Sie das? - indem sie die Dosen nur halb füllen.” Verächtlich warf er die Dosse fort, und sie rollte scheppernd zum Rand der Veranda.

“So ist es heute. Alle legen sich gegenseitig rein, jeder will absahnen. Kein Anstand mehr, nirgendwo.” Seine Sprache war leicht verwaschen, und Benson fragte sich, wieviel er vor ihrer Ankunft schon getrunken hatte.

“Miese Spirituosendealer!” rief Grodin. “Kleinkarierte Betrüger!” Er drehte sich in seinem Stuhl und rief über die Schulter: “Annie! Wir haben kein Bier mehr! Bringst du noch ein paar ...”

Er blickte Benson an. “Oder wollen Sie einen richtigen Drink?”

“Bier ist prima,” sagte Benson. “Grodin grunzte und zuckte die Achseln. “Annie!” rief er wieder. “Hier draußen sterben zwei Männer vor Durst ...”

Sie kam mit zwei Bierdosen heraus und schüttelte lächelnd den Kopf; ihr Gesichtsausdruck verriet, daß sie ihn als liebenswerten, schelmischen kleinen Jungen sah. Und als jemanden, der Bemutterung brauchte. Grodin drückte ihr die Hand. “Danke, Baby.” Er schien eine Erklärung für nötig zu halten. “Sie sind einfach nicht mehr richtig gefüllt wie früher ...”

Sie lächelte wieder. “Das war schon immer so,” sagte sie.

“Großartiges Kind,” sagte Grodin, während sie zum Bungalow zurückkehrte. “Und sie ist nicht meine Tochter! Okay? Das muß unbedingt aufs Band!”

“Wie wäre es, wenn wir noch etwas Anderes aufs Band brächten?” schlug Benson ruhig vor.

“Zum Beispiel?”

“Zum Beispiel, was Sie über Ballantine wissen.”

Der wachsame Ausdruck kehrte auf Grodin’s Gesicht zurück. “Ich habe den Kerl nie gekannt.”

“Damals, als er zum NASA-Hauptquartier ging ... haben Sie ihn da nicht kennengelernt?”

“Hör auf damit, Junge, bitte! Ich hab’s doch gesagt, um Himmels willen. Ich habe ihn nie gekannt ... ich bin ihm nie begegnet ...”

“Aber Sie wissen, was mit ihm geschehen ist - und warum.”

Grodin stand auf. “Zeit zum Essen,” sagte er. “Rufen wir Ihren Kumpel.”

Am Ende der Mahlzeit ging Grodin zu Bourbon on the Rocks über. Er versuchte, die anderen gleichfalls dazu zu überreden, aber Benson und Jack Dale blieben beim Bier, und Annie auch. Und später, während sie das schmutzige Geschirr abräumte, willigte Grodin ein, sich interviewen zu lassen. Zu diesem Zeitpunkt schaute er schon ein bißchen glasig, aber er dachte immer noch zusammenhängend. Dieses Interview, von Dale gefilmt, war Teil der berühmten Science Report-Sendung vom 20. Juni 1977. Wir zitieren jetzt direkt aus dem Transkript:

Grodin: Über Ballantine weiß ich nur, daß er mit

einem Band bei der NASA auftauchte und ziemlich aufgeregt wurde, als er es auf ihrer Juke-Box abspielte.

Benson: Juke-Box?

Grodin: Dekodierer. Man kann ein Signal aufnahmen, wenn man die Ausrüstung hat, aber man kann es nicht entschlüsseln ...

Benson: ... ohne die Ausstattung der NASA?

Grodin: Irgendein junger Typ hat ihm dabei geholfen. Ich würde sagen, der hätte es besser wissen sollen.

Benson: War es dieser Mann?

Benson zeigte Grodin ein postkartengroßes Foto von Harry Carmell - eine Vergrößerung aus dem in der Straße aufgenommenen Film. Grodin runzelte die Stirn und versuchte sich zu erinnern.

Grodin: Könnte sein. Ja, sieht so aus. Wollen Sie wirklich keinen Bourbon?

Benson: Bier ist prima.

Grodin: Bourbon ist besser für Sie.

Benson: Nein, danke ... Sie sagen, Ballantine wurde getötet, weil er dieses Band gesehen hatte?

Grodin: Ich sage gar nichts. Ich habe nur gesehen, wie diese Kerle ihn angeschaut haben. Aber ich kenne diese Blicke ... mich haben die auch schon so angeschaut.

Benson: Wer "die"?

Grodin: Ach, los ...! Hier, einen richtigen Drink, das tut Ihnen gut.

An diesem Punkt gab es eine Unterbrechung im Interview. Die Fernsehzuschauer sahen, wie Grodin sein Glas leerte und durch den Raum torkelte, um es an der Bar in der Ecke aufzufüllen. Sie sahen nicht, wie Annie aus der Küche zurückkam. Und sie hörten auch nicht den Streit zwischen ihr und Grodin. Sie hatte, wie Benson uns erzählt hat, Angst, daß Grodin zuviel sagte, daß er gefährlich indiskret wurde. Aber zu diesem Zeitpunkt hatte

Grodin schon so viel getrunken, daß er verwegen wurde - und daß es ihm nicht paßte, von einem Mädchen Befehle zu erhalten. Er schrie sie an, brutal und laut, und sagte iht, sie hätte “kein Recht zum Keifen”, weil sie nicht seine verdammte Frau wäre und sie solle sich gefälligst um ihre verdammten eigenen Angelegenheiten kümmern. Sie argumentiert weiter und versuchte ihn zu überreden, und er wurde noch wütender. Er warf ein Glas mit Bourbon an die Wand, und die Glassplitter flogen durch den ganzen Raum. Da lief sie weinend fort, und er entschuldigte sich für ihr Verhalten. “Frauen!” sagte er. “Sie denken, man ist ihr Eigentum!”

In der nächsten Stunde trank er. Er trank heftig. Und Benson fing an sich zu sorgen, weil Grodin vermutlich bald nicht mehr in der Lage sein würde zu sprechen, aber überraschenderweise verlor Grodin den Faden nicht. Im einen Augenblick schien er am Rande eines abgrundtiefen Rausches zu balancieren und im nächsten Moment bei der Bar zusammenbrechen zu wollen, aber dann nahm er sich noch einen Drink, und das schien ihn auf merkwürdige Art aufrechtzuerhalten. Benson sagte, es sei so gewesen, als ob er “sich nüchtern” getrunken hätte.

Grodin hatte Schwierigkeiten, bestimmte Worte zu formen - die Zunge wollte ihm nicht mehr richtig gehorchen - aber sein Bewußtsein schien immer noch einigermaßen klar. Und schließlich stimmte er einer Fortsetzung des Interviews zu:

Benson: Bob ... was ist da draußen passiert ... bei der Mondlandung?

Grodin: Nun ... ich weiß nicht, wie ich das am besten sagen soll ... aber wir erlebten eine riesige Enttäuschung ... um die Wahrheit zu sagen, wir waren da nicht die ersten.

Benson: Was meinen Sie damit?

Grodin: Die späteren Apollos waren nur ein Deckmantel ... sie sollten verdecken, was da draußen wirklich vor sich geht ... und die Schweinehunde haben nicht einmal uns etwas gesagt ... kein Sterbenswörtchen!

Benson: Was geht denn da draußen vor?

Grodin: Mann, wie zum Teufel soll ich das wissen? Frag das Pentagon! Frag den Kreml - immerhin waren sie als erste im Weltraum. Du glaubst doch nicht, daß sie einfach aufgehört haben, oder ... Jesus, ich brauche einen Drink ...

Die Zuschauer werden sich daran erinnern, daß es hier einen weiteren Schnitt gab. Er dauerte nur den Bruchteil einer Sekunde auf dem Bildschirm, aber in Wirklichkeit wurde das Filmen für eine halbe Stunde unterbrochen. Als es weiterging, schwitzte Grodin heftig. Er schwitzte wegen des Alkohols und weil er so aufgeregt über das war, was er sagte.

Sie hatten gesagt, daß er darüber nicht reden dürfte. Das hatten die Schweinehunde gesagt. Nun, er würde ihnen zeigen, daß Bob Grodin nicht der Kerl war, den man zum Schweigen zwingen konnte. Er war schließlich nicht deren Eigentum. Er war jetz nicht mehr im Dienst und überhaupt, vielleicht war es an der Zeit, daß irgend jemand mal redete. Er hielt einen weiteren Drink in der Hand, während er auf Benson's erste Frage wartete ...

Benson: Bob, sie müssen es mir sagen ... was haben Sie gesehen?

Grodin: Wir sind am falschen Ort runtergekommen ... und dort wimmelte es von ihnen ... und was wir getan hatten, sah auf einmal aus wie ein Kinderspiel ...

Benson: Sprechen Sie von Männern ... von der Erde?

Grodin: Glaubst du, sie brauchen all dieses Zeug da unten in Florida, nur um zwei Kerle dort oben auf ein ...

auf ein Fahrrad zu setzen? Den Teufel tun sie! ... Weißt du, wofür sie uns gebraucht haben? Damit sie eine PR-Story für all diese Hardware hatten, die sie in den Weltraum gefeuert haben ... wir sind nichts, Mann! Nichts! Wir sind nur da, um euch Flaschen glücklich zu halten ... um euch von dummen Fragen danach abzuhalten, was wirklich vorgeht! ... Okay, das ist es, Ende der Geschichte. Vorbei. Viel Glück, Junge.

Und das war's. Das Interview war zu Ende. Grodin leerte sein Glas in einem großen Schluck, und dann fiel er um. Flach auf den Teppich. Annie hörte den Aufprall, stürzte ins Zimmer und bat die beiden zu gehen. Sie boten ihr noch an, Grodin ins Bett hieven zu helfen, aber sie wies das Angebot zurück. Sie wollte sie nur raushaben. Also gingen sie.

Im November 1977 besuchten wir diesen Bungalow in der Hoffnung, Grodin zu weiteren Aussagen zu bewegen. Wir waren sicher, daß er noch viel mehr zu erzählen hatte. Und wir hatten das Gefühl, er würde vielleicht freier sprechen, wenn keine Filmkamera dabei wäre.

Der Bungalow war leer. Er stand, soweit wir erkennen konnten, schon seit Wochen oder Monaten leer. Wir konnten auch Annie nicht finden. Sie scheint völlig verschwunden zu sein. Aber wir spürten Grodin auf, in einer psychiatrischen Klinik am Standtrand von Philadelphia. Er durfte keinen Besuch empfangen. Jedenfalls wurde uns das gesagt. Wir versuchten darauf zu bestehen, aber das Personal war sehr bestimmt. Das kam gar nicht in Frage. Sein Zustand war zu ernst. Und in jedem Fall sei ein Besuch völlig zwecklos. Grodin könne keine zwei Worte zusammenhängend sprechen. Sein Bewußtsein habe ihn völlig verlassen ...

Im Januar 1978 stand Grodin's Tod in den Zeitungen. Selbstmord. Das wurde der Welt erzählt.

Grodin hatte sich seine Schlafanzughose um den Hals geknotet und sich an der Heißwasserleitung erhängt, die hoch oben in seinem Zimmer an der Wand verlief. Wir hegen die Vermutung, daß er vielleicht das Opfer einer Maßnahme war, aber ohne Beweise kann das nur ein Verdacht sein.

Ein weiteres faszinierendes Puzzleteilchen wurde von dem amerikanischen Reporter geliefert, den Dickson angeheuert hatte. Es handelte sich um den Tonbandmitschnitt eines Dialogs zwischen der NASA-Bodenkontrolle in Houston und dem Piloten des Mondkommandos während einer Mondmission im Jahre 1972. Und Clements stolperte über ein Detail, als sie das Band zum ersten Mal in den Sceptre-Studios abspielten:

Bodenkontrolle: Genauer bitte. Können Sie genauer beschreiben, was Sie sehen?

Pilot der Mondeinheit: Es ist ... etwas Blitzendes. Das ist im Moment alles. Einfach wie ein Licht, das am Kraterrand an- und ausgeht.

Bodenkontrolle: Können Sie die Koordinaten angeben?

Pilot: Da unten ist etwas ... vielleicht ein bißchen weiter unten.

Bodenkontrolle: Kann es eine Vostok sein?

Pilot: Ich bin nicht sicher ... es ist möglich.

All dies paßte logisch zum Inhalt des mitgeschnittenen Gespräches zwischen Bodenkontrolle und Grodin - während Grodin's erstem Mondspaziergang:

Bodenkontrolle: Können Sie irgend etwas sehen? Können Sie uns sagen, was Sie sehen?

Grodin: Oh Junge, es ist wirklich ... wirklich etwas

Superfantastisches hier. Sie können sich das hier nicht vorstellen ...

Bodenkontrolle: Okay ... können Sie über dieses flache Gebiet hinwegschauen? Sehen Sie auf der anderen Seite irgend etwas?

Grodin: Da ist eine Art Kamm mit einer wirklich sensationellen ... oh, mein Gott! Was ist das denn? Das ist alles, was ich wissen will! Was zur Hölle ist das?

Es paßte auch zu dem Wortwechsel - von dem der frühere NASA-Mann Otto Binder berichtet hat - zwischen Bodenkontrolle und Apollo 11 während des Mondspazierganges Aldrin-Armstrong:

Bodenkontrolle: Was ist da? ... Störung (verstümmelt) ... Bodenkontrolle ruft Apollo 11 ...

Apollo 11: Diese Babys waren riesig, Sir ... enorm ... Oh Gott, Sie würden es nicht glauben! .. ich sage Ihnen, da draußen gibt es andere Raumschiffe ... sie sind an der anderen Seite des Kraters aufgereiht ... sie sind auf dem Mond und beobachten uns ...

Das zweite Band enthielt allerdings einen Hinweis, der einen überraschenden Unterschied machte - den Hinweis auf eine Vostok. Die Vostok-Flüge der Russen fanden Anfang der Sechsziger statt. Nach den veröffentlichten Informationen waren sie nicht dazu gedacht, den Mond zu erreichen, sondern sollten nur die Erde umkreisen.

Was hieß also die nebenbei hingeworfene Vermutung der Bodenkontrolle in Houston - die von dem Mondpiloten ebenso selbstverständlich akzeptiert wurde - daß 1972 ein veraltetes russisches Raumschiff auf dem Mond Lichtblitze aussenden könnte?

Wir wissen heute, daß sich die Supermächte über

viele Jahre hinweg sehr große Mühe gegeben haben, das Ausmaß der Fortschritte zu vertuschen, die sie in der Raumschiffahrt gemacht hatten. Wissen Sie zum Beispiel noch, wie den Menschen weisgemacht wurde, das erste 1958 in den Weltraum gesandte Lebewesen sei ein Hund gewesen?

Aber schon sieben Jahre vor dieser Hundemission wurden die Albert-Affen in einer V2-Rakete in die Stratosphäre geschossen. Und es gibt gute Gründe, daran zu zweifeln, daß diese Affen die ersten waren.

War also das offizielle Ziel der Vostok-Flüge ebenfalls eine Täuschung? Dienten diese Flüge, um die Worte von Bob Grodin hier anzuwenden, ebenfalls als PR-Story, um all die Ausrüstung zu rechtfertigen, die in den Weltraum geschossen worden war?

Daraus ergibt sich automatisch eine weitere wichtige Frage: War der erste öffentlich bekanntgegebene Mondspaziergang 1969 nur eine zynische Farce - durch ein Abkommen zwischen den Supermächten gemeinsam in Szene gesetzt - weil die Menschen zu diesem Zeitpunkt in Wirklichkeit schon fast ein Jahrzehnt auf dem Mond waren?

Wenn das wahr ist, und alles weist darauf hin, was sollte diese Farce dann bezwecken? Und warum ist sie fortgesetzt worden? Die Antwort auf diese beiden Fragen ist Alternative 3.

Die globale Bedrohung dieses Planeten, die Dr. Carl Gerstein beschrieben hat, ist so erschreckend, daß die Amerikaner und Russen ihre kleinen Rivalitäten - und ihre archaischen Vorstellungen von Stolz auf nationale Errungenschaften - begraben und einen verzweifelten Versuch unternehmen könnten, der Menschheit irgendeine Zukunft zu ermöglichen.

Simon Butler stellte die bekannte Situation in der

Science Report-Sendung in einen klaren Zusammenhang. Er sagte den Zuschauern: “Der Wunsch, daß der erste Mann auf dem Mond ein Amerikaner sein sollte, wurde von Präsident Kennedy eingeleitet, der von Wettbewerb sprach. Ende der sechziger Jahre hatte es den Anschein, daß dieses Rennen wirklich gewonnen worden war. Die Russen, so schien es, hatten einfach aufgegeben und versuchten es gar nicht mehr. Amerika hatte gewonnen.

“Aber heute ist Cap Canaveral eine Wüste aus Beton und Stahl. Das ehrgeizigste Projekt in der Geschichte der Menschheit ist offensichtlich beendet.

“Immer öfter allerdings hören wir von Skylab und einem Raum-Shuttle. Aber was soll so eine Fähre transportieren? Und wohin?”

Wir alle haben im Fernsehen gesehen, welche ungeheure Energiemenge erforderlich ist, um nur eine einzige Rakete aus dem Schwerkraftfeld der Erde zu bringen. Aber angenommen, man würde nicht diese Energie verbrauchen, nur um in den Weltraum zu gelangen. Angenommen, die Rakete würde schon im Weltraum starten. Was für Reisen würde das in unsere Reichweite bringen?

Butler befragte dazu den Technikjournalisten Charles Welbourne, Autor von drei mit Begeisterung aufgenommenen Büchern über die Weltraumfahrt. Hier ist ein Transkript des entscheidenden Interviewabschnittes:

Welbourne: Wir können dann natürlich mit weniger Energie weiter kommen oder ein viel größeres Raumschiff los senden. Tatsächlich werden wir Raumfahrt in jedem Maßstab nur mit solchen extraterrestrischen Starts erleben - zum Beispiel von einer Weltraumplattform aus, die um die Erde kreist.

Butler: Oder vom Mond aus?

Welbourne: Sicher ... wenn wir das Material zum

Bau eines Raumschiffes dorthin tranportieren könnten, wäre das sinnvoll.

Butler: Könnten wir das Material dorhin transportieren?

Welbourne: Es würde eine Wahnsinns-Fähre dafür nötig sein ... aber sicher, die Technik haben wir jetzt ... theoretisch könnten wir das ... besonders im Rahmen internationaler Zusammenarbeit.

"Internationale Zusammenarbeit." Welbourne's Tonfall ließ vermuten, daß er eine solche Möglichkeit für eher abwegig hielt. Jedenfalls in so großem Maßstab.

Aber man muß berücksichtigen, daß Welbourne zur Zeit dieses Interviews nichts über das Politische Komitee und seine Sitzungen unter der Meeresoberfläche wußte. Und Butler wußte es auch nicht.

Im Laufe des Sommers 1976 setzte das Sceptre-Team seine Ermittlungen fort, und es gab dramatische Hinweise auf die traumatischen Veränderungen, die dieser Planet erlebte - Veränderungen der Art, wie Dr. Gerstein sie später Butler erklären sollte.

Die große Dürre dieses Jahres hatte in der Geschichte nicht ihresgleichen. Und Butler erzählte den Zuschauern schließlich: "Es gab keine Panik ... nur ein wachsendes Unbehagen darüber, daß wir etwas unnatürliches erlebten und daß sich das Erdklima auf einen radikalen Wandel zubewegte.

"Die Serie von Erdbeben in China und im Fernen Osten hat mehr Schaden angerichtet und mehr Menschen getötet als mehrere Atomangriffe. Währenddessen schien es auf der anderen Seite des Pazifiks, als ob die ganze Karibik in die Luft fliegen sollte.

"Auch in Italien und Mitteleruropa war die Erdkruste dramatischen Veränderungen unterworfen.

"Zum ersten Mal erahnten die Wissenschaftler etwas

von der Arbeitsweise des Raumschiffs Erde, einer riesigen, aber empfindlichen Maschine, Spielball der Kräfte des interplanetaren Ozeans."

Auf der Höhe der Dürre erwogen Wissenschaftler im Auftrag der britischen Regierung den Versuch, das Wetter zu beeinflussen. Sie entschieden sich dagegen - die EG hätte England beschuldigen können, ihnen den Regen zu stehlen. Also litt England weiter wie der Rest der Welt auch. Die Straßen verzogen sich unter der intensiven Hitze. Die Feuerwehrleute konnten die Flammenmeere, die durch Wälder und Moore tobten, kaum bändigen. Und es gab ein erstaunliches Ausmaß an unerwarteten Katastrophen. Bienen verhungerten, weil sie in den ausgetrockneten Blüten nicht genügend Nektar oder Pollen fanden ... Tausende von Brieftauben, die nicht schwitzen können wie Menschen, brachen aufgrund von Überhitzung zusammen.

Am 27. September 1976 schieb einer der Autoren dieses Buches - Leslie Watkins - einen wichtigen Artikel in der Daily Mail, der so begann:

Häuser, die seit hundert Jahren oder länger stabil gestanden haben, weisen heute - genauso wie moderne Häuser und eindruckvolle Wohnblocks - plötzlich Risse auf und drohen einzustürzen. Der lange trockene Sommer hat den Versicherungsgesellschaften große Sorgen gebracht - und vielen Familien die Aussicht auf eine finanzielle Katastrophe. Der auf fast 60 Millionen Pfund geschätzte Schaden ist durch Absenkung verursacht worden. Häuser in vielen Teilen des Landes, aber besonders in London und im Südosten, sind schief und krumm langsam in die ausgetrocknete und sich zusammenziehende Erde gesunken.

Im Endeffekt ist England von einem Erdbeben in Zeitlupe heimgesucht worden.

Damals vermutete allerdings kaum jemand, daß die Dürre nur der Beginn einer katastrophalen Veränderung im Weltklima war. Aber bald wurde deutlich, daß die Jahreszeiten verrückt spielten - das Wetter schwankte von einem katastrophalen Extrem zum anderen und erinnerte an die krampfhaften Zuckungen eines gigantischen, zum Untergang verdammten Wesens.

Am 15. Juni 1977 lautete ein Artikel auf der Titelseite des Daily Mail - ebenfalls von Watkins geschrieben:

Kein Mensch auf der Welt setzt mehr auf Trockenheit als der vierundfünfzijährige Peter Chase.

Darum zeigte gestern früh jeder Blitz das Unbehagen auf seinem Gesicht.

Seine Frau Phoebe drängte, ihn zurück ins Bett zu kommen, den prasselnden Regen nicht zu beachten und das Geschäft zu vergessen. Aber er blieb am Fenster stehen und versuchte die Kosten zu berechnen.

Mr. Chase hat allen Grund, über das heftige Gewitter entsetzt zu sein, daß in so vielen Teilen Englands starke Verwüstungen angerichtet hat. Er ist der Regenversicherer für Eagle Star - die führende Regenversicherung.

Dieses Jahr ist schlecht gelaufen für Mr. Chase. Jubiläumsfeiern mit Straßenfesten und anderen Festlichkeiten, die in einer Sintflut schier ertranken, waren besonders teuer ... Wir erleben zur Zeit die zweitschwerste Periode von langanhaltenden Regenfällen seit Beginn der Wetteraufzeichnungen im Jahre 1727. Und die Aussichten für den Rest der Woche sind “regnerisch” ...

Die meisten Menschen haben angenommen, daß dieser Wechsel von Dürre mit starken Regenfällen irgendwie der geheimnisvolle und vorausschauende Versuch der Natur war, auszugleichen und das Gleichgewicht wieder herzustellen - daß also die Regengüsse die Tatsachen, die Gerstein ausgeführt hat, widerlegen.

Diese Annahme ist leider falsch. Der Meteorologe Adrian Lerman erklärt uns, daß der extreme Regen von der extremen Hitze erst hervorgerufen wurde und nicht auf langfristig kühleres Wetter hinweist.

Er sagt: "Während intensiver Hitze verdunstet mehr, und der Wasserdampf wird Meeren, Seen, Stauseen und Flüssen in großen Mengen entzogen, denn die warme Luft nimmt Wasserdampf besser auf als kalte Luft.

"Das hat unausweichlich eine Zunahme der Niederschläge zur Folge"

"Gerstein hat zweifellos recht mit seiner Vorhersage, daß der Treibhauseffekt weiterhin eine starke Zunahme der globalen Temperaturen hervorrufen wird, aber meiner Ansicht nach hat er die unmittelbarste Bedrohung für die Menschheit nicht genügend betont - die Gefahr weltweiter Überschwemmungen."

"Ich bin sicher, daß Gerstein unrecht hat mit seiner Vorhersage, daß Länder wie England und Amerika zu verbrannten Wüsten werden. Sie werden zerstört ... und es wird dort kein Leben mehr geben ... aber sie werden im Wasser versinken, nicht verbrennen."

"Extreme Hitze, wie sie jetzt unausweichlich ist, wird die Polkappen schmelzen lassen. Dadurch wird der Meeresspiegel merklich steigen, und das wird der Anfang einer riesigen Überflutung sein - London und New York gehören zu den ersten Städten, die betroffen sein werden."

Daher erwartet Lerman, der die Lage mit wissenschaftlicher Genauigkeit geprüft hat, eine Wiederholung der weltweiten Katastrophe, wie sie in der Bibel beschrieben wird.

Genesis 6-17: “Und siehe, ich will die Flut über die Erde bringen, um alle Wesen aus Fleisch unter dem Himmel, alles was Lebensgeist in sich hat, zu verderben. Alles auf Erden soll verenden.”

Es gibt also einen Meinungsstreit zwischen den Experten, die Gerstein’s Meinung sind und denen, die auf Lerman’s Seite stehen. Im entscheidenden Punkt sind sie sich allerdings auf schreckliche Weise völlig einig - daß diese Welt aufgrund der Dummheit des Menschen unwiderruflich zum Untergang verdammt ist. Feuer oder Flut ... eines von beiden wird in vergleichsweise naher Zukunft das qualvolle Ende bringen.

Und was ist mit den Männern hinter Alternative 3?

Sie haben vermutlich ebenfalls die biblische Version des schrecklichen Massensterbens studiert. Genesis 7-21, 22, 23: “Da verendeten alle Wesen aus Fleisch, die sich auf der Erde geregt hatten. Vögel, Vieh und sonstige Tiere, alles, wovon die Erde gewimmelt hatte, und auch alle Menschen. Alles, was auf der Erde durch die Nase Odem nahm, kam um. Gott vertilgte also alle Wesen auf dem Erdboden. Menschen, Vieh, Kriechtiere und die Vögel des Himmels; sie alle wurden vom Erdboden vertilgt. Übrig blieb nur Noah und was mit ihm in der Arche war.”

Es kann jetzt kein Zweifel mehr daran bestehen, daß diese Männer, die den Ablauf von Alternative 3 beaufsichtigt haben, sich miteinander in die Rolle Gottes gestellt haben - sie haben sich ihr Stichwort von anderen Versen in diesem Kapitel der Genesis geben lassen.

Der Herr wies Noah an, die für die Arche bestimmten Menschen und Tiere zu sammeln, die vor der globalen Zerstörung gerettet werden sollten.

Die Technik hat die Raumschiffe zu modernen Entsprechungen jener Arche gemacht. Und wer entscheidet, welche Menschen in den Archen des zwanzigsten

Jahrhunderts evakuiert werden sollen?

Diese anonymen Männer haben sich das Recht angemaßt, zu entscheiden, wer leben und wer sterben soll. Ihre Entscheidungen basieren hauptsächlich auf Informationen, die von einem raffinierten internationalen Computernetz gesammelt werden - ein Aspekt der Operation, den wir noch genauer untersuchen werden.

Sie haben sich auch ein Vorrecht angemaßt, das viele für noch weit obszöner halten werden: Die Entscheidung darüber, welche Manschen aus ihrer Heimat gerissen werden sollen, um verstümmelt und zu Sklaven geformt zu werden. Diese Menschen, diese tragischen Opfer werden - zusammen mit verschwindendem Vieh und Pferden und anderen Lebewesen - Teil der Massentransporte.

Dienstag, 10. Januar 1978. Wieder ein Umschlag von Trojan. Dieser kommt genau eine Woche nach der Fotokopie mit den Informationen über die Beruhigungsmaßnahme an und enthält die schwerste Anklage gegen die Männer hinter Alternative 3. Trojan hatte wieder in den Archiven gesucht und zwei Dokumente sichern können - eines vom Mittwoch, 27. August 1958, und das andere vom Freitag, 1. Oktober 1971. Beide waren vom "Vorsitzenden des Politischen Komittees" herausgegeben worden. Beide waren an die "Nationalen Leiter" (National Chief Executive Officers) gerichtet und beide befaßten sich mit "Massentransporten".

Der Begleitbrief von Trojan war knapp und triumphierend. Er lautete:

"Vielleicht werdet ihr mir jetzt wirklich glauben! Das hat mich zu dem Entschluß gebracht, daß ich raus wollte - und das ist der einzige Grund, warum ich mit euch zusammenarbeite."

Das Dokument von 1958 lautete:

Jeder Auswanderungswillige wird schätzungsweise die stützende Arbeitskraft von fünf Körpern benötigen. Diese Körper werden in Kargo-Massentransporten transportiert werden und darauf programmiert sein, legitimierte Befehle fraglos zu befolgen, und ihre Hauptaufgabe wird zunächst das Bauen sein.

Priorität erhielt natürlich der Bau von angemessenen Unterkünften für die Auswanderungswilligen

Es wird allerdings betont, daß im Interesse der Ökonomie auch Unterkünfte für die menschlichen Komponenten der Massentransporte gebaut werden - und genauso Ställe für umgesiedelte Tiere - und zwar mit hoher Priorität. Die Fertigstellung dieser Unterkünfte, die einfacher und schmuckloser sein werden als die für designierte Auswanderer, wird unter normalen Umständen Vorrang vor der Errichtung von Labors, Büros, anderen Arbeitsplätzen und Erholungszentren haben. Alle Ausnahmen von dieser Regel erfordern eine schriftliche Autorisierung durch den Vorsitzenden des Komittees vor Ort (Chairman of the Committee in Residence).

Die durchschnittliche arbeitsfähige Lebensspanne der menschlichen Massentransport-Komponenten wird auf fünfzehn Jahre geschätzt, und angesichts der hohen Transportkosten wird jede Anstrengung gemacht, um diese Periode der Nützlichkeit zu verlängern.

Am Ende dieser Zeit werden sie als zu vernichten betrachtet werden müssen, denn bedauerlicherweise wird im neuen Territorium kein Platz für minderwertige Passagiere sein. Sie würden nur Rohstoffe verbrauchen, die benötigt werden, um den ständigen Zustrom designierter Auswanderer zu versorgen und so das Erfolgspotential der Operation gefährden.

Die Vorbereitung der Massentransport-Komponenten, die geistig und körperlich an ihre zukünftige Rolle angepaßt werden, schreitet voran, und der Rahmen dieser experimentiellen Arbeit muß erweitert werden. Weitere Details werden zum geeigneten Zeitpunkt von Abteilung Sieben geliefert.

Die Zusammenstellung von Komponenten für den Transport wird von den Nationalen Leitern (National Chief Executive Officers) organisiert werden, denen detaillierte Angaben über die benötigten Kategorien und Mengen zugehen. Keine Zusammenstellung darf ohne besondere Anweisung von Abteilung Sieben organisiert werden.

Das Dokument von 1971 lautet:

Die experimentelle Umwandlung der Massentransportkomponenten liefert inzwischen eine 96-prozentige Erfolgsrate. Dies wird als nicht unbefriedigend betrachtet.

In den Instruktionen des Politischen Komittees vom 7. September 1965 wurde erläutert, warum alle Komponenten geschlechtslos gemacht werden müssen: 1) Die Möglichkeit traditioneller Paarbeziehungen, die sie von der Effizienz ihrer einzigen Aufgabe ablenken könnten. 2) Es muß sichergestellt werden, daß die Komponenten sich nicht vermehren und so planlos eine minderwertige Spezies fortsetzen. Diese zweite Betrachtung ist von besonderer Bedeutung, denn die Produkte dieser Fortpflanzung hätten während ihrer anfänglichen Jahre von Wachstum und Entwicklung keinen Arbeitswert und wären nur eine Belastung für die Ressourcen des neuen Territoriums.

Die dauerhafte Eliminierung von eigenem Willen und Eigeninteressen hat große Schwierigkeiten bereitet. Langzeittests im Labor haben gezeigt, daß ein inakzeptabel hoher Prozentsatz der Komponenten schließlich zu den alten Einstellungen zurückkehrt, was sie unzuverlässig und ungeeignet für die vorgesehene Rolle macht.

Weitergehende Arbeiten, die hauptsächlich in Amerika, England, Japan und Rußland ausgeführt wurden, haben jetzt zu einer beträchtlichen Senkung der Versagerquote bei der “Komponenten-Persönlichkeit” geführt. Diese Forschung muß allerdings noch intensiviert werden.

Das Politische Komittee hat sorgfältig nach geeigneten Mitteln gesucht, um abgewiesene potentielle Komponenten loszuwerden. Man ist übereingekommen, daß sie für ihre mangelnde Eignung nicht verantwortlich sind und daß nichts gewonnen ist, indem man sie tötet. Eine solche Lösung wäre zwar einfach, jedoch unnötig brutal. Daher wird ihre Erinnerung zerstört - der entsprechende Prozeß ist nun in Dnjepropetrowsk perfektioniert worden und Details gehen an alle A-3-Labors - und dann dürfen sie am Leben bleiben.

In Zukunft wird eine Entsexualisierung erst vorgenommen, wenn die Persönlichkeitsanpassung der zukünftigen Komponente, männlich oder weiblich, mit Erfolg abgeschlossen wurde. Auf diese Weise zeigen die nach Hause zurückkehrenden Abgewiesenen keine Spuren der Labormaßnahmen.

Am 22. August 1977 erschien in den Londoner Evening News folgende Geschichte:

Ein geheimnisvolles Mädchen, das Scotland Yard zwei Wochen lang beschäftigte, hat das Krankenhaus verlassen.

Nach Angaben von Scotland Yard ist die Identität des Mädchens und ihr Verbleib nicht bekannt.

Das Mädchen war zwischen sechszehn und zwanzig und in das Whittington-Hospital in Holloway eingewiesen worden, nachdem sie eines Nachts in ein Krankenhaus gekommen war.

Sie scheint ihr Gedächtnis verloren zu haben, und trotz intensiver Anstrengungen von Ärzten und Detektiven bleibt der Hintergrund ein Geheimnis.

Eine Woche bevor diese Geschichte erschien, bat die Polizei von Hertfordshire um Hilfe bei der Identifizierung eines anderen Amnesieopfers - eines Mannes Mitte dreißig - der auf einem Golfplatz in der Nähe von Harpenden umherwandernd gefunden worden war. Auch die Polizei in Manchester suchte Hilfe bei der Identifizierung. Bei ihrem Fall von Erinnerungsverlust handelt es sich um einen Mann um die zwanzig.

Mitte August 1977 tauchten viele Menschen mit denselben Problemen in Deutschland und in Franreich, in Italien und in Kanada auf. Alle waren körperlich fit und scheinbar normal - außer daß sie keine Vorstellung hatten, wer sie sind und wo sie gewesen waren.

Wie kam es zu dieser außergewöhnlichen Epidemie von Gedächtnisverlust? Die Fälle waren zu zahlreich, als daß der globale Ausbruch als Zufall abgetan werden könnte. War mit einer vollständigen Massensendung der "zukünftigen Komponenten" irgend etwas schiefgelaufen ... etwas so Schwerwiegendes, daß es nötig gewesen war, sie in ihre alte Umgebung zurückzubringen?

Der Mann zum Beispiel, der auf dem Golfplatz von Harpenden herumwanderte ... war er einfach deswegen da, weil die Planer von Alternative 3 ihn als Sklaven abgelehnt hatten?

Wir behaupten nicht, das zu wissen. Obwohl wir ihn interviewt haben - zusammen mit dreiundzwanzig anderen Amnesieopfern, die etwa zur gleichen Zeit aufgetaucht sind - besteht kaum Hoffnung, daß wir es jemals schlüssig beweisen können, daß diese Menschen Teil einer "Sammlung für den Massentransport" waren. Angesichts des von Trojan gelieferten Dokumentes von 1971 halten wir es allerdings für möglich.

Abschnitt Neun

Montag, 2. Mai 1977. Clements verbrachte jetzt so wenig Zeit wie möglich in seinem Büro. Die Kantinendüfte, so schwor er, wurden jeden Monat stärker. Nichts war schlimmer als die seine Nase umschmeichelnde Erinnerung an den übriggebliebenen Kohl von gestern.

An den meisten Tagen arbeitet er an einem Tisch in dem Großraumbüro, das Science Report zur Verfügung stand. Manchmal allerdings war es dort zu laut - zu viele Telefone und zu viele Menschen - und ab und zu war er gezwungen, sich in seinen eigenen winzigen Raum hinter Studio B zurückzuziehen. Der heutige Montagmorgen war eine dieser Gelegenheiten. Clements und Benson hockten gemeinsam dort und studierten ein Transkript von dem letzten Interview mit Grodin.

Clements markierte einen Abschnitt mit dem Rotstift. "Da, mein Lieber," sagte er. "Das interessiert mich wirklich. Was hat er damit genau gemeint?"

Benson las die Zeile noch einmal: "Wir sind nur da, um euch Flaschen glücklich zu halten ... um euch von dummen Fragen danach abzuhalten, was wirklich vorgeht!"

"Ich weiß nicht," sagte er. "Danach ist er umgekippt. Ich konnte nichts mehr aus ihm herausbekommen."

"Das läßt uns mit einem Berg weiterer Fragen zurück," sagte Clements. "Und was ich jetzt brauche, Colin, sind Antworten."

"Ja, aber ..."

"Nein, kein 'Aber', mein Lieber, bitte. Ich kriege alle 'Aber', die ich brauche, von Harman. Er ist stinksauer, wie Sie wissen, über Ihre Amerikareise ..."

"Chris, ich verspreche Ihnen, keiner hätte aus Grodin mehr herausbekommen ..."

"Er hat eine Beschwerde über Sie an Fergus Godwin gesandt ... seiner Meinung nach war es unethisch, einen Mann, der betrunken war, weiter zu befragen - besonders, wie er es nennt, wenn dieser Mann eine Vorgeschichte mit psychischer Labilität hat ... er hat sogar vorgeschlagen, daß wir den Film wegwerfen sollten, weil Grodin Unsinn geredet habe ..."

"Es war kein Unsinn, Chris. Klar, er war ein bißchen blau, besonders gegen Ende ... das gebe ich gerne zu ... aber ich bin sicher, daß er wußte, was er sagte, und daß er die Wahrheit sprach ..."

"Ich weiß - und dann fiel er flach aufs Gesicht." Clements kicherte. "Sie bleiben bei Ihrer Version, mein Lieber, denn der Direktor will uns beide heute Nachmittag sehen."

"Das war also ernst gemeint? Harman versucht das wirklich abzuwürgen?"

"Glauben Sie mir, ich war nie ernster. Es ist doch so, Colin ... wir haben die ganze Zeit während dieser Untersuchung immer wieder die Oberhand gewonnen, und er will so viel Ärger machen, wie er kann. Übrigens sollten Sie vielleicht wissen, daß er sich beklagt, daß Sie sich nicht um den anderen Job in Amerika gekümmert haben ..."

"Was für einen anderen Job?"

Clements grinste. "Das Stück für die Urlaubsserie, das Sie machen sollten und das wir Simon Shaw für seine nächste Folge versprochen haben. Die Fluglinie wird sauer sein, wenn sie feststellen, daß sie einen Freiflug weggeworfen haben - und der junge Herr Shaw wird auch nicht gerade glücklich sein ..."

"Du liebe Güte ..."

Clements unterbrach ihn. "Er kann die Isle of Man statt dessen nehmen - das soll unsere letzte Sorge sein," sagte er. "Wir brauchen immer noch Antworten."

“Vielleicht sollten wir intensiver nach Harry suchen.”

“Dieser verrückte Amerikaner, der Sie angegriffen hat!”

“Er hat Antworten.” sagte Benson. “Denken Sie daran, was er am Telefon gesagt hat ... daß er weiß, warum die Wissenschaftler verschwinden und wer dahintersteckt ...”

Clements schnüffelte und rümpfte die Nase. Er stand auf und schloß das Fenster. “Also, wo fangen Sie mit der Suche an?”

“Ich könnte es nochmal bei der Polizei probieren.”

“Seien Sie am frühen Nachmittag zurück,” sagte Clements. “Wir haben die Besprechung mit dem Direktor.”

Der Polizist auf der Wache war höflich, aber wenig hilfreich. “Wissen Sie, wieviel Leute jedes Jahr in England als vermißt gemeldet werden?” fragte er. “Ungefähr fünftausend. Und das sind nur die, die offiziell gemeldet werden ...”

Benson gab ihm die Fotografie, die er Grodin gezeigt hatte. “Das ist er,” sagte er. “Zuletzt am 11. Februar unter dieser Adresse in Lambeth gesehen.”

Der Sergeant warf einen Blick auf das Bild. “Und Sie wissen nicht einmal seinen Nachnamen.” Er schneuzte sich. “Da haben wir ganz schön zu tun, oder? Jedenfalls ... warum glauben Sie, daß er vermißt ist? Vielleicht will er Sie nur nicht mehr sehen ...

“Er war verängstigt, sehr verängstigt, und er hat mich mit jemand anderem verwechselt,” sagte Benson. “Er schien zu glauben, daß ich ihn umbringen wollte.”

“Sie glauben, daß er umgebracht wurde? Ermordet? Wollen Sie das sagen?.

“Ich weiß nicht,” sagte Benson etwas kläglich. “Ich

glaube nicht, aber ich weiß es nicht."

"Warum sollte er Sie mit jemand anders verwechseln?"

"Weil er an diesem Morgen nicht normal war. Er war ... naja ... nicht ganz bei sich."

"Drogen?"

"Hm, richtig."

Die Polizeiwache war unterbesetzt, und es war ein anstrengender Morgen. Der Sergeant fand, er hätte schon zuviel Zeit verschwendet. Er drückte Benson das Bild wieder in die Hand, zog umständlich seinen Stift heraus und seufzte ergeben. "Also, was haben wir da, Sir? Einen fremden unbekannten Alters und unbekannten Namens, der Drogen nimmt und den Sie vor fast drei Monaten in einem verfallenen Haus, wo er zu wohnen schien, kurz gesehen haben.

Er dachte, Sie wären jemand, der ihn aus einem Grund, den wir nicht kennen, ermorden will. Nun sollen wir ihn für Sie finden. Aber nach allem, was Sie wissen, ist er vielleicht auch nach Amerika zurückgegangen.

Habe ich die Lage in etwa korrekt wiedergegeben?"

Benson scharrte mit den Füßen und sah dümmlich drein. "Klingt ein bißchen verrückt, was?"

Ich habe Ihren Namen und Ihre Adresse notiert," erwiderte der Segeant höflich. "Wenn Mr. Anonymus auftaucht, werde ich erwähnen, daß Sie nach ihm gefragt haben."

Die Sitzung mit Fergus Godwin am Nachmittag lief auch nicht viel besser. Der Direktor war bereits von Harman heftig bearbeitet worden und hatte schlechte Laune. Er ahnte Ärger mit dem Vorstand wegen dieses Science Report-Projektes, besonders wegen der unglaublich angeschwollenen Spesenliste, und er bereute bitterlich, daß er Benson's Amerikareise erlaubt hatte.

Harman's Worte nagten unterschwellig weiter an

ihm. Vielleicht hatte Harman recht, und Clements war "berufswidrig besessen". Godwin zweifelte wirklich daran, ob er die Ausstrahlung dieses merkwürdigen Interviews mit einem offenkundig betrunkenen Mann zulassen sollte. Das konnte alle möglichen Folgen haben ...

"Aber Fergus ... es könnte sich als unschätzbar wertvoller Teil der Sendung erweisen", argumentierte Clements. "Es fehlen uns im Moment nur noch ein paar Bindeglieder."

Kommen Sie zurück, wenn - falls Sie diese Bindeglieder gefunden haben." Godwin starrte sie mißmutig an. "Bis dahin wird der Film weggeschlossen - und ich sehe kaum eine Chance, daß er jemals läuft."

Sie kehrten in das kleine Büro zurück. Clements setzte sich an den Schreibtisch und schnüffelte. "Gott sei Dank gibt es montags keinen Fisch," sagte er. "Die Fischtage sind immer am schlimmsten."

"Und jetzt?" fragte Benson.

"Gerstein - er ist jetzt alles, was wir noch haben. Wenn wir ihn noch dazu bringen könnten, über diese Alternative 3 zu sprechen ..."

"Soll ich es probieren?"

Clements schüttelte den Kopf, griff zum grauen Haustelefon und wählte eine Nummer im Hauptbüro des Science Report. "Ist Simon Butler da?"

Die im Mai 1971 erschienene, angesehene Veröffentlichung 'Computer and Automation' enthielt einen Artikel von Edward Yourdon. Darin hieß es:

"Es scheint so, als ob Computer eine ungeheure Verbesserung in verschiedenen Bereichen der Regierung herbeiführen könnten ... wenn man nur einen Glauben hat: Den Glauben, daß die Computer richtig arbeiten ...

Die Menschen haben den Glauben an ihre menschlichen Führer verloren, und jetzt ... laufen die Dinge besser, wenn sie an eine kaltblütige, mechanisch rechnende Maschine glauben."

Erst wenige Monate vorher, Ende 1970, war in der Hauszeitschrift der Barclay-Bank, Spread Eagle, folgender Artikel erschienen:

Computer haben das technologische Zeitalter hervorgebracht, das Raumzeitalter eingeleitet und spielen mittlerweile auf so verschiedenen Gebieten wie Militärforschung, Wettervorhersage, Medizin, industriellen Entwürfen und Produktionsmethoden, Kommunikation, Handel, Geschäfts- und Bankwesen eine derart beherrschende Rolle, daß sich ernsthaft die Frage erhebt, ob sie beginnen, den Menschen selbst zu beherrschen. Manche Leute sind sogar der Ansicht, daß wir in absehbarer Zukunft unserer individuellen Privatsphäre beraubt und auf einen Code von Punkten reduziert werden, der in irgendeinem riesigen Regierungscomputer gespeichert ist - eine Art Big Brother, dessen spähender Blick uns ständig seiner aufmerksamen Prüfung unterwerfen wird.

Keiner der Autoren wußte, daß er eine Situation vorwegnahm, die schon Realität war. Die "individuelle Privatsphäre" war aufgrund geheimer Entscheidungen in und zwischen den Regierungen schon Jahre zuvor angekratzt worden.

Diese Tatsache war vielen Menschen vage bewußt. Aber nur wenige Leute ahnten den Umfang der persönlichen Daten - von ganz nornalen Männern, Frauen und Kindern - die peinlich genau analysiert und gespeichert wurden.

Details über Leistungen und persönliche Schwächen ... über Karrierpotential und sexuelle Vorlieben ... über Gesundheitszustand und religiöse Überzeugungen ... diese Daten und viele weitere wurden regelmässig in die Computernetze eingespeist. Und diese Netzwerke, die über Telefonleitungen und Satelliten miteinander in Verbindung standen, konnten verschlüsselt miteinander in Verbindung treten - um ihr gemeisames Material zu vergleichen und abzurufen.

1973 wurden zum Beispiel ungefähr über 20 Millionen Pfund ausgegeben, um alle amerikanischen Universitäten - auch die Universität in Hawaii - mit einem gigantischen Zentralcomputer namens Illiac 4 zu vernetzen. Der potentielle akademische Wert dieser Verbindung rechtfertigt wohl kaum die Ausgabe von 20 Millionen Pfund. Aber dieses Schema wiederholt sich in anderen Teilen der Welt. Und wie wir jetzt entdeckt haben, haben die meisten großen Netzwerke auf beiden Seiten des Eisernen Vorhanges eine direkte Verbindung zu einer Zentralquelle in Genf. Und in Genf befindet sich natürlich die Einsatzzentrale für Alternative 3.

Informationen über Einzelpersonen werden auf vielerlei Weise gewonnen. Sie stammen von Arbeitgebern und Universitätsverwaltungen und sogar von den Grundschullehrern. Vielleicht erinnern Sie sich noch daran, daß im Jahr 1977 einige englische Lehrer öffentlich protestierten, weil sie so “aufdringliche Details” über ihre Schüler auf “vertrauliche Berichtkarten” schreiben sollten - Einzelheiten über das Familienleben der Kinder, über das Verhalten und die Persönlichkeit der Eltern.

In vielen Schulen werden schon kleine Kinder ermutigt, wöchentliche Tagebücher über ihr Familienleben und Aufsätze wie “Meine Mutter” oder “Mein Vater” zu schreiben. All dies klingt natürlich unschuldig, harmlos und nebensächlich. Aber hinter diesen scheinbar harmlosen Übungen steht ein hochoffizielles und unlauteres Motiv. Die Geschichte ist voll mit Beispielen, wie totalitäre Staaten über die Kinder die Eltern ausspioniert haben - wobei die Kinder, vielleicht unwissentlich, ihre Eltern oft denunzieren. Die Regierungen wissen: Kindermund tut Wahrheit kund ...

Den Lehrern wurde gesagt, alle möglichen Details müßten regelmäßig an die lokalen Behörden geschickt werden, das sei nun einmal unumgänglich.

Weitere Informationen werden aus Behördenformularen gewonnen, zu deren Ausfüllung die Menschen in England gesetzlich verpflichtet sind, und aus scheinbar trivialen "statistischen Erhebungen", die als Interviews an der Tür durchgeführt werden.

Die Zeitungen schimpfen manchmal auf den Umfang von "Behördenkram", der uns zu Hause und im Geschäft überschwemmt. Aber es ist kein Zufall, daß unser Leben und das Leben der Menschen in anderen Ländern immer mehr vom Ausfüllen von Formularen begleitet ist. Der unersättliche Hunger der Behörden nach Fakten ist nicht, wie manche vermutet haben, nur ein Vorwand, damit den Ämtern die Arbeit nicht ausgeht. Er ist ein integraler Bestandteil des Gesamtplans - obwohl man betonen muß, daß die große Mehrheit der Beamten, die dafür bezahlt wird, diese Informationen zu verarbeiten, absolut nichts von Alternative 3 weiß.

Es gibt also Berge von Fakten. Viele Berge. Und allen Regierungsdementis zum Trotz werden diese Berge von Computern verdaut und weitergegeben, die offiziell autonom sind. Zum Beispiel die riesigen Computer mit den Führerscheinkarteien in Swansea oder Flensburg, glauben Sie wirklich, daß sie nicht mit den Steuerbehörden oder den Ministerien für Gesundheit und Soziales in Verbindung stehen?

Die Fakten werden gegengeprüft und erfaßt. Die

Ergebnisse liefern die Grundlage zur Auswahl derjenigen, die, im Jargon von Alternative 3, als "designierte Auswanderer" geeignet sein könnten.

Nur gelegentlich dringt von diesem Hintergrund etwas an die Öffentlichkeit.

Am 9. September 1977 veröffentlichte The Times eine Titelgeschichte des Inlandreporters Stewart Tendler mit dem Titel 'Polizei begründet Stillschweigen über die Nutzung erfasster Daten mit nationaler Sicherheit'.

Tendler's Story lautete:

Namen und persönliche Informationen über Zehntausende von Menschen, die von der Abwehr aus Gründen der nationalen Sicherheit geprüft wurden, müssen in einen neuen Kriminalcomputer von Scotland Yard eingegeben werden und sind in Geheimnis gehüllt.

Achten Sie auf die letzten drei Worte. "In Geheimnis gehüllt." The Times ist keine Zeitung, die einen solchen Ausdruck leichtfertig benutzen würde. Der Artikel ging weiter:

Als vor zwei Jahren die Pläne für den Computer entwickelt wurden, wurden dem englischen Staatssicherheitsdienst bis 1985 Speicherplatz für bis zu 600.000 Namen von der Gesamtkapazität des Systems von 1,3 Millionen Namen zugewiesen ...

Hochrechnungen aus der Volkszählung haben ergeben, daß die britische Bevölkerung in den nächsten Jahrzehnten nicht wachsen wird. Speicherplatz für 600.000 Namen bedeutet also, daß die Staatssicherheit sich darauf vorbereitet, Einzelheiten über jeden fünfundneunzigsten Menschen aus der Gesamtbevölkerung in diesen Computer einzugeben. Aber das ist erst der Anfang ...

Wenn wir von der Gesamtbevölkerung alle sehr alten Menschen, Kleinkinder und die für unheilbar verrückt Erklärten abziehen ... sinkt das Verhältnis auf jeden fünfzigsten.

Denken Sie jetzt noch einen Schritt weiter, und die Implikationen sind erschreckend ...

Wenn der durchschnittliche Haushalt aus zwei Erwachsenen besteht - und das ist sehr zurückhaltend geschätzt - sinkt das Verhältnis auf jeden fünfundzwanzigsten Haushalt. Das bedeutet, daß es kaum eine Straße in England gibt, wo nicht mindestens ein Haushalt - und wahrscheinlich viel mehr - die Ehre hat, von der Staatssicherheit per Computer überwacht zu werden.

Können Sie da noch sicher sein, daß Sie oder Ihre nächsten Nachbarn nicht von der Staatssicherheit geprüft werden? Sie können davon ausgehen, daß Leute, die Sie kennen, wahrscheinlich sogar Menschen, die Ihnen sehr nahestehen, ebenfalls diese besondere Behandlung erfahren.

Und die Zahlen, die wir angegeben haben, sind zwar erstaunlich, berücksichtigen aber noch nicht die Menschen, die in andere Computer der Staatssicherheit eingespeichert sind - Computer, die bisher nur auf der Geheimliste standen.

Zeugt dies alles von normaler Arbeitsweise der Staatssicherheit? Oder ist es Anzeichen für eine Operation in viel größerem Umfang? Eventuell für ein so riesiges Vorhaben wie Alternative 3?

Das Innenministerium reagierte offensichtlich verlegen auf Tendler's Entdeckung und versuchte sie herunterzuspielen. Sein Artikel ging so weiter:

Gestern sagte ein Polizeisprecher, die

Staatssicherheit müßte noch entscheiden, wie viele Namen in den Computer eingespeichert werden; er bestritt, daß eine Größenordnung von 600.000 Namen geplant sei.

Gestern abend sagte Scotland Yard: "Wir sind nicht bereit, uns zu der Frage zu äußeren, inwiefern die Staatssicherheit an dem Projekt beteiligt ist, Teile der Daten der entspechenden Behörde (der die Kriminalpolizei und spezielle Aufklärungseinheiten zugeordnet sind) per Computer zu erfassen. Denn die Hauptaufgabe der Staatssicherheitspolizei ist eben die nationale Sicherheit.

Die Veröffentlichung irgendwelcher Zahlen über die Gesamtzahl der Daten in einem beliebigen Teil des Projektes würde nur Anlaß zu Spekulationen geben ...

Die Staatssicherheit ist immer noch von sehr viel Mystik umgeben, und das gleiche gilt für den neuen Computer. Die städtische Polizei und das Innenministerium haben sich bisher nur sehr spärlich zu seinem Verwendungszweck geäußert.

Tendler schrieb in seinem Artikel auch, die Aktivitäten des Staatssicherheitsdienstes seien ein "streng gehütetes Geheimnis" und fügte hinzu: "Es ist nicht bekannt, wer mit Namen und weiteren Daten von den Beamten erfaßt wurde."

Wir können nicht beweisen, daß genau dieser Computer dafür genutzt worden ist, um "designierte Auswanderer" für Alternative 3 ausfindig zu machen. Aufgrund der Informationen von Trojan sind wir allerdings in der Lage, kategorisch festzustellen, daß derartige Computer für diesen Zweck benutzt werden. Wir wissen von sechs - außer dem Hauptcomputer in der Genfer Zentrale. Sie stehen in Amerika, England, Deutschland, Japan, Polen und Rußland.

Es mag noch andere geben. Das ist sogar fast sicher. Wir haben allerdings keine Informationen darüber, und wie wir bereits sagten, haben wir nicht die Absicht, Behauptungen aufzustellen, die wir nicht beweisen können.

England's Hauptcomputer für Alternative 3 wird offiziell ausschließlich von einer lokalen Behörde im Nordosten benutzt. Vordergründig wird ein bißchen behördliche Routinearbeit über ihn abgewickelt. Der große Computer in Amerika, der auf Kosten der US-Bundesregierung installiert wurde und läuft, gehört offiziel einer Fabrik in Detroit. Der polnische Computer steht in der Akademie der Wissenschaften im Plac Defilad in Warschau.

Die Auswahl von "Komponenten" für Massentransporte wird mit vergleichsweise wenig Aufwand betrieben. Sie müssen stark sein, so daß sie noch jahrelang körperlich arbeiten können. Das ist das Hauptkriterium. Ihre Persönlichkeiten, ihr Hintergrund, ihre geistige Beweglichkeit ... sind nicht so wichtig, denn sie werden mit wissenschaftlichen Methoden in der gewünschten Weise geformt. Sie sind letzten Endes Wegwerfware.

Aber was ist mit den "designierten Auswanderern"? Wie wird ihr Wert festgestellt? Und dieses mysteriöse "neue Territorium", auf dem sie offensichtlich leben sollen - was für eine Gesellschaft wird dort geschaffen?

Trojan hat uns Teilantworten geliefert. Er fand sie in einem Dokument von 1972, in dem sich der Vorsitzende des Politischen Komittees an die Nationalen Leiter (National Chief Executive Officers) wendet:

Dieses Komitee hat bereits bewährte Anweisungen betreffs der Rekrutierung von designierten Auswanderern ausgegeben. Neuere Berichte vom Vorsitzenden des

Komitees vor Ort zeigen allerdings, daß es bei der Ausführung Fehler gegeben hat.

Solche Fehler haben zu unnötigen Prolemen im neuen Territorium und zu einem inakzeptabl hohen Verlust von bereits transportierten designierten Auswanderern geführt.

Diese Situation ist inakzeptabel, und das Politische Komitee hat mich daher gebeten, noch einmal die Ziele und Kriterien des Komitees vor Ort deutlich zu machen.

Es muß jede Anstrengung unternommen werden, um Probleme zu eliminieren, die von den Menschen im alten Territorium als unausweichlich angesehen werden.

Die Teilnehmer an Alternative 3 haben sich über nationale oder Stammes-Interessen, die traditionellerweise zu Krieg führen, hinausentwickelt oder müssen diesen Lernprozeß durchlaufen. Das wird immer wichtiger, wenn das neue Territorium dichter besiedelt wird. Die Nationalen Leiter werden daher ihr Hauptaugenmerk auf diesen Aspekt der Operation richten und sicherstellen, daß er auch ihren Untergebenen vor Ort vollkommen klar ist.

Niemand, bei dem irgendein Zweifel darüber besteht, daß er oder sie Potential besitzt, sich in dieser Weise zu entwickeln, darf als potentieller designierter Auswanderer benannt werden.

Dieses Kriterium ist wichtiger als alle anderen Erwägungen hinsichtlich Fähigkeiten und Ausbildung.

Da dieses besondere Persönlichkeitsmerkmal noch nicht aus einem Computerausdruck ermittelt werden kann, ist es unerläßlich, die Beurteilungen anhand von Einzelinterviews vorzunehmen. Dies ist Aufgabe der regionalen Mitarbeiter, denn angesichts des Operationsumfanges ist es nicht möglich, diesen Aspekt zentral oder national zu behandeln.

In diesem Ton ging es weiter. Noch viel weiter. Dies war bei weitem das umfangreichste Dokument, das wir über Trojan erhielten. Die Notwendigkeit einer gleichmäßigen Mischung von Nationalitäten und Farben unter den designierten Auswanderern wurde hervorgehoben, denn man ging davon aus, daß im neuen Territorium alle ethnischen Gruppen repräsentiert sein sollten, die dann allerdings in eine "neu konzipierte familiäre Gemeinschaft" integriert werden sollten. In einem eigenen Satz wurde betont: "Das Objekt Alternative 3 soll das Überleben aller Strömungen der menschlichen Rasse sichern und nicht nur das der Gruppen mit fortgeschritteneren und privilegiertem Hintergrund."

Das klingt fein und nobel - bis man an die alptraumhafte Behandlung der verächtlich als "Komponenten" bezeichneten Menschen denkt. Sie werden erbarmungslos aus ihren Familien entführt und zu Untermenschen herabgewürdigt. Sie schuften jetzt als geistlose Arbeitstiere, und ihre einzige Flucht aus dieser Erniedrigung liegt im Tod. Das ist die wahre und unverzeihliche Obszönität von Alternative 3.

Das Dokument lautete weiter:

Vertreter aller Aspekte der menschlichen Kultur werden zum neuen Territorium transportiert. Daher werden im Lauf der Zeit auch Auswanderungswillige aus dem Bereich der Künste rekrutiert werden, also Autoren, Maler, Bildhauer und Musiker.

Im Anfangsstadium werden allerdings nur diejenigen benötigt, deren Fähigkeiten für die Gründung der neuen Gesellschaft unerläßlich sind. Listen mit entsprechenden Kategorien sind bereits im Umlauf.

Die Erkundung des neuen Territoriums hat bestimmte Faktoren offenbart, die nicht in ihrer Vollständigkeit vorhergesehen worden waren, und hauptsächlich aus diesem Grund war es nötig, die Quoten in den einzelnen Katergorien zu korrigieren.

Das Komitee vor Ort braucht besonders mehr Ärzte, Chemiker und Bakteriologen.

Mit Computerspezialisten, Bergbauexperten und landwirtschaftlichen Führungskräften ist das neue Territorium im Moment hinreichend versorgt. Die Rekrutierung aus diesen Kategorien ist bis auf weiteres einzustellen.

Erweiterungen und Verluste werden naturgemäß zu Veränderungen führen und in Zukunft werden monatlich Listen des Personalbedarfs von Abteilung Sieben an die Nationalen Leiter (National Chief Executive Officers) gehen.

Das Dokument führte auch die Haltung von Alternative 3 zu Kindern näher aus. Sie sollten ebenfalls auf das neue Territorium gebracht werden, denn man ging davon aus, daß ihre Gegenwart "den wohltuenden Effekt der zusätzlichen Dimension eines sozial strukturierten Familienlebens" mit sich bringen würde. Im Klartext heißt das, daß die Emigranten es genießen würden, mit Kindern zu leben, daß Kinder ihnen helfen würden, sich mehr "zu Hause" zu fühlen.

Kinder wurden allerdings nicht als produktiv angesehen - nicht so, wie es das neue Territorium erforderte - und daher mußte die Quote streng beschränkt werden. Nur Kinder, deren Eltern "Schlüsselpersönlichkeiten" waren, wurden transportiert - und dann auch nur, wenn die Eltern nicht überredet werden konnten, sie im alten Territorium anders unterzubringen:

In manchen Fällen kann wichtiges Personal davon überzeugt werden, seine Kinder bei Verwandten zu lassen, in dem Wissen, daß sie in einem angemessenen Zeitraum wieder mit ihnen vereinigt werden. Wo möglich, soll jede vernünftige Anstrengung unternommen werden, um den Erfolg einer solchen Überzeugungsarbeit zu sichern.

Zahlen oder Prozentangaben standen nicht in dem Dokument, aber es scheint, als ob die Kinder des Mathematikers Robert Patterson - der sechzehnjährige Julian und die vierzehnjährige Kate - zu einer sehr kleinen Minderheit gehören. Außer natürlich, wenn sich zwischen 1972 und ihrem Verschwinden aus Schottland im Februar 1976 die Haltung zur "Kinderquote" geändert haben sollte.

Auch Ann Clark gehört diesem Dokument zufolge zu einer Minderheit, wie alle Frauen in Alternative 3. Das Verhältnis von Männern zu Frauen bei designierten Auswanderern ist offenbar drei zu eins. Wiederum vorausgesetzt, die Politik hat sich seit 1972, als das Dokument in Umlauf kam, nicht verändert.

Einrichtungen für eine Mutterschaft können zur Zeit nicht zur Verfügung gestellt werden, obwohl es für die Zukunft natürlich diesbezügliche Pläne gibt, daher sind Schwangerschaften im neuen Territorium verboten. Das Komitee vor Ort wird darauf hinweisen, wenn diese Regel aufgehoben wird.

Versehentliche Schwangerschaften werden beendet, und die an dem Verstoß Beteiligten werden vor das Komitee zitiert.

Der Rest des Dokumentes handelte hauptsächlich von der Versorgung mit Erholungs- und Unterhaltungseinrichtungen. Es gibt offenbar ein Kino. Und es gibt auch eine Anzahl Gemeinschaftsräume, in denen Fernsehsendungen aus vielen Teilen der Welt übertragen werden.

Es ist faszinierend sich vorzustellen, daß designierte Auswanderer, darunter Männer wie Brian Pendlebury aus Manchester, diese sensationelle Ausgabe des Science Report höchstwahrscheinlich gesehen haben.

Wir haben bereits erwähnt, wie Simon Butler im Verlauf dieser Sendung im Juni 1977 den Zuschauern erzählte, daß zum damaligen Zeitpunkt vierundzwanzig Menschen unter mysteriösen Umständen vrschwunden waren - wobei die Umstände darauf hindeuteten, daß sie sich für die Alternative 3 hatten anwerben lassen.

Drei von ihnen waren natürlich Ann Clark, Robert Patterson und Brian Pendlebury. Hier wollten wir - auf der Grundlage der Informationen, die von Terry Dickson für Sceptre Television gesammelt wurden - Details über die anderen einundzwanzig angeben. In achtzehn Fällen haben uns die Familien allerdings um Anonymität gebeten, und in Berücksichtigung dieser Bitten beschränken wir uns auf drei Beispiele:

Richard Tuffley, 27, Endokrinologe. In Sidmouth, Devon, geboren, aber Wohnort und Arbeitsplatz in Swansea in South Wales. Früh verwaist und bei der inzwischen verstorbenen Schwester der Mutter aufgewachsen. Unverheiratet, Verwandte nicht bekannt. Lebte allein in einer kleinen Mietwohnung in der Nähe der Universität. Verschwand am Montag, dem 5. Januar 1976. Zuletzt wurde er in einem hellblauen kleinen Lieferwangen gesehen, mit dem er in Richtung Cardiff fuhr. Der Lieferwagen ist noch nicht ausfindig gemacht worden.

Kommentar seines Abteilungsleiters: "Er war ein erstklassiger und sehr gewissenhafter Kollege - einer, von dem man nie erwartet hätte, daß er das Team so im Stich läßt, wie es jetzt den Anschein hat.

Er war ziemlich introvertiert und hatte kaum Freunde, aber es gab keine Anzeichen dafür, daß er in irgendeiner Weise unglücklich gewesen wäre."

Gordon Balcombe, 36, leitender Verwaltungsangestellter in einem multinationalen Industriekomplex. Wohnort in Bromley, Kent, Arbeitsplatz im Zentrum von London. 1969 geschieden. Seine drei Kinder leben bei seiner geschiedenen Frau, die er nach der Scheidung nicht mehr gesehen hat. Wohnte allein im früheren Wohnsitz der Familie - ein an einem Park gelegenes Einfamilienhaus - soll jedoch oft Frauenbesuch gehabt haben, von denen manche nach Angaben der Nachbarn oft über Nacht blieben. Verschwand am Donnerstag, dem 5. Februar 1976. Wurde zuletzt gesehen, wie er sein Büro verließ und in ein Taxi stieg. Taxifahrer nie ausfindig gemacht.

Kommentar seines Personalchefs: "Wir waren über sein Verschwinden völlig verblüfft, denn er war ein Mann mit einer ungeheuren Zukunft in diesem Konzern. Es gab Pläne, daß er in unsere Niederlassung in Chicago gehen und aufsteigen sollte, und er schien von der Aussicht wirklich begeistert zu sein.

Wir betrachten sein Verschwinden als großen Verlust."

Kommentar von Mrs. Marjorie Balcombe: "Meiner Erfahrung nach kann Gordon überall sein. Vermutlich steckt er irgendwo in Amerika.

Er gehört zu den Männern, die von Personalagenturen für neue Posten abgeworben werden, und es ist sehr gut möglich, daß er es nicht für nötig hielt, es seiner alten Firma mitzuteilen, wenn er ein besseres Angebot angenommen hatte. In solchen Fällen würde er einfach gehen, wenn es seinen Zwecken dient. Das paßt zu Gordon, selbstsüchtig wie er ist.

Und es würde mich nicht im geringsten überraschen, wenn ich erführe, daß er eine Frau mitgenommen hat. Frauen sind seine große Schwäche.

Was mich wirklich wundert ist nur, daß er so viele Kleidungsstücke und andere persönliche Habseligkeiten im Hause zurückgelassen hat. Das paßt nicht zu ihm."

Sidney Dilworth, 32, Meteorologe. Wohnort und Arbeitsplatz in Reading, Berkshire. Witwer. Seine Frau starb bei einem Autounfall im Oktober 1975. Keine Kinder. Lebte allein in einem Reihenhaus, das er auf Raten gekauft hatte. Verschwand am Freitag, dem 16. April 1976.

Zuletzt wurde er in einem Mietwagen unterwegs in Richtung London gesehen. Das Auto wurde später auf dem Parkplatz des Terminals Nummer Drei am Flughafen Heathrow gefunden.

Kommentar seines Vaters, Wilfred Dilworth: "Ich sage der Polizei immer wieder, daß unserem Sidney etwas wirklich Schlimmes zugestoßen sein muß, aber sie sind zwar sehr mitfühlend, unternehmen jedoch offenbar nicht viel. Ich habe das furchtbare Gefühl, daß er ermordet worden ist oder so etwas. Er war immer ein sehr bedächtiger Bursche und hätte nie gewollt, daß seine Mutter und ich uns so sorgen müssen.

Er war ziemlich durcheinander, seit seine Frau umgekommen war und sprach davon, in Kanada ein neues Leben anfangen zu wollen. In dem Januar, bevor er verschwand, sagt er, er hätte wohl einen Job in Aussicht, aber nach allem, was ich herausfinden konnte, hat sich das zerschlagen. In der Forschungsabteilung sagen sie, er hätte nie erwähnt, daß er gehen wollte, aber ich vermute, er wollte ihnen nichts erzählen, bevor alles unter Dach und Fach war.

Wir sind inzwischen so weit, daß ich mich morgens davor fürchte, die Zeitung aufzuschlagen, denn bestimmt steht eines Tages drin, daß sie seine Leiche gefunden haben."

Heute wissen wir, daß dieses Muster sich in vielen Ländern auf der ganzen Welt wiederholt.

Andrew Nisbett, 39, Raumfahrttechniker, geboren in Tulsa, Oklahoma. verschwand am Dienstg, den 5. Oktober 1976, aus Houston, Texas - zusammen mit seiner Frau Rita und ihrem einzigen Sohn.

Pavel Garmanas, 42, Physiker, geboren in Usachevka, UdSSR. Verschwand am Donnerstag, dem 14. Juli 1977, aus seiner neuen Heimat in Jerusalem.

Marcel Rouffanche, 35, Ernährungsspezialist, geboren in der Vorstadt von Saint-Ruff bei Avignon. Verschwand am Mittwoch, dem 16. November 1977, aus seinem Apartement in Paris.

Eric Hillier, 27, Bauingenieur, geboren in Melbourne, Australien. Verschwand am Donnerstag, dem 29. Dezember 1977.

Intensive Untersuchungen haben gezeigt, daß die von Butler in der Fernsehsendung präsentierten Zahlen nur einen Bruchteil der Gesamtzahlen darstellen. Und diese Gesamtzahlen steigen immer noch.

Aufgrund des Ausbruchs von Angst, den die Science Report-Sendung auslöste, wurde die Fernsehgesellschaft, wie wir bereits erwähnt haben, gebeten, die Echtheit des präsentierten Materials offiziell abzustreiten.

Der Wortlaut dieser Erklärung war von Leonard Harman vorbereitet worden und wurde gegen heftigen Widerstand von Clements von der Presseabteilung herausgegeben. Die meisten Zeitungen akzeptierten das Dementi - sie machten offenbar keinen Versuch, die merkwürdigen Hintergrundgeschichten von Menschen wie Robert Patterson zu überprüfen.

Der Daily Express widmete zu Harman's

Erleichterung einen Großteil seiner Titelseite am folgenden Tag einer Sensations-Story unter der Überschrift 'Aufregung nach Fernseh-Ulk'.

Die Story im Express begann:

Tausende von Zuschauern aus dem ganzen Land protestierten schockiert und verärgert über die Science-Fiction-"Dokumentation" von ITV gestern abend. Seit Ende dieser "Alternative 3" um 22.00 Uhr blockierten wütende Zuschauer die Telefonzentralen von Daily Express und ITV, um sich zu beschweren.

Diese Zeitungsstory erwähnte nicht die Beweise, die auf dem Bildschirm von Dr. Carl Gerstein oder von anderen angesehenen Autoritäten wie Professor Gordon Broadbent geliefert waren. Auch Grodin's wichtiger Beitrag wurde ignoriert. Allerdings. wies der Artikel darauf hin, daß der "einstündige Ulk" - zur besten Sendezeit - "vorgab", eine Erklärung für den wissenschaftlichen "Brain Drain" zu zeigen. Weiter hieß es im Artikel:

Die Sendung wurde vom früheren Nachrichtensprecher Simon Butler als ernsthafte Untersuchung eines besorgniserregenden Trends in der wissenschaftlichen Forschung vorgestellt.

Es wurde gesagt, daß Amerikaner und Russen zusammenarbeiten, um die "neue Kolonie" zu errichten ... gleichzeitig wurde den Zuschauern nahegelegt, daß der Grund für diese Firschungen das Ende des Lebens auf der Erde sei.

Das Fernsehen kündigte die Sendung mit den Worten an: "Was diese Sendung zeigt, mag als unethisch betrachtet werden ..."

Überrumpelte Zuschauer gaben ihrem Schrecken

sofort Ausdruck. Andere erkannten, daß die Sendung ein Ulk war und beschwerten sich über die "Unverantwortlichkeit" von ITV.

Heute früh sagte ein Sprecher der Unabhängigen Rundfunkbehörde, daß die Erlaubnis zur Ausstrahlung der Dokumentation lange und gründlich überdacht worden sei.

Aber Mrs. Denise Ball aus Camberley, Surrey, sagte: "Ich war zu Tode erschrocken. Es war alles so real."

Mrs. Mary Whitehouse, die bekannte Kämpferin für ein "sauberes" Fernsehen, glaubte das "Harman-Dementi" ebenfalls voll und ganz. Sie wurde in einer anderen Zeitung mit den Worten zitiert: "Ich bekam Hunderte von Anrufen. Der Film war brillant gemacht und wirkte täuschend echt."

Das war die unmittelbare Reaktion. Und sie war vollkommen verständlich. Die von Clements und seiner Arbeitsgruppe gesammelten Fakten waren so bestürzend und erschreckend, daß die Menschen sehr gerne glauben wollten, sie wären nicht wahr.

Die Menschen nahmen Harman's Dementi erfreut zur Kenntnis, weil es eine bequeme Decke über das Unakzeptable zog.

All dies rückte Männer wie Terry Dickson in ein sehr schlechtes Licht. Was war zum Beispiel mit Robert Patterson? Hatte Patterson jemals wirklich existiert? Diese Frage lag der Haltung der meisten Zeitungen zusammen mit anderen ähnlichen Fragen implizit zugrunde. Und aus unerfindlichen Gründen weigerten sich die Funktionäre an der St. Andrews-Universität, irgendeinen Kommentar abzugeben. Der Vizekanzler, der erklärt hatte, daß Patterson vorzeitig nach Amerika gegangen war und sich damals so höflich für die entstandene Zeitverschwendung entschuldigte ... er war auf einer längeren Europareise und nicht erreichbar.

War Patterson also nur eine Erfindung von Dickson's Phantasie? Hatte Benson ihn deshalb nicht interviewen können?

Die Fragen türmten sich auf. Und sie wurden immer verrückter.

In den nächsten Jahren hatte die Presse allerdings Zeit, ein paar Nachforschungen anzstellen, und bestimmte Journalisten begannen, die Fernsehuntersuchung in einer ganz anderen Perspektive zu betrachten.

Terry Dickson hat uns erzählt, daß für ihn der Augenblick der größten Erleichterung kam, als er am 26. Juni sein Exemplar des Sunday Telegraph aufschlug. Der Kolumnist Philip Purser, der als einer der scharfsichtigsten Kommentatoren Englands galt, führte aus, daß "eine Reihe von Geheimnissen in dem von Alternative 3 aufgeworfenen Rätsel ungelöst bleiben."

Das erste dieser "Geheimnisse", auf die Purser einging, bezog sich auf "Dr. Robert Patterson (sic.), einer der Gelehrten, deren Verschwinden diese beunruhigende Untersuchung ausgelöst hat."

Purser hatte einen besonderen Grund für sein Interesse an Patterson, denn, wie er den Lesern mitteilte, hatte er ein indirektes Wissen über den Mann:

Der Sohn eines Freundes von mir, der in der gleichen Fakultät von St. Andrew Vorlesungen hält, erzählt mir, daß Patterson, obwohl er ein fähiger Mathematiker und Spezialist für Bool'sche Geometrie war, auch ein echter Schotte war, der jeden Penny umdrehte.

Die letzten fünf Worte sind ein deutlicher Hinweis auf die Eigenschaft von Patterson, die wir in Abschnitt Zwei beschrieben haben - daß es ihm immer so leid tat, wieviel Geld ihm von der Steuer abgezogen wurde. Er redete so ausgiebig und langweilig über dieses Thema, daß viele seiner Universitätskollegen, wie wir bereits erwähnt haben, erleichtert waren, als er seinen Weggang ankündigte. Purser's Kontaktmann in St. Andrews war wahrscheinlich einer dieser Kollegen.

Philip Purser machte sehr deutlich, daß er zu schlau war, um sich von dem Harman-Dementi zum Narren halten zu lassen. Er schloß seinen Artikel im Sunday Telegraph mit folgenden Gedanken:

Es wäre ein Fehler, "Alternative 3" zu sehr in die Nachbarschaft der Spaghetti-Ernte von Panorama und ähnlichen Scherzen zu bringen. Angenommen, es war ein teuflischer Doppel-Bluff, der von genau den Behörden angezettelt wurde, die in der Sendung genannt werden, und angenommen, die Supermächte arbeiten tatsächlich an einer außerirdischen Kolonie für hervorragende Menschen, um die Spezies zu retten?

Die Briefe, die unsere Studios erreichten, zeigten, daß es auch einen signifikanten Anteil mitdenkender Zuschauer gab, denen die Wahrheit klar war. Einen der ersten erhielt Simon Butler vom Präsidenten des Europäischen Raumfahrtverbandes, der schrieb: "Ich muß Ihnen und Colin Benson zu Ihrer beharrlichen Nachforschung gratulieren."

Hier sind Auszüge anderer typischer Briefe:

Ich bin ein seit kurzem pensionierter Raumfahrtechniker, und Ihre Untersuchung erklärte bestimmte Dinge, die ich im Laufe meiner Arbeit entdeckt habe und die mich manche Jahre beschäftigt haben. Gott sei Dank hat endlich jemand die Initiative und den Mut gehabt, die widerwärtige Wahrheit aufzudecken -

E.M., Filton, Bristol.

Herzlichen Glückwunsch, daß Sie sich von den Politikern nicht den Mund haben stopfen lassen! Ihr Science Report war absolut erschreckend, aber natürlich ist das mit der Wahrheit oft so, und wir haben mit Sicherheit das Recht zu wissen, was wirklich vor sich geht. Das nachfolgende Herunterspielen von offiziellen Sprechern Ihrer Gesellschaft, das die meisten Zeitungen offenbar blindlings akzeptiert haben, überrascht mich nicht. Ich habe den größten Teil meines Berufslebens im Staatdienst verbracht und weiß nur zu gut, wie Druck ausgeübt werden kann, besonders wenn sogenannte Dienstgeheimnisse berührt werden. Bitte bleiben Sie wachsam - J.N., London NW1.

Aber immer noch zeigten die Zeitungen eine außerordentliche Zurückhaltung beim Thema Alternative 3.

Warum? Warum befragten sie Menschen wie Wilfred Dilworth und Marjorie Balcombe nicht? Warum nahmen sie keinen Kontakt zu Dennis Pendlebury in Manchester auf ... oder zu Richard Tuffley's früheren Kollegen in Swansea? Diese Menschen standen für Interviews zur Verfügung. Sie können immer noch interviewt werden.

Es hat, wie wir früher erklärt haben, viele Versuche gegeben, die Veröffentlichung dieses Buches zu verhindern - und aufgrund des Vorgehens dieser beiden Abgeordneten waren wir widersrebend gezwungen, uns einem Kompromiß zu fügen. Ist es möglich, daß die Zeitungen einem ähnlichen Druck ausgesetzt waren? Und daß sie diesem Druck “im Interesse der nationalen Sicherheit” nachgegeben haben? Es scheint in einer freien Gesellschaft unglaublich. Aber die Welt hat noch nie etwas so Unglaubliches erfahren wie Alternative 3.

Ein Schlüssel zur Wahrheit wurde am 20. Juni 1977 von Kenneth Hughes im Daily Mirror geliefert - dem Tag, an dem die Sendung ausgestrahlt wurde. Er hatte sich vorab Zugang zu einem Teil des von Clements und seinem Team gesammelten Materials gesichert, und sein Artikel war überschrieben: 'Was in der Welt geschieht?' Er schrieb:

Eine Wissenschaftsendung wird heute abend wahrscheinlich Millionen von Engländern an ihre Sessel fesseln.

Alternative 3 (ITV, 21.00 Uhr) ist eine Untersuchung über das Verschwinden zahlreicher Wissenschaftler.

Sie scheinen einfach vom Erdboden verschwunden zu sein.

Der frühere ITV-Nachrichtensprecher Simon Butler hat grausige Neuigkeiten für uns und einen düsteren Bericht für die Zukunft.

Dann kam der wirklich aussagekräftige Absatz:

Die Sendung wird in mehrere andere Länder übertragen - aber nicht nach Amerika. Die Fernsehchefs dort möchten erst die Wirkung auf die britischen Zuschauer abwarten.

Das zumindest hat man dem Kolumnisten Hughes erzählt. Und er hat es geglaubt. Die Wahrheit war allerdings, daß die Fernsehgesellschaften in Amerika in dieser Hinsicht nicht frei handeln konnten. Jede Ausstrahlung dieser Science Report-Sendung wurde in den USA von höherer Stelle verboten.

Es war kein purer Zufall, daß zu den Ländern, in denen die Dokumentation verboten war, Amerika und

Rußland gehörten - die beiden Hauptbeteiligten an dieser merkwürdigen Verschwörung. Die Sicherheitskräfte in diesen Ländern achteten besonders wachsam auf die Nuancen der öffentlichen Reaktion ...

Die verwirrte Reaktion auf die Übertragung rief ein sofortiges scharfes Vorgehen gegen die Information in England hervor. Sogar Professor G. Gordon Broadbent, der für seine unabhängige Haltung bekannt ist, war nicht bereit, sich tiefer hineinziehen zu lassen. Wir wollten, daß er noch mehr über die Theorien sprach, die er in der Sendung vorgetragen hatte, und das Thema des verdeckten Zusammenarbeit zwischen den Supermächten weiter ausführte, und daher besuchte Watkins ihn im Institute of International Political Studies in London.

Hier ist ein Transkript von den Tonbandmitschnitt dieses Interviews, das am 7. Juli 1977 stattfand:

Watkins: Sie kennen natürlich die Erklärung, in der behauptet wird, daß die Alternative 3-Sendung ein Ulk war. Was ist Ihre Reaktion auf diese Behauptung?

Broadbent: Im gegenwärtigen politischen Klima wäre es falsch, wenn ich dazu einen Kommentar abgeben würde.

Watkins: Sie haben vermutet, daß die Zusammenarbeit zwischen Ost und West auch eine "massive, aber verdeckte Operation im Weltraum" umfassen könnte. Könnten Sie Ihre Gründe für diese Vermutung angeben?

Broadbent: Wie Sie sich erinnern werden, habe ich betont, daß dies so sein könnte, aber ich habe nicht behauptet, daß es so ist. Meiner Erinnerung nach habe ich sogar genau erklärt, es sei nicht meine Angelegenheit, hier zu spekulieren, und ich sehe keinen Anlaß, dem, was ich bereits gesagt habe, etwas hinzuzufügen.

Watkins: Sie haben als Fachmann einen Kommentar zu dieser Sendung gesprochen. Was empfinden Sie, wenn diese gesamte Sache jetzt nur als Ulk abgetan wird?

Broadbent: Vielleicht könnte man sagen, daß die Sendung sensationeller aufgemacht war, als ich bei meiner Zustimmung vorhergesehen hatte. Einige Feststellungen haben mich überrascht.

Watkins: Aber haben Sie das Gefühl, daß diese Feststellungen exakt wiederspiegelten, was wirklich geschieht?

Broadbent: Es tut mir leid ... ich möchte nichts mehr dazu sagen.

Das Interview war äußerst unbefridigend. Allerdings erhielten wir nur wenige Wochen später mehr Informationen, die uns eine tiefere Einsicht in die Vorgehensweise von Alternative 3 lieferte ...

Donnerstag, 4. August 1977. Eine weitere Unterwassersitzung des Politischen Komitees. Vorsitz: R Acht. Der Transkriptabschniitt von Trojan beginnt:

A Zwei: Aber einen ganzen Massentransport so zu verlieren! ... Verdammt noch mal, ich meine, dagegen treffen wir doch sicherlich Vorsichtsmaßnahmen?

A Acht: Wir hatten totales Pech ... das ist alles ...

A Zwei: Dreihundert Körper in Stücke gerissen ... ein vollständiger Ausfall, und das ist alles, was Sie dazu zu sagen haben! Wir hatten Pech! Nun, ich bin kein Techniker und komme bei diesen technischen Fachsprüchen nicht mit ... kann mir also bitte irgend jemand erklären, wie so etwas passieren kann ... denn ich sage Ihnen, ich habe so ein Gefühl im Magen, daß es Fahrlässigkeit war.

R Fünf: Es ist nicht möglich, sich gegen Unfälle solcher Art abzusichern ... sie sind Teil des Risikos bei den Transport zum neuen Territorium ...

A Zwei: Ja, aber ...

R Fünf: Bitte ... ich werde es erklären. Meteoren sind sehr häufig, viel häufiger, als den Menschen klar ist, denn etwa eine Million von ihnen treten jeden Tag in die Erdatmosphäre ein. Fast alle sind winzig, nur ein Gramm groß, aber manche sind beträchlich größer ...A Acht: Das ist richtig ... manche sind so groß, daß sie auf ihrer Reise durch die Atmosphäre nicht vollständig verdampfen und als feste Klumpen landen.

Wir schätzen, daß jedes Jahr ungefähr 500 Kilogramm aus dem Weltraum auf diesem Wege bei uns landen ...

R Fünf: Manchmal sind diese Klumpen gigantisch. Einer kam zum Beispiel 1919 in Sibirien herunter. Er verwüstete 260 Quadratkilometer Land ...

A Acht: Da gibt es auch diesen klassischen Meteorenkrater in Arizona ...

R Fünf: Und in der Umgebung des neuen Territoriums ist es das gleiche ... Millionen Meteore bombardierten die Atmosphäre, und unsere Raumschiffe müssen durch dieses Bombardement hindurch ...

A Zwei: Aber unsere Piloten ... können sie keine Ausweichmanöver machen?

A Acht: Stellen Sie sich vor, Sie sitzen auf einem Fahrrad ... und versuchen einer Lawine auszuweichen, die auf Sie zurast .. so ungefähr war es hier ...

A Zwei: Und Sie sagen, der Meteor, der den Massentransport traf, war vielleicht sogar so groß wie der sibirische?

R Fünf: Möglicherweise ... wir können es nicht sagen ... im übrigen muß er gar nicht so groß gewesen sein ... ein Meteor von einem Hundertstel dieser Größe hätte das Raumschiff ebenfalls vollständig zerstört ...

R Acht: Diese Diskussion führt uns nicht weiter. Unsere Wissenschaftler auf der Archimedes-Basis haben uns versichert, daß dieses Ungkück - unser erstes, wie ich betonen möchte - nicht zu vermeiden war. Und das ist vom Komitee vor Ort bestätigt worden. Es ist kaum unsere Aufgabe, hier weitere Manöverkritik vorzunehmen.

A Eins: Das ist richtig. Wir sollten dankbar sein, daß keine designierten Auswanderer an Board waren. Wir haben 300 Komponenten verloren ... ist das so schlimm? Wir müssen nur eine andere Sammlung zusammenstellen.

(Anmerkung der Autoren: Im folgenden Monat gab es, wie Sie sich erinnern werden, Berichte über massenweises Verschwinden in Australien. Ende September wurden viele, die verschwunden waren, zufällig in einer Anlage gefunden, die anscheinend ein Sklavenarbeitslager war - möglicherweise in Vorbereitung für die klinische Behandlung und den Transport. Viele andere sind seitdem nie mehr gesehen worden. Die Entdeckung dieser "Sklaven" sobald nach dieser Sitzung des Politischen Komitees kann natürlich auch ein Zufall gewesen sein. Wir finden das allerdings sehr unwahrscheinlich.)

R Acht: Die Folgen dieser unglückseligen Fernsehsendung sind im Moment viel wichtiger ...

A Fünf: Hören Sie ... die Sendung ist bereits vollkommen unglaubwürdig gemacht worden. Die Menschen haben akzeptiert, daß sie nicht ernst gemeint war, sondern nur ein raffinierter Witz ... deswegen brauchen wir kein Blut zu schwitzen ...

R Acht: Die meisten Menschen haben die offiziellen Erklärungen akzeptiert, aber manche sind nicht so leicht zu überzeugen. Wir dürfen den Schaden, der von dieser Sendung angerichtet wurde, nicht unterschätzen. Er hat bestimmte Menschen dazu gebracht, nachzudenken und sich zu wundern, und das kann gefährlich sein. Wir müssen sicherstellen, daß die Glaubwürdigkeit der Sendung vollständig zunichte gemacht wird.

A Zwei: Ich sage Ihnen, wir hätten diesen Gerstein umbringen sollen ... damals im Februar .. ich habe damals schon gesagt, daß er gefährlich ist ...

R Vier: Mein Freund hat recht ... er hat das gesagt. Und ich habe damals ausgeführt, das Gerstein's Reden eine Massenpanik hervorbringen könnten ...

A Fünf: Also, was sagen Sie? Eine Maßnahme?

R Eins: Was würde das jetzt nutzen? Er hat alles gesagt, was er sagen kann. Er hat nichts hinzuzufügen ... und nun lachen ihn die Leute aus. Sie sagen er sei ein Spinner. Was würden wir also durch eine Maßnahme gewinnen?

A Zwei: Er hätte nie mit diesen Fernsehleuten zusammenarbeiten dürfen ... er verdient den Tod und ...

A Acht: Ich habe es bereits gesagt .. wir verwenden Maßnahmen nicht zu Bestrafungszwecken ... wir nutzen sie nur im Interesse der Operation. Vielleicht haben wir uns getäuscht ... vilelleicht hätten wir Gerstein töten sollen ..., aber jetzt sehe ich keinen Anlaß ...

R Acht: Wir werden abstimmen. Wer ist für eine Maßnahme? ... Danke .. und dagegen? ... Gut ... ich bin ganz einverstanden. Gerstein hat sich närrisch benommen, aber wir können durch seinen Tod nichts gewinnen ...

A Zwei: Aber was ist mit den betroffenen Regional Offizier?

A Acht: Da haben Sie recht. Er hätte diesen Fernsehmist unterbinden müssen. Er hat sich als sehr unzuverlässig erwiesen. Er hat versagt, böse versagt, und was noch schlimmer ist, der könnte uns wieder im Stich lassen. Der Mann ist fraglos ein Passivposten und ich schlage eine Maßnahme vor.

R Zwei: Ich ebenfalls.

R Acht: Dafür? ... Also einstimmig. Methode?

A Drei: Wie wäre es mit einem telepathischen Schlaf-Job ... vielleicht mit einem Gewehr ...

R Acht: Das scheint vernünftig ... es ist zu kurz nach Ballantine für einen weiteren Hot-Job ...

Da endete die Mitschrift. Was an Gerstein's Worten in der Sendung rief solche Bestürzung hervor? Diejenigen, die die Fernsehsendung gesehen haben, wissen es bereits. Im nächsten Abschnitt werden wir im Interesse der anderen sein Interview mit Simon Butler wortwörtlich wiedergeben.

Aber was ist das mit dem letzten Teil des Transkripts: "Telepathischer Schlaf-Job mit einem Gewehr"? Das war völlig unverständlich - damals. Erst später erhielten wir von Dr. Hugo Danningham eine mögliche Erklärung. Inzwischen waren wir an Überraschungen gewöhnt, aber Dr. Danningham's Erklärung war troztdem noch besonders alarmierend.

Abschnitt Zehn

Dr. Hugo Danningham hält an drei britischen Universitäten regelmässig Vorlesungen über Parapsychologie für Gehirnforschung. Er wurde am 23. September 1977 von Colin Benson in Brüssel für uns interviewt. Dieses Interview, das Benson mitgeschnitten hat, lieferte einen Einblick in die mögliche Bedeutung des Ausdrucks "telepathischer Schlaf-Job"

Anfang der sechziger Jahre, erklärte Danningham, wurden bei der Untersuchung der Parapsychologie an der Universität Kharkov und an der Universität Leningrad bedeutende Fortschritte erzielt - Fortschritte, von denen viele Experten befürchteten, sie würden in einem zukünftigen Konflikt zwischen Ost und West Anwendung finden.

Dazu gehörte die Telepathie, speziell das Eindringen in das Bewußtsein und seine Manipulierung aus der Ferne. Die möglichen militärischen Vorteile waren ganz offensichtlich. Feinde konnten buchstäblich von innen angegriffen und unterworfen werden. Wenn die telepathische Kraft stark genug war, konnten sie dazu veranlaßt werden, die Befehle ihrer Kommandeure zu mißachten und denen zu gehorchen, die direkt in ihr Bewußtsein eingestrahlt wurden. Sie würden dann wie ferngesteuerte Puppen reagieren.

Militärexperten im Westen begannen, voller Furcht vor den Vorteilen, die dies den Russen verschaffen konnte, mit intensiver Forschung über diese Art von Waffen. Und am Ende hatten beide Supermächte die Methode perfektioniert.

"Experimente haben gezeigt, daß Kinder sowie Vögel, Säugetiere und Angehörige von Naturvölkern meist empfänglicher für telepathische Botschaften und Anweisungen sind als die Mehrzahl der Erwachsenen in einer zivilisierten Gesellschaft," sagte Dr. Danningham.

"Das liegt daran, daß in dem Moment, wo die Intelligenz sich voll entwickelt hat und eine ungeheure Menge von Informationen gelernt worden ist, das Empfangen von anderen Bewußtseinsströmungen leicht zu geistiger Verwirrung führen könnte.

Daher hat das Bewußtsein des zivilisierten Menschen eine Schutzbarriere gegen Telepathie entwickelt. Diese Barriere kann sehr leicht durchdrungen werden, wenn seine Abwehr am Boden liegt - wenn ein Mensch zum Beispiel extrem müde ist oder unter großen emotionalem Streß steht. Und natürlich sind die Verteidigungsmechanismen des Bewußtseins nie entspannter als im Schlaf. Dann sind wir am verwundbarsten gegen eine telepathische Invasion - besonders wenn eine solche Invasion durch erfahrene Profis gesteuert würde.

"Das ist meine Vermutung nach die Erklärung hinter dem Ausdruck 'Schlaf-Job'."

Benson runzelte die Stirn und schüttelte völlig perplex den Kopf. "Entschuldigung ... ich verstehe nicht ganz ..."

Ein Schlafender kann Anweisungen erhalten, und unter günstigen Umständen wird er diesen Anweisungen folgen - auch wenn sie lauten, daß er sich töten soll ..."

"Du lieber Gott!" sagte Benson. Sie meinen, eine Art nachtwandlerischer Selbstmord! Das ist ja völlig phantastisch! Sie haben bestimmte Umstände erwähnt ... worin würden sie bestehen?"

"Für eine so dramatische Handlung wie Selbstzerstörung müßten mit hoher Wahrscheinlichkeit viele Faktoren synchronisiert werden," sagte Dr. Danningham.

"Zum Beispiel wäre es leichter, wenn das vorgesehene Opfer genau am richtigen Punkt seines Biorythmus wäre, was seine Psi-Sensibilität angeht und ..."

"Aber der Instinkt der Selbsterhaltung würde doch sicherlich alle Anweisungen, die zum Selbstmord führen würden, aufwiegen ... es sei denn, der Schläfer wollte sich sowieso umbringen ..."

Wenn die telepathischen Anweisungen schlau gemacht sind, stimmt das nicht," sagte Danningham. "Ich will Ihnen ein Beispiel geben:

"Stellen Sie sich vor, Sie wollen einen Mann töten, der, sagen wir, hoch oben in einem Wolkenkratzer wohnt. Sie werden diesem Mann nicht befehlen, sich umzubringen, indem er aus seinem Schlafzimmerfenster springt, denn - wie Sie ganz richtig sagten - sein Überlebensinstinkt wird höchstwahrscheinlich eingreifen und den Befehl zurückweisen.

"Also füttern Sie ihn mit falscher Information. Sie sagen ihm telepathisch, daß um sein Zimmer ein wildes Tier schleicht oder daß das Gebäude Feuer gefangen hat. Sie sagen ihm unter dem Fenster sei ein Sprungnetz gespannt, und zu seiner Rettung müsse er springen. So springt er in einem verzweifelten Versuch, zu überleben, - und bricht sich den Hals.

"Das kann natürlich auf alle möglichen Arten abgewandelt werden. Sie könnten zum Beispiel Ihr schlafendes Opfer davon überzeugen, daß auf seiner Brust eine Giftspinne sitzt, die er durchbohren und töten muß, bevor sie ihn tötet. Und so erdolcht er sich im Schlaf.

"Die Variationen sind fast unbegrenzt, mein lieber Mr. Benson. Wenn die telepathischen Botschaften Ihren Schläfer davon überzeugt hätten, er habe aus Versehen ein ätzendes Gift getrunken und nur ein Gegenmittel ein einer Flasche mit der Aufschrift Zyanid könne ihn retten ... nun, ich bin sicher, Sie verstehen, was ich meine."

"Und Sie sagen, solche Sachen passieren tatsächlich?"

Danningham schüttelte den Kopf. "Nein, das sage

ich überhaupt nicht. Ich sage Ihnen nur, was möglich ist. Die in meinem Arbeitsgebiet tätigen Männer haben das nötige Wissen, um solche Dinge geschehen zu lassen, aber ich kann mir niemanden vorstellen, der dieses Wissen wirklich anwendet."

Vielleicht hatte Dr. Danningham recht. Vielleicht hatten die Männer hinter Alternative 3 damals nachtwandlerischen Selbstmord noch nicht als Mordmethode eingesetzt. Wir haben allerdings Wochen damit verbracht, Zeitungsarchive in Amerika und England zu durchforsten und haben drei Fälle entdeckt, die zumindest ein Fragezeichen verdienen.

Montag, 2. Februar 1976. James Riggeford, 42, glücklich verheiratet und Vater dreier Kinder, verläßt kurz nach 3.00 Uhr in der Frühe sein an der Küste gelegenes Haus im Südwesten von Houston, Texas - zwei Tage nachdem er aufgehört hatte, als Einsatzleiter für die NASA zu arbeiten. Sein Körper, noch im Schlafanzug, wurde später aus dem Golf von Mexiko gefischt.

Dienstag, 7. September 1976. Rodger Marshall-Smith, ein einunddreißigijähriger Physiker, der kurz zuvor von einer zeitlich begrenzten Tätigkeit für die NASA in Amerika zurückgekehrt war, wohnte bei seinen Eltern in Winchenster, Hampshire. Sie fanden ihn kurz nach 1.00 Uhr - zwei Stunden, nachdem alle ins Bett gegangen waren - brennend im Treppenhaus. Er hatte offensichtlich im Schlaf seine Kleidung mit Terpentin übergossen und sich dann angezündet. Die Qual des Verbrennens hatte ihn geweckt, aber es war schon zu spät, um sein Leben zu retten.

Samstag, 15. Januar 1977. James Arthur Carmichael, 35, Raumfahrtechniker, stürzte auf unerklärliche Weise um 4.35 Uhr in der Frühe aus einem Hotelzimmer im sechzehnten Stock in Washington zu Tode. Freunde sagten, am vorhergehenden Abend habe er noch glücklich und normal gewirkt, und er war gegen Mitternacht ins Bett gegangen. Auch er trug seinen Schlafanzug.

Waren diese drei Männer Opfer eines "telepathischen Schlaf-Jobs"? Wir behaupten nicht, das zu wissen, aber wir empfinden die Vermutung als gerechtfertigt; die Möglichkeit kann nicht geleugnet werden. Und was ist mit dem "Regional Offizier", der im Transkript erwähnt wird? Die Antwort auf diese Frage sollten wir schließlich auf höchst unerwartete Weise erhalten.

Benson kehrte zum Produktionsbüro zurück, und Simon Butler kam ebenfalls zu Clements in das kleine Zimmer hinter Studio B. "Wie ist es mit Fergus gelaufen?" fragte er.

"Nicht gut," sagte Clements kläglich. "Er möchte Colin's Interview mit Grodin wegschmeißen.

Ganz eherlich, Simon, es sieht so aus, als ob die ganze Sache abgewürgt wird ... außer vielleicht, Sie können mehr aus Gerstein rausquetschen."

"Sie meinen Alternative 3?"

Clements nickte. "Darum scheint sich alles zu drehen," sagte er. "Gerstein weiß offensichtlich Bescheid. Oder er kennt zumindest die Theorie ..."

"Wissen heißt noch lange nicht reden." Butler erinnerte sich noch gut, wie er einen Sherry erhalten hatte, als er endlich eine Antwort gewollt hatte. "Als ich ihn im März besuchte, war er ziemlich deutlich. Er wollte einfach nichts davon wissen ..."

"Versuchen Sie's nochmal," drängte Clements.

"Erzählen Sie ihm alles, was Sie wissen ... was wir von Grodin und Broadbent haben ... erzählen Sie ihm alles ... und dann sehen Sie zu, ob Sie ihn überreden können."

"Na gut," sagte Butler. "Ich will es versuchen ..."

Zwei Tage spaäter war er wieder in dem bücherumsäumten Arbeitszimmer in Cambridge. Und zu seiner

Überraschung erklärte sich Gerstein schließlich bereit, über Alternative 3 zu sprechen. Zuerst war Gerstein sehr auf der Hut und sehr widerstrebend, aber er hörte sich höflich alles an, was Butler zu sagen hatte. "Ihr habt eure Hausaufgaben wirklich gründlich gemacht," bemerkte er anerkennend. Er entzündete seine Pfeife neu und starrte nachdenklich auf den Schreibtisch." "Ich sehe eigentlich keinen Grund mehr, Ihnen nicht zu erzählen, was ich weiß ..."

Hier ist ein Transkript des im Fernsehen ausgestrahlten Interviews, das nun folgte:

Gerstein: Alternative 1 und Alternative 2 kennen Sie bereits - und sie wurden abgelehnt. Nun ... Alternative 3 bot eine begrenztere Option - einen Versuch, das Überleben wenigstens eines kleinen Teils der menschlichen Rasse zu sichern. Bedenken Sie, wir waren Theoretiker, keine Techniker ... aber uns war klar, daß wir über eine Art von Raumfahrt sprachen, die - vor zwanzig Jahren - nur Science Fiction zu sein schien.

Butler: Sie meinen ... die Flucht auf einen anderen Planeten?

Gerstein: Ich meine, so schnell wie möglich von diesem hier herunterzukommen - solange noch Zeit dazu war! Ich hatte keine Idee, ob es durchgeführt werden könnte oder würde. Und das weiß ich nach wie vor nicht.

Butler: Hatten Sie Vorstellungen davon, wer fortgehen würde?

Gerstein: Ich weiß noch, daß wir darüber diskutiert haben, welche Art von Menschen wir gerne weggehen sehen würden ... ein Gleichgewicht zwischen Naturwissenschaftlern und Künstlern natürlich und wirklich soweit wie möglich alle Aspekte der menschlichen Kultur ... die Liste würde besser sein als nichts.

Butler: Und diese Leute ... was dachte man, wohin

sie gehen könnten?

Gerstein: Tja, ja das war genau die große Frage.

Es gibt ungefähr 100'000 Millionen Sterne in der Milchstraße - ungefähr genausoviel, wie jemals Menschen auf der Erde gelebt haben - und schon 1950 hat Fred Hoyle geschätzt, daß mehr als eine Million dieser Sterne Planeten haben, auf denen menschliches Leben möglich war ...

Butler: Es war also wirklich ganz vage und theoretisch?

Gerstein: 1957 ... zur Zeit der Konferrenz in Huntsville ... ja. Aber seit damals hat sich die Lage beträchtlich verändert. Heute scheint die klarste Möglichkeit der Mars zu sein ...

Butler: Der Mars!

Gerstein: Ja, ich kann mir vorstellen, wie die Fernsehzuschauer die Stirn runzeln, weil die meisten Menschen denken, daß auf dem Mars kleine grüne Männchen leben, denen Antennen aus dem Kopf gucken ... aber wissenschaftlich mußten wir unsere Ansichten über den Mars mehr als einmal berichtigen.

In den frühen Tagen der Astronomie glaubte man, daß es auf dem Mars künstlich gebaute Kanäle gäbe - das wurde als Beweis für die Existenz von intelligentem Leben auf dem Planeten angesehen. Später verlor diese Theorie an Glaubwürdigkeit. Statt dessen entstand der Eindruck eines wüsten, unwirtlichen Planeten, der keine Art von Leben beherbergen konnte.

Dann, in jüngerer Zeit, kam eine interessante Idee auf: Angenommen, es hätte einmal Leben auf dem Mars gegeben ...

Als sich das Klima und die Bedingungen verschlechterten, hätte dieses ursprünglich vorhandene Leben die Fähigkeit zu einer Art Winterschlaf entwickeln können, in dem die Lebewesen auf die Rückkehr günstigerer Bedingungen warteten. Es hat Vermutungen gegeben, daß die Atmosphäre, in der Leben möglich war, vielleicht im Boden des Planeten eingeschlossen ist.

Vor mehreren Jahren ist etwas geschehen, was diese Theorie sehr überzeugend gemacht hat. Der Mars war immer von Wolken bedeckt, die zu verschiedenen Zeiten unterschiedlich dick waren. Zu der Zeit, von der ich spreche, verdickten sich die Wolken so sehr, wie es noch nie beobachtet worden war. Das geschah 1961 und wurde auch mit wissenschaftlichen Methoden aufgezeichnet.

Es war offensichtlich, daß auf dem Mars Stürme ungeheuren Ausmaßes stattfanden. Nun ... das ist das eigentlich Interessante ... als die Wolken sich schließlich verzogen, waren bemerkenswerte Veränderungen zu sehen. Die polaren Eiskappen waren wesentlich kleiner geworden, und um die Äquatorregion war ein breites Band von dunklerer Farbe aufgetaucht. Man hat vermutet, daß es sich dabei um Vegetation handeln könnte.

Gerstein: Auf einer Konferenz, die kurz vor diesem Ereignis stattfand, schlug ich eine Theorie vor.

Ich sagte, wenn die Atmosphäre des Mars tatsächlich in den obersten Bodenschichten eingeschlossen wäre, könnte man sie mit einer kontrollierten Kernexplosion eventuell freisetzen - und natürlich alles Leben, was sich im Winterschlaf befand, aufwecken. Ich machte auch einen kleinen Scherz ... das einzige Problem sei, die Explosion rechtzeitig auslösen, bevor sie selbst dort ankämen. Im selben Jahr erlebten die Russen ein großes Raumfahrt-Desaster. Das war 1959. Nur die dürren Fakten sind aufgezeichnet, der Rest wurde geheimgehalten. Eine Rakete explodierte beim Start. Eine Anzahl von Menschen kam um, und das ganze Gebiet wurde verwüstet ... Was wollten sie dort starten lassen? Und hatten sie letzten Endes Erfolg damit?

Trug diese Rakete einen atomaren Sprengkörper, der

für die verursachten Verwüstungen verantwortlich war? Eine Atombombe, die bei einem zweiten Versuch vielleicht die Oberfläche des Mars erreicht hatte und dort die 1961 festgestellten dynamischen Veränderungen verursacht haben könnte?

Der plötzliche Ausbruch von Stürmen auf dem Mars, das Schwinden der Eiskappen, das Wachstum von etwas, was wie tropische Vegetation aussieht ... all dies ist belegte wissenschaftliche Tatsache.

In der Fernsehsendung endete das Interview an diesem Punkt. Die Originalfassung vor der Überarbeitung enthielt diesen zusäzlichen Wortwechsel:

Butler: Aber ich verstehe das nicht ... die Bilder, die Viking 2 vom Mars geliefert hat ... sie zeigten nicht viel mehr als eine Ebene aus roten Felsen ... ein Terrain, das wenig Aussicht auf Übrleben zu bieten schien ...

Gerstein: Ich gebe nicht vor, das zu verstehen. Aber wie Sie mir bereits erzählt haben, scheint eine Art Vertuschung abzulaufen. Vielleicht sollten Sie darüber mit jemanden sprechen, der in diesen Dingen besser vertraut ist ... der genau Bescheid weiß über die modernen Entwicklungen in der Raumfahrt ...

Butler: Ja ... vielleicht kann Charles Welbourne uns hier helfen. Aber ich möchte noch über einen anderen Aspekt mit Ihnen sprechen, Dr. Gerstein, und zwar über Tiere, Vögel, Insekten und so weiter. Es ist alles gut und schön, Menschen für ein neues Leben auf einen anderen Planeten zu transportieren, aber wieviel von seiner lebendigen Umgebung kann oder sollte er mitnehmen?

Gerstein: Dafür sollten Sie sich an einen Biologen wenden. Stephen Manderson ... Prossor Stephen Manderson ... er war auch in Huntsville, und er ist ein einzigartig angenehmer Mann ... sehr zugänglich.

Butler telefonierte von Cambridge aus mit Clements, und Clements wies Terry Dickson an, die nötigen Verabredungen mit Manderson zu treffen. Am nächsten Tag interviewte Kate White ihn in seinem Haus in Reigate in Surrey. Das Interview verlief gut, aber wie Sie sich vielleicht erinnern werden, wurde es in der Science Report-Sendung nicht gezeigt. Clements hat erklärt, daß er gezwungen war, es wegzulassen, weil seine Sendezeit trotz seiner Bitten stark beschränkt war. Die Nachrichtensendung 'News at Ten' von ITN, die dieser Ausgabe des Science Report folgen sollte, konnte nicht verschoben werden. Und Harman hatte ihm gesagt, er könne nach den Nachrichten nicht weitermachen, weil der Rest des Abends für Sendungen von anderen Fernsehgesellschaften reserviert war.

Wir sind der Ansicht, daß in diesem Fall eine Ausnahme in der strengen Programmplanung von ITV hätte gemacht werden sollen. Manderson's Ansichten waren faszinierend und paßten genau ins Bild.

"Die Vorstellung der Bibel, von jedem Wesen ein Paar in die Arche zu nehmen ... wäre in diesem Zusammenhang unmöglich und unvernünftig," sagte er. "Der Mensch ist im wesentlichen ein selbstsüchtiges Geschöpf. Daran ist nicht viel auszusetzen, denn ein gewisser Grad an Selbstbezogenheit ist zum Überleben notwendig.

"Wir essen andere Lebewesen, stellen Kleidung und Kosmetik aus ihnen her und nutzen sie auf alle mögliche Weise. In dieser Operation Alternative 3 - wenn es sie denn gibt - wäre es sicher logisch, nur Lebewesen auszuwählen, die wir wirklich mitnehmen wollen.

"Würden wir zum Beispiel Ratten und Moskitos mitnehmen wollen? Natürlich nicht! Wir hätten die Gelegenheit, uns eine ideale Umgebung zu schaffen, und zum allerersten Mal wären wir in der Lage auszuwählen, welche Geschöpfe diese Umgebung mit uns teilen sollten. Es wäre eine wunderbare Chance.

“Lassen Sie sich nicht von den Umweltschützern zum Narren halten, denn sie reden manchmal völligen Blödsinn. Bedrohte Arten! Den Ausdruck lieben sie ja nun, nicht wahr? Sie führen ihn so gläubig im Mund, als hätten sie ihn direkt aus einem der Evangelien entnommen.

Aber denken Sie an die Arten, ohne die wir sehr gut auskommen könnten. Stare ... Krähen ... Motten ...Fadenwürmer, die bei Kartoffeln und Zuckerrüben so große Schäden anrichten ... was können uns solche Tiere bedeuten?

“Ist Ihnen klar, daß bereits Millionen Insektenarten klassifiziert sind und daß aufgrund der gegenwärtigen Geschwindigkeit der Insektenevolution die vollständige Klassifizierung nie abgeschlossen sein wird!

“Und bedenken Sie, welchen Schaden diese Tiere anrichten! Allein in Indien verbrauchen die Insekten jedes Jahr mehr Nahrung als neun Millionen Menschen - und das in einem Land, wo in vielen Regionen Hunger herrscht.

“Nein ... die kann man dalassen, und mögen sie zugrunde gehen. Der Mensch braucht sie nicht ...”

Kate White unterbrach: “Aber es sind doch auch die geringsten Geschöpfe für den Menschen nützlich. Regenwürmer, zum Beispiel, belüften den Boden und ...”

“Regenwürmer müßten wie jede andere Spezies in angemesser Weise auf ihre Nützlichkeit überprüft werden,” sagte Manderson forsch. “Taschenratten könnten sich vieleicht als viel wirksamer erweisen. In den kanadischen Ebenen erfüllen sie exakt dieselbe Funktion wie Regenwürmer. Dort gibt es in vielen Bereichen keine Würmer, und die Taschenratte verwandelt abgestorbene Pflanzenteile in reichen Humus ... nein, wie ich schon sagte, jeder Einzelfall würde wissenschaftlich untersucht werden müssen."

"Aber was ist mit den Tieren, die wir heute im Zoo halten? Zum Beispiel Löwen und Giraffen und Elefanten?"

Manderson schien von ihrer Naivität überrascht. "Nun, was ist mit ihnen? Es wäre nicht sehr ökonomisch, sie zu einem anderen Planeten zu schaffen - sogar wenn es Transportmöglichkeiten gäbe. Sie müssen sterben, und ehrlich gesagt, das ist doch ganz gleich.

"Ich bitte Sie, Miss White, versinken Sie nicht in Sentimentalität. Das ist zwar Mode, aber es bringt überhaupt nichts.

"Dinosaurier haben ungefähr hundert Millionen Jahre auf der Erde überlebt - fünfzig Mal so lange, wie es den Menschen gibt - aber die Welt kommt sehr gut ohne sie aus. Und das Gleiche gilt für zahllose andere Lebewesen. Wie viele Menschen, meinen Sie, haben jemals um die Dinomys getrauert?"

"Dinomys? Entschuldigung ... ich verstehe nicht ganz ..."

"Genau! Sie sind eine gebildete junge Dame, haben aber noch nie von ihnen gehört, oder? Dinomys ... rattenähnliche Geschöpfe, die so groß wurden wie Kälber ... sie gediehen in Südamerika. Eisbären und Strauße ... mit ihnen wird es eines Tages genauso sein ... die Menschen werden ein dummes Gesicht machen so wie Sie gerade, wenn die Namen dieser Tiere erwähnt werden."

Er lächelte und fuhr sich mit den Fingern durch das Haar. "Ich könnte Ihnen noch beliebig viele Beispiele nennen - nur um Ihnen zu zeigen, wie beschränkt der konventionelle Standpunkt eigentlich ist ..."

"Aber Geschöpfe wie Bären ... sie wirken so, na ja, so dauerhaft ..."

"Das tat das Onactornis auch."

"Onactornis?"

"Fleischfressender Vogel ... zweieinhalb Meter hoch ... konnte nicht fliegen, terrorisierte aber viele Millionen Jahre lang kleinere Lebewesen."

Kate White wollte das Interview gern in positivere Bahnen lenken. Sie wußte, daß Clements es ihr kaum danken würde, wenn so viele Filmmeter für eine philosophische Diskussion über prähistorische Ungeheuer draufgingen. Das war ihrer Erfahrung nach eine der Schwierigkeiten mit Experten. Ihre Klugheit riß sie oft mit sich fort. Sie zeigten gerne, wieviel sie wußten. "Aber wenn man annimmt, daß die Grundidee stimmt und Menschen den Mars kolonisieren, müßten sie nicht bei der Einrichtung einer ganz neuen Welt völlig von vorne anfangen? Und wäre das nicht eine fast unbezwingbare Aufgabe?"

"Nicht, wenn man etwas von den Tatsachen des Lebens versteht," sagte Manderson. "Sie haben natürlich von den Experimenten gehört, die zur Erschaffung der Retortenbabys geführt haben ..."

"Ja, aber ..."

"Ist Ihnen auch klar, daß in ein einziges Hühnerei genug weibliche Eier passen würden, um die gesamte nächste Generation der menschlichen Rasse hervorzubringen?"

"Du liebe Güte! Ich hatte keine Ahnung."

"Und die gleiche praktische Kompaktheit, Miss White, gilt für andere Lebewesen. Ein Kabeljauweibchen, zum Beispiel, kann bei einem einzigen Laichvorgang bis zu sechs Millionen Eier legen. Glücklicherweise werden die meisten dieser Eier zerstört, bevor sie sich zu Fischen entwickeln ... sonst hätten wir keinen Platz mehr, um auch nur einen Zeh ins Wasser zu tauchen. Wenn sie alle überlebt hätten, wäre unsere Welt inzwischen vollständig zu Kabeljau geworden - und sie könnten alle überleben, wenn sie unter den richtigen Bedingungen gehalten würden.

“Vor noch gar nicht so langer Zeit wurde ein Hechtdorsch gefangen, der mehr als 28 Millionen Eier in sich barg! Sie können daraus erkennen, wie leicht es wäre, eventuelle Meere auf dem Mars zu beschicken ...”

“Vorausgesetzt, in diesen Meeren gibt es nicht schon etwas.”

“Das stimmt - und nach allem, was wir wissen, könnte dort durchaus etwas sein.”

“Aber was wäre, wenn winzige Wesen in den Marsozeanen - der auch auf dem Land - schädlich oder eine Plage für den Menschen wären?”

Dann müßten wir die Ökologie aus eigener Kraft zu unsernen Gunsten ins Gleichgewicht bringen. Wissen Sie, das ist schon oft genug geschehen. Spatzen, zum Beispiel, wurden Mitte des neunzehnten Jahrhunderts nach New York gebracht - einfach damit sie auch auf Baumschädlinge losgehen ...”

“Aber bringt das nicht automatisch wieder andere Probleme? Was ist mit den Lebenswesen, die auf dem Körper der Tiere leben, die Sie einführen, um dieses ökologische Gleichgewicht herzustellen?” Sie machte eine Pause und versuchte ein gutes Beispiel zu finden. Sie war inszwischen zu dem Schluß gekommen, daß Manderson ein kalter und unangenehmer Mann war. Ihm schien Seele zu fehlen und sie konnte der Versuchung nicht widerstehen, ihn wenigstens ein bißchen zu reizen. “Igel zum Beispiel!” sagte sie schießlich triumphierend.

“Ich bitte um Verzeihung?”

“Igel,” wiederholte sie. “Ich habe irgendwo gehört, daß sie Entzungssymptome bekommen und ganz neurotisch werden, wenn man ihnen ihre Flöhe wegnimmt ...”

Manderson lächelte überheblich. “Tut mir leid,” sagte er. “Ich kann nicht behaupten, viel von neurotischen

Igeln zu verstehen und ich habe das Gefühl, wir kommen vom Thema ab. Kann ich Ihnen sonst noch irgendwie weiterhelfen?"

"Eine letzte Frage. In dieser neuen Welt - wie sie für Sie aussieht, Professor Mandersen - gibt es dort Raum für Lebewesen, an denen die Menschen einfach nur Freude haben .. zum Beispiel Eichhörnchen und Nachtigallen?"

"Nicht, solange ihr Produktivitätswert nicht bewiesen wäre," sagte Manderson. "Dafür wäre überhaupt kein Platz."

Wissen Sie," sagte Kate. "Ich finde das sehr, sehr traurig."

Charles Welbourne, der vor laufender Kamera von Cilon Benson interviewt wurde, war ebenfalls der Ansicht, daß es einen offenen Gegensatz zwischen Gerstein's Beschreibung des Mars und den von der NASA freigegebenen Bildern gab.

"Es haben sich schon viele Menschen gewundert, warum die NASA anscheinend so gereizt ist, was ihr Budget für Fotos angeht," sagte er. "Besonders wenn Sie bedenken, wie wichtig diese Bilder anscheinend sind."

Warum sollten die Menschen sich darüber wundern?" warf Benson ein.

Welbourne wies auf ein vergrößertes Foto von "vertrautem" Marsgelände, das in seinem Arbeitszimmer an der Wand hing. "Dieses Bild hier sagt mir schon fast alles," sagte er. "Sie erzählen uns, daß sie ungeheuer viel Geld ausgeben, um eine Sonde auf den Mars zu schicken, und was tun sie dann? Sie statten diese Sonde, ich bitte Sie, mit einer Kamera aus, die nur bis einhundert Meter fokussieren kann. Und das ist, wie einmal jemand bemerkt hat, etwa die Größe eines großen Filmstudios.

"Es ergibt einfach keinen Sinn. Wenn sie wirklich gute Bilder vom Mars gewollt hätten, hätten sie die

Sonde mit einem wesentlich besseren Kamerasystem ausgestattet. Es gibt besseres Kameras - täuschen Sie sich nicht - aber die, mit der sie gearbeitet haben ... nun. es sieht so aus als wären der ganzen Mission bewußt Scheuklappen aufgesetzt worden."

"Sie meinen, sie waren entschlossen, uns nur das sehen zu lassen, was sie uns sehen lassen wollten?"

Das könnte gut sein. Sie müssen bedenken, daß alle Bilder, die wir erhalten, über die NASA laufen - sie werden nur von dort weitergegeben. Wenn sie uns sagen, das ist der Mars ... na gut, wir müssen es ihnen glauben.

"Mit Geräuschen ist es natürlich genauso. Damit meine ich, wir hören nicht alles, was zwischen der Bodenkontrolle und dem Raumschiff gesprochen wird. Es gibt einen zweiten Kanal. Sie nennen ihn den biologischen Kanal ...

"Darüber haben wir bereits ein bißchen von Otto Binder erfahren," sagte Benson.

"Sicher, Binder, der frühere NASA-Mann ... ich erinnere mich, daß er nach Apollo 11 den Krempel hinschmiß ... nun, dieser biologische Kanal ist offiziell nur dafür da, um über medizinische Details zu sprechen. In Wirklichkeit schalten sie sich natürlich immer dann auf diesen Kanal, wenn sie etwas zu sagen haben, was nicht die ganze Welt hören soll ..."

Welbourne machte eine Pause und blickte nachdenklich auf das Bild vom Mars. "Ich habe nun gerade eine verrückte Idee," sagte er. "Was wäre, wenn dieses Bild gar nicht vom Mars stammt? Schauen sie es sich genau an ... finden Sie nicht auch, daß es auch in irgendeinem Studio in Burbank hätte geschossen werden können?"

Wir sollten betonen, daß wir Welbourne nichts von den anderen Bildern erzählt hatten, von denen wir wußten, daß sie in einem Studio gestellt waren - die Bilder von Leuten wie Brian Pendlebury, die ein

Bestandteil der Beruhigungsmaßnahmen waren.

Er hatte keine Ahnung, wie sehr er mit seinem verrückten Gedanken ins Schwarze getroffen hatte.

Der Beweis kam unerwartet. Er kam von Harry Carmell's Freundin Wendy - die damals Benson und sein Team aus dem abbruchreifen Haus in Lambeth geworfen hatte.

Und Wendy hatte große Angst.

Abschnitt Elf

Wendy war, seitdem Harry verschwunden war, nicht mehr in das Haus in Lambeth zurückgekehrt. Als sie damals mit dem Verband und dem Antiseptikum zurückkam und ihr klar wurde, daß Harry fort war, hatte sie Panik bekommen und war geflohen. Er konnte es nicht alleine geschafft haben, die Wohnung zu verlassen, nicht in seinem Zustand, also hatte ihn wohl jemand mitgenommen.

Offensichtlich hatten sie ihn gefunden - diese geheimnisvollen Männer, von denen er geschworen hatte, daß sie entschlossen waren, ihn umzubringen, und damals wußte sie im tiefsten Innersten, daß sie ihn nie wiedersehen würde.

Sie mußte fort. Weit fort. Sie mußte sich verstecken. Sonst würde man auch sie finden und umbringen. Eine Stunde später trampte sie nach Birmingham. Der Laster, der sie mitnahm, fuhr zufällig dorthin. Und es schien ziemlich weit von London weg zu sein. In Birmingham würden sie Wendy nicht aufspüren.

Aber sie hatte es nicht darauf ankommen lassen.

Sie war ständig auf Achse geblieben und hatte immer nur ein paar Nächte am gleichen Ort geschlafen, denn sie fürchtete, daß sie irgendwann auftauchen und sie genauso fangen würden wie Harry. Sie hat uns auch gesagt, daß sie Schuldgefühle empfand. Sie hatte das Gefühl, Harry im Stich gelassen zu haben. Denn sie dachte ständig an dieses kleine Kästchen, das ihm so wichtig gewesen war und das er unter den Dielenbrettern in dem alten Haus versteckt hatte. Sie wußte, daß sie es hätte mitnehmen sollen. Bei ihrem überstürzten Aufbruch hatte sie es vergessen, aber Harry hatte so verzweifelt versucht, es den Fernsehleuten in die Hände zu spielen. Es enthielt, so hatte er ihr gesagt, den Schlüssel für etwas Wichtiges ...

für irgendeinen Film von diesem toten Ballantine. Sie wußte, dieses Kästchen mußte sie irgendwie zu diesem Farbigen namens Benson kriegen. Sie mußte das tun, denn Harry war gut zu ihr gewesen, und sie verdankte ihn viel. Aber jetzt bedeutete es, daß sie zu dem Haus zurückkehren mußte. Und sie fürchtete sich, in Gefahr zu geraten ...

Endlich, am Donnerstag, 9. Juni, entschloß sie sich. Sie fuhr mit dem Zug nach London und mit dem Bus quer durch die Stadt. Um 15.30 Uhr war sie bei der Hausnummer 88 - und schritt zwischen den Pfeilern hindurch, an denen einst das Tor gehangen hatte.

Im Vorgarten lag kein Müll mehr, und die Bretter in den Fenstern waren durch Glas ersetzt. Auch sonst war versucht worden, das Reihenhaus hübscher zu machen und instand zu setzen. Die Stufen am Ende des gesäuberten Weges waren frisch gewischt und die Tür, die nur angelehnt war, war frisch in leuchtendem Kanariengelb gestrichen.

Alle anderen Häuser in der Umgebung sahen genauso aus, wie Wendy sie in Erinnerung hatte, aber Nummer 88 war völlig verändert. Dieses Haus war dem Zerfall entrissen worden.

Durch die Fenster im Erdgeschoß sah Wendy eine Gruppe junger Leute - alle um die zwanzig - die schweigend mit geschlossenene Augen in einem Kreis knieten.

Wendy zögerte, ängstlich und enttäuscht. Sie hatte erwartet, das Haus leer vorzufinden, so wie es gewesen war, als sie und Harry es im Februar gefunden hatten. Sie hatte vorgehabt, einfach hineinzugehen, schnell in den ersten Stock in den Raum mit den losen Dielenbrettern, und dann mit dem Kästchen ungesehen wieder fortzueilen. Das war nun nicht möglich ...

Die jungen Leute knieten immer noch wie in Trance, offensichtlich mit einer gemeinsamen Meditation beschäftigt. Sie würden sie vielleicht nicht bemerken, dachte Wendy, wenn sie leise und schnell genug war. Andererseits waren in den anderen Räumen vielleicht noch mehr solcher Leute - vielleicht auch in dem Raum, wo Harry das Kästchen versteckt hatte ...

Sie klopfte an die Tür - zunächst zögernd und dann kräftiger.

Über den Dielenboden des Flures näherten sich Schritte. Dann wurde die Tür von einem großen und unglaublich hageren Mann mit langen Haaren und einem zerzausten Rauschebart geöffnet. Er war barfuß und trug verwaschene Jeans, die mit geblümtem Gardinenstoff geflickt waren. Seine Augen - dunkel und tiefliegend und mit wilder Intensität glühend - waren merkwürdig beunruhingend, und er war älter als die Leute im Meditationsraum. Mitte dreißig vielleicht oder sogar an die vierzig.

“Guten Tag, Schwester,” sagte er. “Jesus liebt dich.” Seine Stimme war klangvoll, und dem Akzent nach kam er deutlich aus dem Londoner Osten.

“Wer sind Sie?” fragte Wendy.

“Eliphaz,” erwiderte er würdevoll. “Eliphaz der Temanite.”

“Schauen Sie ... ich habe hier gewohnt ... vor ein paar Monaten habe ich hier gewohnt, und habe etwas wichtiges hiergelassen ...”

“Das einzige, was wirklich wichtig ist, ist Jesus. Wohnt er in deinem Herzen? Er wartet - Er wartet darauf, daß du Ihn einlädst ...”

“Also habe ich mir gedacht, ich könnte vielleicht mal eben reinkommen und es holen ...”

Der Mann trat zurück und bedeutete ihr zu folgen. Zum ersten Mal bemerkte Wendy, daß er eine kleine Bibel in der Hand hielt. “Hier im Tempel ist jeder willkommen,” sagte er.

Wendy fragte sich, ob dies eine Falle sein könnte. Harry hatte ihr nie erzählt, wie sie aussahen. Konnte dieser merkwürdige Typ - dieser Eliphaz oder wie er sich nannte - einer von ihnen sein? Fragen rasten ihr durch das Hirn. Würde sie, wenn sie eintrat, so verschwinden wie Harry?

Sie spürte einen mächtigen Drang, wegzulaufen und das ganze zu vergessen. Warum sollte sie sich weiter in Gefahr begeben ... sie war wirklich nicht dafür verantwortlich ...

"Komm herein ... Jesus ist hier," sagte der Mann ermutigend. "Und du brauchst Jesus."

Wendy wies auf die jungen Leute, die immer noch schweigend in ihrem Kreis knieten. "Was tun die da drin?" fragte sie. "Ihr alle ... wer seid ihr?"

"Wir sind die Kinder der Himmlischen Liebe," sagte der Mann "Wir waren Sünder und wir lebten in den Banden des Fleisches, aber Jesus Christus, der größte Revolutionär der Welt, ist in unsere Herzen eingetreten und hat uns von der Sünde gerettet." Er schloß die Augen, verzog sein Gesicht schmerzlich und hob die Bibel empor. "Dank Dir, oh Dank Dir, Herr Jesus," sagt er. Er öffnete die Augen, lächelte und streckte einladend die Hand aus.

"Eliphaz ..." sagte Wendy. "Ist das dein richtiger Name?"

"Er wurde zu meinem Namen, als ich in die Liebe Christi eintrat," sagte er. "Bevor ich den Herren fand, hieß ich Jack - Jack Perkins. Aber nun bin ich gerettet und das alte Ich, das böse Ich, ist für immer fort ..."

Nein, entschied sie, er machte ihr nichts vor. Niemand konnte so schauspielen. Es sei denn, er wäre ein Michael Caine. Dieser hier mußte ein echter Jesus-Freak sein ...

"Dieses Ding, von dem ich gesprochen habe," sagte

sie. “Ich habe es oben gelassen ... unter den Dielenbrettern, sicherheitshalber ...”

Du bist herzlich willkommen,” sagte der Mann. “Hier im Tempel möchten wir nichts behalten, was anderen gehört.”

Sie folgt ihm durch den Flur und die Treppe hinauf. Und sie war überrascht über die Verwandlung. Das ganze Haus war gesäubert worden, und die Wände waren frisch gestrichen. Das gesamte Gebäude verströmte eine merkwürdige Atmosphäre der Ruhe.

Alle drei Türen aud dem Treppenaufsatz standen offen. Wendy zeigte auf den vorderen Raum. “Da drin,” sagte sie. “Der Mann blieb stehen und legte ihr die Hand auf den Arm. “Ich habe vergessen, dich zu fragen, wie du heißt.”

Sofort schöpfte sie wieder Verdacht. “Warum mußt du das wissen?”

Er lächelte und schüttelte traurig den Kopf. “In dir ist Furcht, Schwester. Du solltest den Herren annehmen und dir von ihm helfen lassen ...”

“Warum ist mein Name wichtig?” beharrte Wendy. “Das Lächeln vertiefte sich. “Damit ich dich meinen Brüdern vorstellen kann,” sagte er. “Sie erwarten, daß ich dich vorstelle.”

Jetzt erst bemerkte Wendy, daß sich in dem Raum zwei junge Männer befanden. Beide waren schätzungsweise um die Achtzehn und ähnlich gekleidet wie Eliphaz. Es gab keine Möbel, sogar das alte Sofa war fort, und die beiden saßen auf den blanken Dielen. Sie lasen in ihren Bibeln und formten stumm Worte mit den Lippen, als wollten sie etwas auswendig lernen.

“Wendy,” sagte sie ruhig. “Mein Name ist Wendy.”

Beide Jungen schauten sofort auf und sprangen auf die Füße. Sie lächelten breit und gewinnend.

“Das ist Wendy,” sagte Eliphaz. Er nahm Wendy am

Ellenbogen und geleitete sie mit festem Griff in den Raum. “Das hier ist Lazarus, ein Bruder aus Amerika” sagte er. “Und unser Freund hier hieß früher Arthur. Aber jetzt ist er vom Geist erfüllt und zu Canaan geworden. Canaan der Rechabite.”

“Jesus liebt dich, Wendy,” sagte Lazarus höflich. “Preise den Herrn!” Er sprach im warmen und gemütlichen Akzent der Südstaaten. Auf seinem rechten Handgelenk war das Wort “Liebe” eintätowiert. Eine entsprechende Tätowierung auf dem linken Handgelenk lautete “Haß”.

“Ja, Jesus liebt dich ganz gewiß,” sagte Arthur, der zu Canaan geworden war. Wendy hörte sofort, daß er aus Birmingham stammte.

Sie starrten sie an und warteten nun darauf, daß sie etwas sagte. angesichts ihrer ernsten Würde fühlte Wendy sich ziemlich unbehaglich. “Vielen Dank,” sagte sie. Es klang lächerlich unpassend, und ein verlegenes Schweigen folgte. Sie zeigte auf den Teil des Fußbodens, wo das Sofa gestanden hatte und wandte sich an Eliphaz den Temaniten. “Es muß hier sein,” sagte sie. “Unter den losen Brettern.”

Er nickte. “Brauchst du Hilfe?”

“Nein ... nein, vielen Dank ... ich schaffe es schon.”

Sie schauten zu, während sie sich auf die Knie niederließ und versuchte, eines der Bretter loszuzerren.

“Wendy ... kennst du Jesus?” Lazarus fragte ganz beiläufig. Er hätte auch nach dem Wetter fragen können.

“Klar.” Sie war mit ihrer Arbeit beschäftigt und blickte nicht auf. “Klar kenne ich Ihn.” Das Brett saß fester, als sie gedacht hatte.

“Ich meine, kennst du Ihn wirklich,” sagte Lazarus eindringlicher. “Es gibt jede Menge Laffen draußen in der Welt des Systems, und sie haben herrliche Kirchen und so weiter und denken, daß sie Jesus kennen, aber sich würden Ihn nicht erkennen, wenn Er sie auf der Straße anhielte ...”

Das Brett hob sich nun vom Boden. Wendy zwängte ihre Finger darunter und fing an zu zerren.

“Ich sag dir ... Er war ein ungewaschener langhaariger Hippie aus den Slums von Galiläa ... aber du mußt mir glauben, daß war ein echter Typ,” sagte Lazarus. “Und das ist Er immer noch ...”

Mit lautem Krachen brach das Brett aus den Nägeln, und Wendy spähte in die Finsternis. Sie steckte eine Hand hinein und tastete. Nichts. Sie mußte das falsche Brett hochgehoben haben.

“ ...ja, Er ist heute bei uns ... Er ist hier im Raum ... und ich sage es dir, Er pustet dir das Bewußtsein durch!”

Vielleicht war es ein bißchen näher am Fenster. Ja, jetzt wo sie darüber nachdachte, war das Fenster ganau hinter dem Sofa gewesen. Sie ging durch den Raum und fing noch einmal an.

“Er ist der ultimative Trip, Wendy ... und jetzt willst du mit ihm ins Reine kommen, weil nicht mehr viel Zeit ist ...”

Dieses Brett saß viel lockerer. Sie wackelte ein bißchen, um besser zugreifen zu können, und hob es dann an.

“ ...steht alles hier in der Bibel ... wie die sieben Schalen des Zornes von Gott über die Völker ausgegossen werden ...”

Da war es! Sie griff nach dem Kästchen und sprang auf die Füße. “Vielen Dank,” sagte sie. “Es tut mir leid, daß ich euch gestört habe.”

Eliphaz, das sah sie jetzt, hatte sich genau zwischen sie und die Tür gestellt. Sein Gesicht zeigte kalte Entschlossenheit, und er hatte die Arme über der Brust verschänkt. “Dieses Kästchen gehört dir, und alles, was drin ist, auch ... aber ich muß dich etwas fragen,” sagte er.

"Sind da Drogen drin?"

Plötzlich wirkte er noch größer als vorher. Größer und viel mächtiger. Und ihre alten Ängste vor ihnen überflüteten sie von neuem. Sie war dumm gewesen, hierher zurückzukehren ...

Lazarus und Canaan der Rechabite schienen sich ihr von jeder Seite zu nähern, und ihr Magen verkrampfte sich vor Angst. "Ich muß jetzt gehen." Sie versuchte ihre Stimme unter Kontrolle zu behalten, damit sie nicht zu schrill klang. "Bitte laßt mich gehen."

Es steht alles hier in der Offenbarung." Lazarus schien nicht zu merken, was im Raum vor sich ging. Er war völlig mit seinen eigenen Gedanken beschäftigt, mit seinen Überzeugungen vom unmittelbar bevorstehenden Ende der Welt. "Hör dir das an ... die Bibel gibt Fakten und Details ... sie schwafelt nicht drum herum ... 'und der vierte Engel goß seine Schale auf die Sonne ... und ihr war die Kraft gegeben, die Menschen in Brand zu setzen ..."

Eliphaz streckte die Hand aus. "Gib das Kästchen mir," sagte er. Wendy schüttelte den Kopf. "Es gehört mir," protestierte sie. "Du hast gesagt, ich kann hereinkommen und es holen.

"...und die Menschen verbrannten in dem großen Feuer, und dennoch verfluchten sie den Namen Gottes ..."

"Enthält es Drogen?" wiederholte Eliphaz.

"Nein!" rief sie. "Damit hat es gar nichts zu tun!"

Er trat zur Seite, um sie vorbeizulassen. "Bitte verzeih' mir, daß ich mißtrauisch war." Nun klang seine Stimme reuevoll und entschuldigend. "Wir hätten es dir weggenommen, wenn es Drogen gewesen wären. Wir hätten sie an uns genommen und vernichtet. Du mußt wissen, daß viele unserer Brüder und Schwestern von Drogen großen Schaden erlitten haben ... als sie noch in fleischlichen Banden lagen."

“Dann läßt du mich jetzt gehen?”

“Natürlich - aber bitte komm’ einmal wieder,” sagte Eliphaz. “Alle Kinder Gottes sind hier im Tempel willkommen.”

“Laß Jesus in dein Herz, Wendy,” sagte Lazarus während sie zum Treppenabsatz ging. “Er liebt dich wirklich.”

“Halleluja!” fügte Canaan der Rechabite aus Birmingham hinzu.

Eliphaz begleitete sie zur Haustür. “Vergiß nicht, Schwester, daß du Jesus brauchst,” sagte er. “Gott sei mit dir.”

Sie rannte aus dem Haus, die Straße entlang, um eine Ecke zur nächsten Telefonzelle. Sie wählte die Nummer von Sceptre Television. “Kann ich bitte Colin Benson sprechen?”

Einen Moment,” sagte die Telefonistin. “Ich stelle Sie durch ...”

Terry Dickson hatte für Clements Hintergrundinformationen über den Mars vorbereitet, die in den Zwischenansagen der Sendung gebraucht werden konnten. Da stand:

Der Mars hat den halben Durchmesser der Erde und wird zusammen mit Merkur und Venus offiziell als einer der kleineren Planeten in unserem Sonnensystem eingestuft.

Er ist unser nächster Nachbar unter den Planeten - seine Entfernung von der Sonne beträgt 12,6 Lichtminuten, unsere 8,3. Zum Vergleich: Neptum und Pluto sind 250 beziehungsweise 327 Lichtminuten von der Sonne entfernt.

Das bedeutet vor allem, daß Neptun und Pluto, genauso wie die anderen großen Planeten Saturn und

Uranus, viel zu kalt wären, um Leben, wie wir es verstehen, zu ermöglichen.

Umgekehrt sind Merkur und Venus - 3,2 und 6 Lichtminuten von der Sonne entfernt - zu heiß.

Der Mars ist natürlich beträchlich kälter als die Erde, aber die Wissenschaftler sind sich seit langem einig, daß die Temperaturen dort für den Menschen erträglich wären: Die Probleme wären zwar nicht einfach, aber auch nicht unüberwindlich.

Die tatsächliche Entfernung zwischen Erde und Mars schwankt beträchtlich - zwischen 56 Millionen und 96 Millionen Kilometern. Das liegt daran, daß die Erde eine fast kreisförmige Umlaufbahn um die Sonne hat, während die Umlaufbahn vom Mars viel exzentrischer ist.

Die vorherrschend rote Farbe, die dem Mars den Namen der Rote Planet gegeben hat, stammt von den Gebieten, die vielen irdischen Wüsten sehr ähnlich sind, zum Beispiel der "Painted Desert" in Arizona.

"Es gibt grüne Flecken, die zu verschiedenen Jahreszeiten in Größe und Form schwanken. Man nimmt an, daß sie von Pflanzen verursacht werden, die den Steinflechten ähneln. Mir wurde gesagt, daß Flechten bei niedrigeren Temperaturen überleben können als die meisten irdischen Pflanzen und sehr wenig Feuchtigkeit brauchen. Pionierarbeit in den Wüsten des Mittleren Ostens hat allerdings bewiesen, daß auch wertvollere Nutzpflanzen gezogen werden können, wenn ein Gebiet richtig beregnet und gepflegt wird. Das könnte auch für die Wüstenregion des Mars zutreffen, so daß der Mensch dort als Selbstversorger existieren kann.

Auf dem Planeten insgesamt mangelt es nicht an Wasser oder potentiellem Wasser. Es ist durch die Forschungsarbeit am Yerkes-Observatorium in der Nähe von Chicago seit dreißig Jahren bekannt, daß die Polarkappen des Mars von Schnee bedeckt sind.

Dieser Schnee könnte in Wasser umgewandelt und dieses dann den Bedürfnissen entsprechend in Kanäle geleitet werden.

Die Frage der Atmosphäre ist offensichtlich noch nicht befriedigend beantwortet.

Könnten wir die Luft auf dem Mars atmen? Das scheint, ehrlich gesagt, niemand genau zu wissen. Ich habe mit einer Anzahl von Wissenschaftlern gesprochen, die darauf vertrauen, daß es dort irgendwann einmal hinreichende Mengen von freiem Sauerstoff gegeben hat. Es könnte gut sein, daß eine lebenserhaltende Atmosphäre in den oberen Bodenschichten eingeschlossen ist, um diese Vermutung öffentlich zu bestärken.

Offensichtlich steht und fällt die gesamte Frage der möglichen Marskolonisierung, die zentrale Frage, die ich untersuchen sollte, mit der Gewißheit, daß der Planet eine erdähnliche Atmosphäre besitzt.

Eine solche Gewißheit scheint nicht zu bestehen.

Gerstein wird von den meisten seiner Zeitgenossen in England und im Ausland schlecht gemacht, und, ohne dem Mann zu nahe treten zu wollen, ich würde beruflich für seine Aussage nicht den Kopf hinhalten wollen.

Kurz gesagt, Chris, die Theorie ist faszinierend, aber es haut alles nicht so ganz hin.

Clements las die letzten Absätze zum zweiten Mal und schnaubte ungeduldig. “Gut, Terry, mein Lieber, ich halte den Kopf hin - nicht Sie,” sagte er.

“Gerstein hat mich überzeugt, und ich bin bereit, mich auf ihn zu verlassen.”

Aber er mußte sich auf keine Äste hinauslassen wie sich herausstellte. Denn in diesem Augenblick wartete Wendy darauf, mit Colin Benson verbunden zu werden ...

Memo vom 13. Juni 1977 von Leonard Harman an Mr. Fergus Godwin, Programmdirektor:

Ich bin nach einwöchiger Krankheit wieder im Studio und mußte erstaunt feststellen, daß es offensichtlich Ihre Absicht ist, die Ausstrahlung dieses Intervews mit dem ehemaligen Astronauten zu genehmigen.

Wir haben bereits lang und breit darüber gesprochen, unter welchen unethischen Umständen dieses Interview zustande kam und so extravagante Ansichten von Grodin zutage förderte. Ich dachte, wir wären uns einig, das Grodin's Aussagen nicht handfest genug sind und im Zusammenhang mit einer Sendung, die vorgibt, seriös zu sein, beträchtlichen Schaden anrichten könnten.

Diese gesamte Ausgabe von Science Report ist, wie ich Ihnen bereits mehrfach mitgeteilt habe, ein krasses Beispiel für unverantwortlichen Sensations-Journalismus, der dem Ansehen der Fernsehgesellschaft schaden wird.

Sind die anderen Gesellschaften vom ITV-Network und die Sender im Ausland sich des lästigen und geschmacklosen Hintergrundes dieser Produktion bewußt? Ich kann nur das Gegenteil annehmen, da ich sicher bin, daß sie sonst nicht bereit wären, dafür zu zahlen.

Ich rate Ihnen einmal mehr dringend, diese Sendung aus dem Programm zu streichen.

Memo vom 14. Juni 1977 von Fergus Godwin an Leonard Harman:

Ich bin im Hinblick auf die bemerkenswerte "Brain Drain"-Untersuchung, die von Clements und seinem Team erstellt worden ist, nicht länger Ihrer Ansicht.

Ich gestehe zu, daß sie sehr kontrovers und sogar

erschreckend ist. Sie wird auch verschiedene hochgestellte Leute in Verlegenheit bringen.

Ich habe allerdings die bis jetzt in der Sendung enthaltenen Beweise geprüft - die Sendung ist, wie ich hinzufügen möchte, sehr gut recherchiert und beeindruckend engagiert - und ich bin sicher, daß wir unseren öffentlichen Auftrag vernachlässigen würden, wenn wir unterdrücken wollten, was die unangenehme Wahrheit zu sein scheint. Seit unserem letzten Gespräch hatte ich die Gelegenheit, Simon Butler's Interview mit Dr. Gerstein zu prüfen. Gerstein ist ein Mann, vor dem ich hohen Respekt habe, und niemand von seinem Format würde seinen Namen für etwar hergeben, was, um Ihre Worte zu benuzten, "unverantwortlicher Sensations-Journalismus" ist.

Wie sie wissen, hat es Zeiten gegeben, wo ich von der unerwarteten Richtung, die diese Untersuchung nahm, verwirrt war. Ich bin jetzt sicher, all meine Vorbehalte ablegen zu können. Clements hat meine uneingeschränkte Unterstützung.

Auf Ihre Beschwerde im Hinblick auf das Network und die Kosten möchte ich nicht näher eingehen, da ich sie im Licht meines gegenwärtigen Eindrucks für irrelevant halte.

Memo vom 15. Juni 1977 von Leonard Harman an Mr. Anthony Derwent-Smith, Verwaltungsdirektor:

Sie sind bereits über meine schweren Bedenken im Hinblick auf die Science Report-Sendung informiert, deren Ausstrahlung für den 20. Juni geplant ist und in der die Vermutung aufgestellt wird, daß es eine internationale Verschwörung gibt, intellektuelle und andere Menschen zu einem anderen Planeten zu transportieren, damit sie dort leben.

Ich habe meine Meinung bei vielen Gelegenheiten kundgetan und bitte Sie, Ihre Aufmerksamkeit besonders auf meine Ausführungen in der Vostandssitzung vom 8. April zu richten. Ich warnte damals davor, was ich als eine Politik der kostspieligen Narretei erkannt hatte.

Ich unternehme den ungewöhnlichen Schritt, die gesamte Korrespondenz zwischen dem Programmdirektor und mir über dieses Thema beizufügen, denn ich finde, daß Sie angesichts des Schadens, den diese Produktion dem Ansehen der Gesellschaft zufügen könnte, in dieser Angelegenheit intervenieren sollten.

Ich kann nicht stark genug darauf hinweisen, daß diese Sendung auf keinen Fall ausgestrahlt werden sollte.

Memo vom 15. Juni 1977 von Anthony Derwent-Smith an Fergus Godwin:

In der Anlage eine Notiz und ein Stapel Papier, der mich heute von Mr. Harman erreichte.

Es ist nicht meine Art, mich in Meinungsverschiedenheiten zwischen meinem Programmdirektor und seinen Mitarbeitern einzumischen - besonders wenn ich derart von hinten herum angegangen werde und Ihnen offensichtlich keine Kopie der Notiz zur Kenntnissnahme übersandt wurde. Außerdem habe ich auch nicht die Absicht, in dieser Hinsicht in die Programmpolitik einzugreifen, die ich vollständig als Ihr Gebiet betrachte.

Bitte handeln Sie.

Godwin las dieses Memo und die von Harman an Derwent-Smith gesandte Notiz ein zweites Mal.

"Dreister Mistkerl!" sagte er. Er griff zum Haustelefon.

"Harman ... kommen Sie in zwei Minuten in mein

Büro. Ihnen werde ich schon das Handwerk legen!"

Katherine White nahm den Anruf beim Science Report entgegen. "Nein ... Colin Benson ist gerade in der Pause ... wer spricht bitte?"

"Ich muß ihn sofort sprechen," sagte Wendy. "Es ist dringend."

"Kann ich etwas ausrichten? Ihn bitten zurückzurufen?"

Wendy wollte nur noch das Kästchen loswerden. Sie musterte ängstlich die Gesichter der am Telefonhäuschen vorbeieilenden Menschen. Jede verschwendete Minute erhöhte die Gefahr. Wenn sie nur wüsste, wie sie aussehen ... "Könnten Sie ihn bitte ausfindig machen? Es ist furchtbar wichtig."

"Ich werde sehen, ob ich ihn in der Kantine finde. Kann ich ihm einen Namen nennen?"

"Sagen Sie ihm, es ist das Mädchen, das mit Harry zusammen war," sagte Wendy. "Sagen Sie ihm, ich habe das, was Harry ihm geben wollte."

"Bleiben Sie bitte am Apparat ..."

"Schauen Sie.. ich stehe in einer Zelle und habe nicht mehr viel Kleingeld ..."

"Geben Sie mir die Nummer des Apparates und legen Sie dann den Hörer auf," sagte Kate. "Ich rufe Sie sofort zurück."

Wendy gehorchte. Sie wartete mit dem Rücken zu Tür der Zelle. Und sie bemerkte den Mann erst, als er die Tür aufriß. er sah aufgebracht und streitsüchtig aus. Sie schrie leise auf und drückte sich an die Wand der Telefonzelle. Er blickte mißbilligend auf sie herab.

"Wollen Sie hier drin den Tag verbringen?"

"Es dauert nur eine Minute ... ich warte auf einen Anruf."

"So?" Er ergriff ihren Arm und fing an zu ziehen.

“Nun, ich will auch anrufen. Also los ... raus hier.”

“Bitte, es dauert wirklich nicht lange ...”

“Mein Fräulein, das ist eine öffentliche Zelle und ich stehe hier den ganzen Tag ‘rum, bloß weil ...”

In diesem Augenblick läutete es. Wendy schüttelte die Hand des Mannes ab, griff nach dem Hörer und hörte Benson’s Stimme. “Ja, das ist richtig ... ich war das Mädchen bei Harry,” sagte sie. Der Mann trat wütend vor sich hinschimpfend aus der Zelle und stelle sich unmittelbar davor auf. Wendy sprach leise, davon überzeugt, daß der Mann versuchte zu lauschen. “Wir müßen uns treffen,” sagte sie. “Harry hatte etwas, was er Ihnen geben wollte und jetzt habe ich es. Aber ich muß vorsichtig sein, falls die mich suchen ...”

Sie trafen sich eine Stunde später dort, wo Benson sich zum ersten Mal mit Harry Carmell getroffen hatte - vor den Obstständen auf dem Wochenmarkt neben den Studios.

“Sie sagten, die würden eventuell nach Ihnen suchen,” sagte Benson. “Wer sind die?”

Wendy zuckte die Achseln und zog eine Grimasse. “Wer weiß?” sagte sie. “Schläger, Schurken ... Russen, Amerikaner, Deutsche, irgendwelche Kerle aus der äußeren Mongolei ... ist doch ganz egal!” Unauffällig gab sie ihm das Kästchen. “Das wollte Harry Ihnen geben - er sagte, es könnte Ihnen helfen zu sehen, was auf irgendeinem Band von Ballantine drauf ist. Könnten Sie damit etwas anfangen?”

“Nicht viel,” sagte Benson. “Warten Sie hier ... ich werde mal einen Blick in das Kästchen werfen.” Er eilte auf die öffentliche Toilette, schloß sich in einer Kabine ein und öffnete das Kästchen. Es schient eine gedruckte Schaltung, und er pfiff überrascht. “Ah, das ist doch ...” Er legte sie zurück in das Kastchen und ging zu Wendy zurück.

“Es ist mir gerade eingefallen,” sagte sie. “Harry sagte, Sie müßten es an eine IC40 oder so etwas anschließen und dann haben sie eine Juke-Box. Verstehen Sie das?”

“Ich muß sofort zurück im Studio,” sagte Benson. “Mal sehen, was für Töne wir aus dieser Juke-Box holen können.”

“Mich brauchen sie nicht mehr?”

“Wo kann ich Sie erreichen?”

“Weiß nicht - jedenfalls nicht in London. In London ist es mir jetzt zu heiß.”

Benson klopfte auf das Kästchen. “Sie wollten doch sicher wissen, wie das alles zusammenhängt ... wie kann ich mit Ihnen Kontakt aufnehmen?”

“Ich werde mich bei Ihnen melden,” sagte sie.

Und wie Harry Carmell vor ein paar Monaten huschte sie fort und verschwand in der Menge.

Die Techniker im Studio hatte noch nie vor einem solchen Problem gestanden. Sie probierten und experimentierten fast eine Stunde lang, bevor sie es endlich schafften. Und dann sahen in der Dunkelheit des Verführraumes Clements und Benson staunend, wie plötzlich Bilder über den großen Bildschirm flimmerten.

“Ich glaub’s nicht!” sagte Clements. “Großer Gott ... ich glaub’s einfach nicht!”

Abschnitt Zwölf

Jeder Sitz im Verführraum war besetzt. Alle Mitarbeiter des Science Report-Teams hatten sich versammelt - um zu sehen, was Clements und Benson kurze Zeit zuvor gesehen hatten.

Auch Fergus Godwin war hier, er saß neben Clements, und viele weitere Angestellte der Gesellschaft.

Clements' Augen funkelten vor Erregung, als das Licht wieder anging. "Na, Fergus?" fragte er. "Was sagen Sie?"

Godwin runzelte die Stirn und nagte an der Unterlippe, verblüfft, aber ohne sich festlegen zu wollen.

"Was zum Teufel soll ich dazu sagen?" entgegnete er.

"Wenn das, was wir gerade gesehen haben, echt ist, wenn es nicht eine kunstvolle Fälschung ist, dann ist die Menschheit durch und durch schlecht, und wir kriegen die unglaublichste Fersehsensation aller Zeiten. Aber ... ich meine ... das kann nicht wirklich geschehen sein - es kann nicht wahr sein!"

"Aber es paßt, oder nicht?" beharrte Clements.

"Es paßt zu allem anderen ..."

"Haben sie in der Jodrell Bank rückgefragt? Bei den Leuten, die mit Ballantine gearbeitet haben?"

"Äh, nein ..."

"Dann tun Sie das. Tun Sie es jetzt. Und geben sie das ganze Ding auch an die NASA. Wenn wir das in der Sendung verwenden, und es ist eine Fälschung ... das würde einen gräßlichen Wind machen. Und ich warne Sie, Chris, ich bin nicht bereit, dann den Sündenbock zu spielen."

"Aber die NASA wird es unter Garantie leugnen," protestierte Clements. "Das ist doch klar ..."

"Geben Sie mir Bescheid, wenn Sie mit denen

gesprochen haben.” Godwin erhob sich und schickte sich an, den Vorführraum zu verlassen. “Und ich möchte auch hören, was die in der Jodrell Bank zu sagen haben.”

Hendlemann von der Jodrell Bank war freundlich und hilfsbereit. Als Benson ihm jedoch beschrieb, was auf dem Band war, wurde er sehr skeptisch. “Davon hat Sir William niemals ein Wort gesagt” sagte er. “Und etwas derart Wichtiges ... er hätte das nicht für sich behalten.” Benson versuchte seine Enttäuschung zu beherrschen. “Hat er Ihnen oder jemand anderem gegenüber jemals etwas angedeutet, daß er sich mit einem Mann namens Harry Soundso getroffen hat, als er im letzten Jahr bei der NASA war?”

Hendlemann blickte entschuldigend. “Kein Wort. Ich fürchte, ich kann Ihnen nicht viel weiter helfen, Mr. Benson ...”

“Würden Sie sich bitte umhören? Vielleicht hat er diesen Harry gegenüber jemand anderem in der Jodrell Bank erwähnt. Ich versichere Ihnen, Mr. Hendlemann, es ist wirklich wichtig.”

Sie sagten, es könnte neues Licht auf Sir William’s Tod werfen ...”

“Es ist möglich.”

“Nun, in diesem Fall werde ich tun, was ich kann. Irgend etwas bei diesem Unfall stimmte nicht ganz, das war jedefalls mein Eindruck. Ich verspreche Ihnen nichts, aber ich werde herumfragen.”

“Und wenn Sie irgend etwas entdecken ...”

“ ...rufe ich Sie sofort an. Das ist ein Versprechen.”

Der NASA-Beamte, der seinen Name nicht nennen wollte, nahm eine völlig andere Haltung ein.

“Ich habe im Laufe der Zeit schon einiges an Verrücktheiten gehört,” sagte er, “aber das schlägt dem Faß den Boden aus. Sie sollten sich das klarmachen, mein Sohn ...da will Sie jemand reinlegen.”

“Sie sagen also kategorisch, daß dieses Band eine Fälschung sein muß?”

“Was könnte es sonst sein? Das ist die dümmste Frage, die ich in diesem Jahr gehört habe.”

“Und die Information darauf ist nicht richtig?”

“Mein Junge, tun Sie mir einen Gefallen, ja? Ich habe viel Geduld mit Ihnen, aber ich bin ein vielbeschäftigter Mann, und ich denke dieser Scherz geht jetzt etwas zu weit ...”

“Ich schneide dieses Gespräch mit und möchte gerne, daß Sie mir sagen, daß diese Information falsch ist - wenn sie es wirklich ist.”

“Es tut mir leid ... ich habe hiermit bereits mehr als genug Zeit verschwendet. Es ist absolut nichts mehr dazu zu sagen.”

Der namenlose Mann in Houston hatte den Hörer aufgelegt.

“Mist!” sagte Benson. Er war versucht, nochmal zu wählen und mit jemand anderem von der NASA zu sprechen. Nicht daß es viel ändern würde. Alle offiziellen Sprecher waren vermutlich auf die gleiche Linie eingeschworen. Die Idee einfach lächerlich machen - das schien die Taktik zu sein. Und Benson war sicher, daß es nur eine Taktik war.

Er spürte, unter der harschen Zurückweisung des Mannes hatte eine Spur Unsicherheit mitgeklungen. Und er spürte stärker als je zuvor, daß dieses Band echt war.

Aber das zu beweisen - oder es zumindest soweit zu beweisen, daß Godwin zufrieden war - das war eine andere Sache.

Er legte den Hörer auf die Gabel und überlegte gerade, ob er in die Kantine gehen und sich einen Kaffee holen sollte, als das Telefon klingelte. Hendlemann war wieder dran. Und diesmal klang seine Stimme aufgeregt.

“Ich habe etwas ganz erstaunliches entdeckt, Mr.

Benson," sagte er. "Sir William hat wirklich jemanden namens Harry bei der NASA getroffen. Er hat es in seinem Tagebuch vermerkt, während er in Amerika war. Ich habe das Tagebuch durchgesehen, und es ist wirklich bemerkenswert. Er erwähnt nicht den Nachnamen von Harry, aber hören Sie, ich lese Ihnen die Stelle vor:

"Harry versprach Hilfe, hat jetzt aber Angst. Heute sagte er mir - diese Schweinehunde würden uns umbringen, wenn sie wüßten, was wir gerade gesehen haben. Nehmen Sie meinen Rat an, guter Freund, und zerstören Sie das verdammte Band."

"Da!" fügte Hendlemann hinzu. "Was sollen wir damit anfangen?"

"Steht sosnst noch etwas in dem Tagebuch?"

"Nichts, was von Bedeutung zu sein scheint."

Benson überlegte rasch. "Haben die Bänder, die Sie in der Jodrell Bank benutzen, irgendein besonderes Merkmal?"

"Wie meinen Sie das?"

"Könnten Sie, indem Sie dieses Band untersuchen, feststellen, ob es von der Jodrell Bank ist?"

"Nein ... aber ich müßte in der Lage sein festzustellen, daß es nicht zu uns gehört."

"Und wenn Ihnen das nicht gelingt ... würde das zumindest die Wahrscheinlichkeit, daß es eine Fälschung ist, vermindern ..."

"Höchstwahrscheinlich."

"Ist es möglich, Mr. Hendlemann, daß Sie nach London kommen?"

"Ich komme sofort," sagte Hendlemann." Ich möchte unbedingt sehen, was genau auf diesem Band ist."

Benson empfing Hendlemann an der Rezeption und nahm ihn mit in den Vorführraum, wo Clements wartete. Der Film wurde noch einmal abgespielt. Sie saßen schweigend, schauten und lauschten.

"Unglaublich!" sagte Hendlemann schließlich.

"Absolut unglaublich!"

"Glauben sie daß das von der Jodrell Bank stammen kann?" fragte Clements.

"Ich würde mir das Band gern einmal anschauen," sagte Hendlemann.

Clements führte ihn zum Vorführraum, und Hendlemann zog eine Brille hervor, mit der er das Band genau untersuchte. Seine Überprüfung nahm ihn so gefangen, daß er die beiden Männer zu vergessen schien.

"Warum?" fragte er. "Warum hat er mir nichts davon gesagt?"

Clements gab Benson ein Zeichen, ihn nicht zu unterbrechen. Sie warteten, während Hendlemann die Bilder einzeln betrachtete. Dann untersuchte er den Vorspann des Bandes genau, schließlich nickte er entschieden mit dem Kopf und steckte seine Brille wieder in die Westentasche.

"Nun?" fragte Clements. "Was meinen Sie?"

"Ich scheue fast davor zurück, Ihnen das zu sagen - aber ich muß," sagte Hendlemann. "Ich glaube, Mr. Clements, daß es echt ist."

Sie eilten mit ihm hinüber in Godwin's Büro, wo er seine Ansicht wiederholte - und die Gründe dafür.

"Geben sie mir nur eine Minute," sagte Godwin.

"Ich würde gerne den Verwaltungsdirektor herüberholen." Er wählte die Hausnummer von Derwent-Smith, erklärte die Lage kurz und legte auf. "Er kommt," sagte er.

Derwent-Smith hörte zu, während Hendlemann noch einmal alles wiederholte.

"Faszinierend," sagte er. "Und dieses Tagebuch von Sir William - können wir es sehen?"

Hendlemann nickte. "Ich habe es draußen im Auto."

"Nun, Fergus," sagte Derwent-Smith. "Sie sind der

Programmdirektor ...”

“Ja, aber das ist etwas Anderes,” protestierte Godwin. “In diesem Fall möchte ich Ihre Hilfe - denn wenn wir hier einen falschen Schritt tun, gibt es einen derartigen Ärger ...”

“Sie meinen, Sie wollen, daß ich die Schuld auch auf mich nehme.”

“Nein, ich will nur ...”

Derwent-Smith unterbrach ihn. “Ich denke, wir sollten ein bißchen mehr mit dieser geheimnisvollen jungen Frau sprechen,” sagte er. “Die uns praktischerweise mit dem Schaltkreis versorgt hat.”

“Wir wissen nicht, wo sie ist,” sagte Benson. “Sie wollte es mir nicht sagen.”

“Und Sie lassen sie einfach so fort. Das klingt nicht sehr schlau, oder?” Derwent-Smith wandte sich an Clements. “Was ist Ihre Meinung?”

“Nun, das Mädchen hatte Angst und ...”

“Nein, ich meine nicht das Mädchen ... ich spreche von diesem Band. Wollen Sie es immer noch unbedingt einsetzen?”

“Absolut,” sagte Clements.

“Gut,” sagte Derwent—Smith. “Fergus?”

“Angesichts der Worte von Mr. Hendlemann bin ich dafür, weiterzumachen.”

“Prima,” sagte Derwent-Smith. “Ich stehe hinter Ihnen.”

Das Team von Sceptre Television wußte es damals noch nicht, aber diese eine Woche war in Hinsicht auf das Verschwinden von Menschen außergewöhnlich - ein Verschwinden, das mit Massentransport in Zusammenhang stehen könnte.

Neuseeland - Montag, 13. Juni 1977. Um 10.30 fuhr der Buchhalter Miles Thornton in den Wohnwagen-Park in der Nähe von Tauranga in der Bay of Plenty auf der Nordinsel. Bei ihm waren seine Frau und seine beiden kleinen Söhne - alle freuten sich auf einen mehrtägigen Urlaub. Dies war einer ihrer Liebligsplätze, an dem sie schon viele Ferientage verbracht hatten.

Zu seiner Überraschung stellte Thornton fest, das der Fertigbungalow, der als Empfangszentrum diente, nicht besetzt war. In dem ganzen Wohnwagen-Park befand sich niemand. Autos standen da. Viele Autos. Aber ansonsten war der Platz vollkommen verlassen. Normalerweise hätten hier und dort auf den Veranden Menschen gesessen, Kinder hätten zwischen den Wohnwagen gespielt. "Aber das einzige Lebewesen, was wir sahen, war ein Hund," erzählte Thornton später. "Es war unheimlich."

Noch unheimlicher, als ihnen zu diesem Zeitpunkt klar war.

Die Aufzeichnungen in der verlassenen Rezeption zeigten, daß mehr als 200 Menschen an diesem Morgen hätten dort sein müssen, inklusive zwölf Angestellte des Wohnwagen-Parks. Es gab keine Spuren von Gewalt, keine Zeichen für irgendeinen Kampf. Aber keiner dieser Menschen ist seitdem jemals wieder gesehen worden.

Amerika - Dienstag, 14. Juni. Um 15.00 Uhr brachen zwei Busladungen junger Reisender - Durchschnittalter neunzehn - von Casper in Wyoming zu einer Besichtigungstour auf. Zuletzt sah man sie, wie sie in Richtung Cheyenne unterwegs waren. Sieben Stunden später wurden die leeren Fahrzeuge am Rand einer einsamen Straße gefunden.

In dem Sand um die Busse fand sich ein Wirrwarr von Fußspuren. Sie schienen jedoch nirgendwohin zu führen. Eine Kamera, eine Brille und das Taschentuch eines Mädchens lagen herum. Wie in der Bay of Plenty in Neuseeland wurden diese sechsundsiebzig jungen Leute niemals wieder gesehen.

Um 16.30 Uhr am gleichen Tag verließ ein kleines Passagierfrachtschiff, die Amelio, Barcelona mit 165 Menschen an Bord. Bestimmungsort: Tunis. Die Amelio wurde zuletzt gesehen, wie sie in einen leichten Seenebel südlich der Balearen dampfte. Es gab praktisch keinen Wind, und das Wasser war ruhig.

Der Nebel war ein vergleichsweise kleiner Flecken, der nur wenige Quadratkilometer umfaßte, aber es gibt keinen Bericht darüber, daß die Amelio jemals wieder herausgekommen sei. Eine intensive Suchaktion in dem ganzen Gebiet erbrachte keinerlei Anhaltspunkte.

Nicht das kleinste Wrackteil ist je gefunden worden.

Wie ein Beamter der Küstenwacht sagte: "Es ist ein absolutes Mysterium. Als ob das Meer seinen Mund geöffnet und das Schiff verschlungen hätte."

An diesen bieden Tage im Juni verschwanden also mehr als 440 Menschen unter äußerst merkwürdigen Umständen.

Es wäre unverantwortlich, wenn wir behauptne würden, daß diese Menschen inzwischen "Komponenten eines Massentransportes" geworden sind, denn wir haben keinen absoluten Beweis. Wir halten es aber für durchaus möglich.

Das Ballantine-Band war natürlich der erstaunlichste Bestandteil jenes Science-Reports. Es war echt.

Absolut und alarmierend echt. Aber wie Godwin schon befürchtet hatte, handelte es ihnen fürchterlichen Ärger ein.

Simon Butler stellte es vor. Wie sich die Zuschauer von damals erinnern werden, war zuerst nur ein Wirrwarr von Farben und undeutlichen Formen zu sehen. Ein verwirrender Wirbel - bunte Staub-Derwische, die durch ein rotierendes Kaleidoskop verrückte Sprünge zu machen schienen - und sonst nichts, gar nichts.

Dann klärte sich das Bild, und die Kamera schien über eine wilde und öde Landschaft zu fahren.

Keine Vegetation, keine Andeutung von Leben. Nur Kilometer um Kilometer Wildnis und braun-rote Trostlosigkeit.

Statische Geräusche. Dann, undeutlich, jubelnde Männerstimmen. Und schließlich amerikanische Stimmen - von der Weltraum-Bodenkontrolle bei der NASA:

Erste Stimme : Okay ... Scannen versuchen.

Zweite Stimme: Scan läuft.

Erste Stimme: Die Anzeigen ... wo sind die Anzeigen?

In diesem Moment legte sich über die Bilder der fremdartigen Landschaft das computergedruckte Wort "Temperatur". Und fast sofort erschien dieses Wort auch auf russisch. Nun gab es einen großen Ausbruch russischer Stimmen. Aufgeregt, jubeln. Und dann, noch einmal, kam die zweite amerikanische Stimme mit großer Klarheit durch: "Wartet ...w-a-r-t-e-t- ... los, Baby, laß uns jetzt nicht im Stich ... nicht jetzt, so kurz vor dem Ziel ..."

Computerzahlen erschienen neben den Worten auf dem Bildschirm. Die Temperatur betrug vier Grad Celsius. Weitere Worte wurden gedruckt - "Windgeschwindigkeit" in englisch und dann russisch.

Und die erste amerikanische Stimme rief triumphierend: "Es ist okay ... es ist gut, es ist gut." Eine russische Stimme, genauso ekstatisch, sagte dasselbe.

Dann begann der Computerausdruck in englisch und russisch mit den entscheidenden Informationen - über die Atmosphäre dieses merkwürdigen und fernen Gebietes.

Die Worte und Buchstaben erschienen mit quälender, nervenzermürbender Langsamkeit, als würden sie unsicher von einem zurückgebliebenen Roboterkind geformt. Es gab ein großes Schweigen der Spannung und der Angst. Dann drangen aus den Lautsprechern die Schreie und Jubelrufe der Freude. Die erste amerikanische Stimme erhob sich über den Lärm: "Genau getroffen! Halleluja! Wir haben Luft, Jungs ... wir sind zu Hause! Jesus ... wir haben's geschafft ... wir haben Luft!"

Seine erregten Rufe und ähnliche von seinen russischen Kollegen gingen im wachsenden Jubel unter.

Und während einer Pause in diesem Jubel war die zweite amerikanische Stimme zu vernehmen: "Das war's! Wir haben's ... wir haben's! Junge, wenn sie das jemals veröffentlichen, wird es daß großartigeste Datum der Geschichte! 22. Mai 1962. Wir sind auf dem Mars - und wir haben Luft!"

Das war das Ende des Bandes von Ballantine.

Und Millionen Zuschauer in vielen Teilen der Welt fragten sich kurz, ob sie sich verhört hatten. Menschen auf dem Mars 1962? Nein, das war nicht möglich ...

Simon Butler verischerte ihnen mit ernstem Gesicht, daß noch viel mehr möglich war. Hier seine Worte, die er in der Sendung sprach:

Wir halten dies für eine authentische Aufnahme von der ersten - und geheimen - Marslandung durch eine unbemannte Raumsonde von der Erde. Wir halten auch das angegebene Datum - 22. Mai 1962 - für richtig.

Der Deckmantel der totalen Geheimhaltung, durch die diese Information abgeschirmt wurde, kann nur mit der aktiven Beteiligung der Regierungen auf sehr hoher Ebene aufrecht erhalten worden sein.

Genauso klar ist, daß es sehr gute Gründe gegeben haben muß, warum die wahren Bedingungen auf dem Mars, die ja für die menschliche Besiedlung geeignet erscheinen, geheimgehalten worden sind. In der Tat spricht die Anstrengung mit der die Welt davon überzeugt wurde, daß das Gegenteil zutrifft, dafür, daß eine Operation von äußerster Bedeutung unter der Decke dieser Geheimhaltung vor sich gegangen ist.

Wir glauben, daß es sich bei dieser Operation um Dr. Carl Gerstein's Alternative 3 handelt.

Ob inzwischen eine menschliche Überlebenskolonie auf dem Mars errichtet worden ist oder die Vorbereitungen noch laufen, sie vom Mond zum Mars zu transportieren, wissen wir nicht. Aber wir strahlen diese Sendung heute abend aus als Aufforderung, uns die Wahrheit zu sagen - als Aufforderung an diejenigen, denen sie bekannt ist.

Nachdem er diese Herausforderung ausgesprochen hatte, schwieg er einen Moment, die eine Hand auf einem Modell der Erde, die andere auf einem Modell des Mars, um die Bedeutung dieses Satzes zu unterstreichen. Die Sendung war vorbei, der Fehdehandschuh war geworfen. Nun war die Regierung am Zug. Und die Regierungen anderer Länder - besonders die der Supermächte.

Butler wußte natürlich von den Zweifeln und Befürchtungen hinter den Kulissen. Er wußte, wie Harman versucht hatte, die Sendung zu Fall zu bringen und daß er es fast geschafft hätte. Ihm war nur zu klar, daß die Fernsehgesellschaft ein Risiko eingegangen war, indem sie die Ausstrahlung dieser Sendung erlaubt hatte, denn das enthüllte würde höchstwahrscheinlich heftig dementiert werden, und Clements und Fergus Godwin würden sehr unangenehme Folgen zu erleiden haben. Er selbst natürlich auch.

Er war der Moderator, der - zumindest für die Öffentlichkeit - im Zentrum der gesamten Untersuchung stand. Er war sehr bekannt und angesehen, und das machte ihn für die Behörden doppelt gefährlich. Es wäre verwunderlich, wenn nicht versucht werden würde, ihn in Mißkredit zu bringen und zu beweisen, daß er kein verantwortungsbewußter Kommentator war, sondern sich an einem mißratenen Scherz beteiligt hatte.

Trotzdem war es ihm nie in den Sinn gekommen, auszusteigen. Er hatte immer an die Wahrheit geglaubt. Er hatte sie immer professionell präsentiert. Und diese besondere Wahrheit war viel zu wichtig, um unterdrückt zu werden.

Er schloß mit folgenden Worten:

Wir bedauern es, wenn die Implikationen dessen, was Sie gesehen haben, für das zukünftige Leben auf diesem Planeten alles andere als optimistisch sind. Es war trotzdem unsere Pflicht, Ihnen die Fakten zu zeigen, wie wir sie verstehen - und auf die Reaktion zu warten.

Die Reaktion setzte ein, fast bevor er zu Ende gesprochen hatte. Die Telefonzentrale der Zeitungsredaktionen und lokalen Fernsehsender wurden überrollt von Anrufen verängstigter Menschen, die verzweifelt beruhigt werden wollten.

Diese Menschen erhielten ihre Beruhigung. Sie erhielten sie durch die von Harman entworfene Erklärung. Aber diese Erkärung war eine Lüge.

Abschnitt Dreizehn

An der Vorstellung des Mondes als Abschußrampe für ein neues Leben auf dem Mars ist natürlich nichts Neues. H.G. Wells, der so viele technische Triumphe des Raumzeitalters richtig vorhergesagt hat - Triumphe, die den meisten Menschen seinerzeit völlig absurd erschienen - beschreibt dies schon 1901.

Wir bringen hier aus seinem Klassiker 'Die ersten Menschen auf dem Mond' einen Dialog zwischen zwei Raumfahrern:

"Wir sind nicht auf den Mond beschränkt."

"Sie meinen -?"

"Es gibt den Mars - saubere Atmosphäre, neuartige Umgebung, erfrischend geringe Schwerkraft. Es könnte schön sein, dorthin zu gehen."

"Gibt es Luft auf dem Mars?"

"Oh ja!"

"Klingt, als könnte man dort ein Sanatorium einrichten ..."

Wells hat - einmal mehr - recht behalten.

Eine Anzahl führender Journalisten, die sich vielleicht an Wells und seine anderen richtigen Prophezeiungen erinnerten, glaubten das Dementi von Harman nicht blindlings. Es verwirrte sie und brachte sie etwas aus der Fassung, denn es wirkte sehr echt. Und schießlich, überlegten sie, was für ein Motiv könnte eine angesehene Fernsehgesellschaft für die Behauptung haben, sie hätte gerade ein Lügengespinst gezeigt? Und doch ... Alan Coren äußerte in einem Artikel in The Times vom 21. Juni als erster Zweifel am Wert der Harman-Erklärung:

Die scheinbare Widersinnigkeit der Geschichte andererseits war völlig akzeptabel. Die Widersinnigkeit unserer Zeit macht das so. Warum sollte die Verrücktheit des NASA-Programmes sich nicht mit der Verrücktheit von Watergate verbinden und Nasagate erschaffen, bei dem Leben auf dem Mars entdeckt wird, die Information aber aus Regierungszwecken unterdrückt wird?

Coren feuerte einen Schuß ins Ungewisse - geleitet von Instinkt wie von Einsicht. Aber wie ihm heute klar sein wird, traf er ins Schwarze.

Aber für Harman sollte das letzten Endes alles egal sein. Bedenken Sie, was bei der Sitzung des Politischen Komitees am 4. August 1977 gesagt worden war:

A Acht: Da haben Sie recht. Er hätte diesen Fernsehmist unterbinden müssen. Er hat sich als sehr unzuverlässig erwiesen. Er hat versagt, böse versagt, und was noch schlimmer ist, er könnte uns wieder im Stich lassen. Der Mann ist fraglos ein Passivposten, und ich schlage eine Maßnahme vor.

R Zwei: Ich ebenfalls.

R Acht: Dafür? ... Also einstimmig. Methode?

A Drei: Wie wäre es mit einem telepathischen Schlaf-Job ... vielleicht einem Gewehr ...

R Acht: Das scheint vernünftig ... es ist zu kurz nach Ballantine für einen weiteren Hot-Job ...

An jenem Tag war Harman zum Tode verurteilt worden. Das Datum seines Todes wurde nicht so schnell festgesetzt. Das hing, wie Dr. Hugo Danningham jetzt erklärt hat, von Harman's biorhytmischem Sensibilitätszyklus ab - der unsichtbare Angriff mußte mit einem Moment seiner extremen Verletzlichkeit synchronisiert werden.

James Murray vom Daily Express ist ebenfalls ein niveauvoller und sehr erfahrener Journalist, der das Augenfällige nicht einfach übernimmt - besonders wenn es ihn in Form einer offiziellen Presseerklärung erreicht.

Er ist dafür bekannt, daß er nach den Tatsachen hinter der Erklärung sucht. Und so blieb er, obwohl die Sendung auf der Titelseite seiner eigenen Zeitung "verrissen" wurde, mutig bei seiner Einschätzung von Butler, Benson und den anderen:

Sie haben natürliche Phänomene und reale Vorfälle im Weltraum plausibel zu dem unausweichlichen Schluß verbunden, daß es eine riesige internationale Verschwörung gibt, um die besten Köpfe der Menschheit mit einer neue Kolonie auf dem Mars zu retten ... all diese Wissenschaftler und Intellektuellen, die im "Brain Drain" außer Landes gingen, wurden in Wirklichkeit mit Raketen über die dunkle Seite des Mondes zum Mars verschifft.

Mit anderen Worten, Murray erkannte die Wahrheit, obwohl er nicht die vollständigen Fakten kannte, die diese Wahrheit beweisen konnten.

Männer wie Coren und Murray beunruhigten Harman. Sie hielten die Zweifel und Verdachtsmomente, die er hatte besänftigen wollen, mit am Leben. Und er hatte Angst, daß sie tiefer graben könnten und schließlich in der Lage wären, die ganze erschreckende Wahrheit zu präsentieren. Genau so, wie wir es in diesem Buch tun.

Die Männer des Politischen Komitees hatten diesem speziellen Mord keine besondere Priorität verliehen. Der Leiter von Alternative 3 in England war bereits angewiesen worden, Harman von seinen geheimen Diensten vor Ort zu entbinden und einen Nachfolger zu suchen. Harman würde sterben. Das wußten sie mit Sicherheit. Er würde sterben, ohne zu offenbaren, was er wußte. Nur darauf kam es an.

Andere Männer waren aus anderen Gründen der Überzeugung, daß die Aufregung um Alternative 3 nicht sang - und klanglos unterging. Besonders unglücklich waren sie über Philip Purser's Vermutung im Sunday Telegraph, daß die Untersuchung ein "teuflischer Doppelbluff gewesen sein könnte, der durch genau die Behörden angezettelt wurde, die in der Sendung benannt werden."

Solche Männer gab es auch unter den Abgeordneten, sie gehörten zu jener überwältigenden Mehrheit, die in die Fakten von Alternative 3 nicht eingeweiht waren. Manche haben seither behauptet, daß sie die Wahrheit vermutet hätten, gewußt haben sie aber mit Sicherheits nichts. Aber ihnen oblag es größtenteils, mit der Angst fertigzuwerden, die nach dieser Fernsehsendung so rasch um sich griff.

Die meisten Menschen waren, wie wir bereits gesagt haben, nur zu gerne bereit, Harman's Dementi zu glauben. Aber eine beträchtliche Minderheit erkannte die ganze Bedeutung des Enthüllten. Das waren hauptsächlich Menschen, denen die apokalyptischen Aussichten, die Gerstein skizziert hatte, bereits in unbehaglicher Weise bewußt waren. Es waren die Menschen, die genau Bescheid wußten über die riesige Vertuschung des Phänomens der sogenannte Fliegenden Untertassen, die der Condon-Bericht aus dem Jahre 1968 dargestellt hatte.

Es waren die, die sich noch vage daran erinnerten, was der Evening Standard über die 500'000 US-Dollar teure Condon-Studie geschrieben hatte:

Die Condon-Studie macht Schlagzeilen - aber aus den falschen Gründen. Sie hat einige renommierte Mitglieder verloren, und zwar unter Umständen, die gelinde gesagt, mysteriös sind. Böse Gerüchte kursieren ... mindestens vier entscheidende Persönlichkeiten sind aus dem Condon-Team verschwunden, ohne eine befriedigende Begründung für ihr Ausscheiden anzugeben. Die vollständige Geschichte hinter denr merkwürdigen Ereignissen in Colorado ist schwer zu erraten ...

Die Wahrhaftigkeit der Vermutung in jenem Artikel im Evening Standard schien plötzlich durch andere Aussagen, die später veröffentlich wurden, bestätigt zu werden - ganz abgesehen von Präsident Carter's offensichtlich sehr bemerkenswerten Kehrtwendung beim Thema Fliegende Untertassen.

Professor G. Gordon Broadbent: "Auf der allerhöchsten Ebene der Ost-West-Diplomatie hat ein Faktor gewirkt, von dem wir nichts wissen."

Macht ein Mann von Broadbent's Kaliber eine solche Aussage leichthin?

Apollo-Veteran Bob Grodin: Die späteren Apollos waren nur ein Deckmantel ... sie sollten verdecken, was da draußen wirklich vor sich geht ... und die Schweinehunde haben nicht einmal uns etwas gesagt ... kein Sterbenswörtchen!

Warum sollte er etwas so Merkwürdiges sagen, wenn es nichts zu verbergen gab?

Immer mehr Informationsschnipsel kamen wieder in Erinnerung und wurden erneut zitiert - manche aus alten Zeitungsartikeln, manche aus Berichten, die von der NASA durchgeschickt waren.

Hier ist ein Beispiel: Die wörtliche Transkription eines Dialogs, den Scott und Irwin während ihres Mondspaziergangs im August 1971 mit der Bodenkontrollen hatten:

Scott: “Pfeilspitze” (Arrowhead) läuft wirklich von Osten nach Westen.

Bodenkontrolle: Roger, wir verstehen.

Irwin: Wir gehen jetzt abwärts, und es gibt hier Spuren.

Bodenkontrolle: Folgt den Spuren, ja?

Irwin: Okay ... wir sind (unverständlich) ... wir wissen, es ist ein ganz guter Lauf. Wir gehen Richtung 320, Aufprallbereich für 413 ... ich komme nicht über diese Riffeln hinweg, diese Schichtungen auf Mount Hadley.

Scott: Ich auch nicht. Das ist wirklich spektakulär.

Irwin: Sie sehen schön aus.

Scott: Und die Strukturierung!

Irwin: Es ist die organisierteste Struktur, die ich je gesehen habe!

Scott: Es ist (unverständlich) ... so gleichförmig breit.

Irwin: Wir haben verher noch nie etwas gesehen, das von oben bis unten so genau gleich dick war.

Die NASA hat diese Spuren nie erklärt - oder wer sie gemacht hat - obwohl wir heute Grund zu der Annahme haben, daß sie von einem riesigen Mondfahrzeug amerikanisch-russischen Designs stammen.

Das ist nur ein weiteres Beispiel dafür, wie die Informationen über die wirklichen Fortschritte im Weltraum streng geheimgehalten werden. Dr. James E. McDonald, Professor für Meteorologie an der Universität Arizona und leitender Physiker am dortigen Institut für Atmosphären-Physik, hat diese Geheimhaltung heftig kritisiert.

In The Enquirer vom 19. Februar 1967 sagte er:

“Die US-Luftwaffe hat die Öffentlichkeit auf skandalöse Weise in Unkenntnis darüber gehalten, was am Himmel wirklich vor sich geht. Die Untersuchungen der

Luftwaffe waren absurd, oberflächlich und inkompetent ... und es wäre besser gewesen, wenn Wissenschaftler auf der ganzen Welt die lächerlichen Berichte der Luftwaffe nicht mehr akzeptiert und sofort begonnen hätten, das Problem selbst zu untersuchen ... es ist ein Problem, das wirkliche internationale Untersuchungen erforderlich macht."

Mit dieser Art von Hintergrund bei der letzten Science-Report-Untersuchung ist es nicht überraschend, daß mache Menschen von dem Dementi nicht beeindruckt waren. Oder daß solche Menschen anfingen, von ihren Abgeordneten Informationen zu verlangen.

Michael Harrington-Brice ist typisch für diese Abgeordneten. Er sagt: "Ich war in einer unmöglichen Lage. Nahc dieser Sendung erhielt ich wochenlang Anfragen an das Unterhaus, in denen verlangt wurde, daß die Regierung ein förmliches Dementi herausgeben sollte. Druck zu machen, damit das geschah, denn eine Regierungserklärung hätte die verständlichen Ängste meiner Wähler zerstreut. Aber es war nicht möglich, jemanden ausfindig zu machen, der dafür zuständig gewesen wäre.

"Ich versuchte Fragen zu Alternative 3 zu stellen, aber sie wurden ausnahmslos abgeblockt, und besonders merkwürdig ist, daß es keine offizielle Aufzeichnung über diese Fragen zu geben scheint.

"Ich versuchte das Thema auch privat mit Ministern zu besprechen, aber mir wurde ausnahmslos mitgeteilt, daß sie nicht bereit waren, über das Thema Alternative 3 zu sprechen."

Was war zu diesem Zeitpunkt die persönliche Meinung von Harrington-Brice?

"Ich gewann deutlich den Eindruck, daß hinter den Kulissen etwas wirklich Ungewöhnliches ablief, daß wir uns in England am Rand eines geheimen Unternehmens befanden, das von den Supermächten kontrolliert wurde.

"Es wurde nichts Besonderes gesagt, verstehen Sie, aber ich erhielt Hinweise. Mir wurde deutlich zu verstehen gegeben, daß es klug wäre, wenn ich aufhören würde zu bohren.

"Es wäre jedoch ganz falsch, wenn ich so tun würde, als ob ich damals irgendwelche Informationen gehabt hätte, welche die Richtigkeit oder die Falschheit der in dieser Sendung gemachten Anschuldigungen bestätigen könnten."

Ein anderer Abgeordneter, Bruce Kinslade, versuchte nach Angaben seines Privatsekretärs ebenfalls, eine offizielle Untersuchung der Behauptungen zu erreichen, die in der Fernsehsendung aufgestellt worden waren.

Am Mittwoch, dem 6. Juli, wurde Mr. Kinslade, wie Sie sich vielleicht erinnern, in einer Nebenstraße in der Nähe seines Hauses in Kensington von einem Lastwagen überfahren. Der Lastwagen hielt nicht an und konnte nie ausfindig gemacht werden. Und Mr. Kinslade starb fast sofort. Im Untersuchungsbericht stand "Unfalltod". Nach allem, was wir wissen, mag das auch so gewesen sein, ...

Beim Television Centre trafen weiterhin Briefe ein. Sie bestätigten, daß noch mehr Menschen nach einiger Zeit des Nachdenkens ihre Vorbehalte gegenüber dem Dementi hatten - oder es gar nicht akzeptiert.

Der Präsident der angesehenen H. G. Wells-Gesellschaft in Hampstead schrieb: "Meiner Erfahrung nach würde ich schätzen, daß in Ihrer Sendung viel mehr Wahrheit steckt, als der Großteil der Öffentlichkeit erkennt."

Eine Frau aus der Southcroft Road, London SW 16, faßte in ihrem nachdenklichen Brief die Haltung vieler zusammen:

In bezug auf Ihre "Alternative 3"-Sendung vom

Montag dem 20. Juni, erklären am nächsten Tag mehrere Zeitungen, daß diese Sendung ein Scherz gewesen sei und Ihr Sprecher wurde mit den Worten zitiert: “Alles basierte auf dem, was geschehen könnte.”

Ich habe wie viele andere Menschen sehr deutlich gespürt, daß es sich nicht nur um einen Scherz handelte und daß diese lächerliche Behauptung nur ein weiterer Versuch der Regierung ist, Dinge zu vertuschen (genauso wie bei den UFOs und dem Bermuda-Dreieck). Jeder hat ein Recht darauf, zu erfahren, was vor sich geht; wir müssen alle auf diesen Planeten leben, und die Raumfahrt sollte uns allen nützen.

Es erzürnt mich sehr, wenn ich über wichtige Entdeckungen ständig im Dunkeln gehalten werde. Auf Sie wurde offensichtlich Druck ausgeübt, aber Sie tun sich keinen Gefallen, wenn Sie die Mitarbeiter der Sendung als Scharlatane hinstellen.

Nein, ich kann nicht glauben, daß alles nur ein Scherz war, und zwar aus folgenden Gründen:

1. Hätten sie in einen Ulk wirklich Hinweise auf Ballantine’s Tod aufgenommen - auf Kosten der Gefühle siener Familie?

2. Der ehemalige Astronaut war offensichtlich ein hochintelligenter und gebildeter Mann. Er hatte etwas gesehen, was den schrecklichen Verfall verursacht hatte, von dem wir Zeuge wurden.

Bitte machen Sie sich klar, daß die Mehrheit Ihrer Zuschauer urteilsfähige Erwachsene sind, die selbst denken können. Lassen Sie uns die Wahrheit wissen.

Dieser Juli brachte auch Hinweise auf weitere Aspekte der Katstrophe, auf die unsere Welt unausweichlich zusteuert. The Times, 26. Juli:

Im Bericht über die Weltbevölkerunbg von 1977

wird ein erschreckendes Bild von der sich beschleunigenden Vermehrung der Weltbevölkerung gezeichnet.

Die Zahlen wurden in dieser Woche von Population Concern veröffentlicht.

Der Bericht macht deutlich: Wenn das Bevölkerungswachstum schon seit Christi Geburt so stark gewesen wäre wie heute, würden jetzt auf jedem Quadratmeter mehr als 1'000 Menschen stehen.

Die Hälfte des jemals von Menschen benutzten Brennstoffes ist in den letzten fünfzig Jahren verfeuert worden.

Die Weltbevölkerung beträgt jetzt mehr als vier Milliarden (1977) und wächst jeden Tag um 200'000.

Zweihundertausend zusätzliche Menschen auf diesem übervölkerten Planeten, und das jeden Tag! Das sind 73 Millionen Menschen pro Jahr. Und das addiert sich in nur drei Jahren zu nochmal mehr Menschen als die gesamte gegenwärtige Bevölkerung der USA!

Diese Zahlen betonen die Dimension von nur einem der Überlebensprobleme, denen sich die Menschheit gegenüber sieht - gleichzeitig werden die Wasservorräte und die anderen natürlichen Ressourcen des Planeten immer knapper. Und das alles kommt zu der unausweichlichen "Treibhaus-Katastrophe", die Gerstein beschrieben hat.

Ist es also ein Wunder, daß die Männer hinter Alternative 3 so darauf bedacht waren, ihre Operation zu beschleunigen? War es nicht offensichtlich für sie, daß ihnen die Zeit davonlief - möglicherweise sogar schneller, als sie vorhergesehen hatten?

Im Herbst 1977 rückte das Thema Alternative 3 aus den Schlagzeilen. Wir wissen von Trojan, daß es hinter den Kulissen immer mehr Aktivität gab - und das von Versuchen die Rede war, die Alternative 3-Operation zu sabotieren. Aber die Öffentlichkeit durfte für eine Weile vergessen.

Dann erregte am Donnerstag, 29. September, Dr. Gerard O'Neill - der Princeton-Professor, der schon im Juli der Los Angeles Times dieses erstaunliche Interview gegeben hatte - mit kühnen Äußerungen Aufsehen.

Diesmal war er von Angus Macpherson interviewt worden, dem Weltraumkorrespondent der Daily Mail, und die Überschrift lautete: Die wunderbare Welt von 2001 wartet draußen im Weltraum.

Macpherson, einer der angesehensten Spezialisten für konkrete, Fakten-orientierte Science-Fiction, schrieb:

Heute fliegt ein weiterer Wissenschaftler nach London, der es wirklich ernst meint mit seiner Vorhersage, was der menschlichen Rasse kurz vor Beginn des einundzwanzigsten Jahrhunderts bevorsteht.

Aber der amerikanische Physiker Dr. Gerard O'Neill verspricht eine völlig andere Zukunft ... eine schöne neue Welt im Weltraum. Wir haben seiner Meinung nach die Wahl zwischen George Orwell's 1984 und Arthur Clarke's 2001.

"Sagen Sie der Menschheit, daß es keine Hoffnung gibt, und sie werden wild," sagt Dr. O'Neill, der sieben Jahre lang an einem bewußtseinserweiternden Plan für die Emigration der meisten Menschen in künstliche Weltraumkolonien gearbeitet hat.

Von Jacques Cousteau, den er sehr bewundert, ist er brüsk als Unsinnskrämer abgetan worden, und auf dem mageren Gesicht mit dem modischen Bärtchen lag Schmerz, als er mir erzählte: "Jacques macht sich schreckliche Sorgen über die Verschmutzung der Ozeane und die Zerstörung des Lebens darin.

Er denkt, wir sollten mehr dagegen tun. Das finde ich auch. Die Umweltschüzer sind eigentlich sehr negativ. Sie sind so besessen von den Problemen der Erde, daß sie nichts über Antworten hören wollen."

O'Neill's Antwort lautet, daß wir das Sonnensystem nicht nur kolonisieren können - sondern das sogar tun müssen, wenn das menschliche Leben auch noch in einigen Generationen zivilisiert oder jedenfalls erträglich sein soll.

O'Neill's Kolonialisten würden sich von Anfang an nicht mit Raumanzügen und den winzigen Raumstationen der Science Fiction plagen müssen ...

O'Neill kommt nach London, um der Britisch Interplanetary Society (Britischen Interplanetaren Gesellschaft) seine Vorhersagen über die Weltraumkolonialisierung vorzustellen.

Die BIS ist ein legendäres Forum für Blicke in die Zukunft. Ihre Mitglieder haben die Enthüllung eines Gefährts zur Mondlandung miterlebt, das gespenstich ähnlich aussah wie das Apollo-Landegefährt - nur schon etwa dreißig Jahre früher.

Und sie waren die ersten, denen Arthur Clarke einen visionären Plan für ein globales Netz von Kommunikationssatelliten vorgestellt hat.

Dies könnte ähnlich geschichtsträchtig sein ...

Denn für die meisten Menschen aus der Generation, die den ersten Mondlandungen zugeschaut haben, ist die Raumfahrt zu einem aberwitzig teuren Schwindel geworden - ein Golfspiel auf einem nutzlosen Felsenhaufen, das nur zwei spielen können und das pro Sekunde 500 Pfund kostet.

All dies, erklärt O'Neill, ist furchtbar kurzsichtig von den Bewohnern eines Planeten, dessen vier Milliarden Einwohner mit der Aussicht konfrontiert sind, Anfang des nächsten Jahrhunderts zwei- bis dreimal so zahlreich zu sein.

Wir haben im Weltraum genau die Dinge gefunden, die wir am dringendsten brauchen - unbegrenzte Sonnenenergie, sehr erzreiches Gestein und vor allem

Raum für die Menschheit, damit sie weiter wachsen und expandieren kann ...

“Wenn sich auf der Erde eine statische Gesellschaft entwickeln sollte, müßte diese Gesellschaft nicht nur über den Körper, sondern auch über das Bewußtsein der Menschen herrschen,” sagte er mir.

Ich weigere mich, zu glauben, daß der Mensch mit seinem Wachstum und seinen Experimenten an ein Ende gelangt ist, und ich will ihm die Freiheit erhalten, auf unterschiedliche Weise zu leben.

“Wenn wir auf der Erde eingesperrt bleiben, sehe ich keine Hoffnung auf Rettung.”

Macpherson führte aus, daß O’Neill “von Regierungsbeamten, Senatsmietgliedern und Bundesgouverneuren respektvoll - wenn auch vielleicht ein bißchen argwöhnisch - zu Rate gezonen wird”.

Der Artikel zeigte, daß O’Neill die Zukunft ganz ähnlich sah wie die Männer von Alternative 3. Er zeigte auch, daß O’Neill nicht wußte - und wahrscheinlich immer noch nicht weiß - daß die “Zukunft” der Alternative 3 bereits Wirklichkeit geworden war.

Macpherson schrieb:

Seine Kolonien sind als riesige zylindrische Metallinseln geplant, die im Raum treiben und im Inneren eine natürliche Atmosphäre, Bäume, Gras, Flüsse und Tiere beherbergen - Kapseln mit einer warmen erdähnlichen Atmosphäre.

Er stellt sie sich als höchstens halb so groß vor wie die Schweiz, sie sollen zwanzig bis dreißig Millionen Menschen beherbergen und werden von der unerschöpflichen Energie des Sonnenlichts im Weltraum gespeist.

Und doch, so behauptet O’Neill, würde ihr Bau nur die bereits verfügbare Technologie erfordern ...

Der Artikel endete mit diesen Überlegungen:

Für die meisten Menschen der Generation vor dem Raumzeitalter verpuffte wahrscheinlich der letzte Zauber aus dem Abenteuer, als das Viking-Raumschiff vor einem Jahr den Traum des Lebens auf dem Mars zunichte machte.

Aber für O'Neill war das ein weiters Plus für den Weltraum. Daß sich dort draßen niemand befand, ist demnach das günstigste Ergebnis für uns.

Die Kolonisation der neuen Pioniergebiete kann infolgedessen ablaufen, ohne daß sich die beschämende Geschichte der Indianer - oder des Bisons - wiederholt.

"Vielleicht ist nirgendwo jemand. Vielleicht ist da nicht einmal ein Papa, der uns zeigt, wie wir alles machen sollen.

Es ist ein bißchen erschreckencd ... aber es gibt uns viel Spielraum."

Wir haben über den Inhalt dieses Artikels mit dem Abgeordneten Michael Harrington-Brice gesprochen. Was meinte er aus der Perspektive seiner eigenen Ermittlung dazu?

Er sagte: "Dr. O'Neill dürfte wohl der brillanteste Mann in seinem Fach in der gesamten westlichen Welt sein, und er hat sicher recht, wenn er sagt, daß die Technik für ein Projekt, wie er es sich vorstellt, bereits zur Verfühgung steht.

Er geht allerdings offensichtlich von der Annahme aus, daß die offiziellen über die Bedingungen auf dem Mars freigegebenen Informationen wahr sind - ich würde sicherlich zögern, bevor ich das annehmen würde.

Wenn das, was auf dem Ballantine-Band gezeigt wurde, die wirkliche Wahrheit war - und mir ist kein Beweis bekannt, der mich davon überzeugt hat, daß dies nicht der Fall ist - sieht die ganze Situation völlig anders aus.

Es wäre natürlich viel leichter und billiger, einen

geeigneten leeren Planeten zu kolonialisieren, den wir vergleichsweise leicht erreichen können, als gigantische künstliche Himmelsinseln zu bauen.

Es wäre unverschämt, wenn ich sagen wollte, daß Dr. O'Neill sich irrt, denn er ist ein Mann von ungeheurem internationalem Ansehen. Ich kann allerdings nicht umhin, mich zu fragen, ob die politischen Fakten der Kooperation zwischen Ost und West ihm nicht vorenthalten wurden. In seinen Worten liegt nichts, was mich davon überzeugt, daß der Mars nicht das Spielfeld für Alternative 3 ist."

Harman las diesen Artikel in der Daily Mail, wie wir später erfuhren. Er las ihn am Morgen der Veröffentlichung - am 29. September. Damals wußte er natürlich nicht, daß er nur noch genau 48 Tage zu leben hatte.

Eine geheimnisvolle Botschaft von Trojan.

Kurz, getippt, ohne Unterschrift: "Gerüchte über überraschende Entwicklung. Sabotage möglich. Ich sende Einzelheiten falls und wenn verfügbar."

Wir rätselten über die Botschaft, aber wir versuchen nicht, Kontakt zu Trojan aufzunehmen. So lautete die Vereinbarung. Er übernahm immer die Initiative. Es war sicherer so.

Abschnitt Vierzehn

Sie nennen es die Archimedes-Basis. Und auf der Archimedes-Basis brachen die Schwierigkeiten, die ganz großen Schwierigkeiten, dann so heftig aus.

Archimedes ist eine Kraterebene an der Westgrenze des Mare Imbrium, des "Schattenmeeres" auf dem Mond. Sie hat einen Durchmesser von etwa 75 Kilometern und hat, anders als der nahegelegene Aristillus-Krater, einen relativ glatten Grund. Aus diesem Grund wurde sie, nach den Informationen von Trojan, zum Hauptdurchgangslager auf dem Mond ausgebaut - von dort brachen die Menschen nornalerweise zum letzten Teil ihrer Marsreise auf.

Der Mensch kann in der natürlichen Atmosphäre des Mondes nicht überleben. Das hat die NASA vor Jahren mitgeteilt und in diesem Fall auch die Wahrheit gesprochen. Daher war der größte Teil der Archimedes-Basis unter einer transparenten Blase, in der Luft und Temperatur in erdähnlichem Zustand aufrechterhalten wurden, hermetisch versiegelt. Der Bau hatte zwei Jahre gedauert und war ein phantastischer Triumph der Ingenieurskunst im Weltraum.

Die Bedingungen unter der Blase waren ähnlich wie Dr. O'Neill sie für seine Kunstwelten der Zukunft vorhergesehen hatte. Männer und Frauen konnten dort für beliebig lange Zeiten bequem leben - beschützt in einem gigantischen überkuppelten Treibhaus.

Im südlichen Abschnitt der Blase gab es zwei riesige Luftschleusen. Fähren von der Erde und vom Mars liefen durch diese Schleusen ein, bevor ihre Ladung zum zentral gelegenen Ankunftshafen transportiert wurde. Eine Reihe von Straßen verlief vom Bahnhof zu den Läden und Dienstleistungsgebieten zu den drei getrennten "Wohndörfern" - eins für Piloten und Bodenpersonal, eins für "designierte Auswanderer" und eins für "Komponenten von Massentransporten". Und über die gesamte Anlage war eine Tarndecke gespannt, ähnlich wie die im Zweiten Weltkrieg benutzten, die sicherstellte, daß die Archimedes-Basis nicht von unbefugten Beobachtern auf der Erde gesehen werden konnte.

Im sogenannten Cassini-Krater gab es noch ein weiteres Durchgangslager, das zuerst entstanden war und inzwischen als zu klein galt. Der größte Teil der Ausrüstung und der Einrichtung war zur Archimedes-Basis gebracht worden. Denn Archimedes war das pulsierende Zentrum der Aktivität ...

Auf Trojan's geheimnisvolle Botschaft über mögliche Sabotage folgte bald dieser Bericht:

Strenge Sicherheitsvorkehrungen stellen bis nach der Landung im neuen Territorium die vollständige Trennung der designierten Auswanderer von den Komponenten der Massentransporte sicher.

Sie werden in getrennten Raumschiffen transportiert und während des Wartens auf den Transport in verschiedenen Bereichen der Archimedes-Basis untergebracht. Dies geschieht auf Befehl des Politischen Komitees.

Unter den designierten Auswanderern könnten manche nämlich zunächst Vorbehalte gegenüber der Ethik der mentalen und physischen Prozesse hegen, die für Komponenten als notwendig erachtet werden.

"Komponenten"! Wir wollen uns von diesem beschönigenden Jargon nicht täuschen lassen. Trojan benutzt ihn. Trojan ist, wie die meisten anderen in Alternative 3, einer Gehirnwäsche unterzogen worden und akzeptiert solche Worte als normal. Es ist abgestoßen von dem, was getan worden ist und immer noch getan wird, aber er hat die obszöne Verzerrung der Sprache unbewußt übernommen. Also vergessen wir für einen

Augenblick die Bezeichnung “Komponenten”. Trojan meint Menschen. Er schreibt von Sklaven, von Männern und Frauen, die geistig und körperlich verstümmelt wurden und darauf programmiert waren, Befehlen zu gehorchen. Und die zu einem Leben unter menschenunwürdigen Bedingungen verurteilt worden sind.

Sein Bericht lautet weiter:

Die Zweifel solcher designierter Auswanderer können zurechtgerückt werden, nachdem sie sich an das Leben im neuen Territorium gewöhnt haben; das kann durch Mitglieder des Komitees vor Ort geschehen. Sie können durch die offizielle Argumentation davon überzeugt werden, die Notwendigkeit dieses Verfahrens anzuerkennen und sich klarzumachen, daß letztlich das Überleben der menschlichen Rasse Vorrang vor dem Schicksal einer begrenzten Zahl minderwertiger Individuen haben muß.

Betrachten Sie die entsetzliche Bedeutung dieses Absatzes! Das bedeutet, wenn “die offiziellen Überlegungen” richtig sind, daß Ann Clark und Brian Pendlebury und andere wie sie lernen können, ihre Mitmenschen als austauschbare Lasttiere zu betrachten. Es bedeutet mit Sicherheit, daß natürliches Mitgefühl systematisch ausgelöscht werden muß; daß das Bewußtsein der “designierten Auswanderer” ebenfalls verformt wird und den Bedürfnissen von Alternative 3 angepaßt wird. Orwell’s Vision von 1984 ist offenbar bereits Wirklichkeit geworden - Millionen von Kilometern von der Erde entfernt.

Trojan’s Bericht beschrieb weiter die merkwürdigen Umstände, die dazu führten, daß es auf der Erde Anstrengungen gab, Alternative 3 zu unterminieren. Sie gipfelten schließlich in einem Gemetzel auf der Archimedes-Basis ...

Bakterien sind viel widerstandsfähiger als Menschen, wenn es um das Überleben geht. Sie überleben das scheinbar Unmögliche. Sie können sich in eine Dauerform einkapseln, und zwar für Jahrhunderte, ja sogar für Jahrtausende. Dann, wenn die Bedingungen richtig sind, wachen sie auf und gedeihen wieder. Genau das geschah offenbar auf dem Mars.

Die "dynamischen Veränderungen", die 1961 gemeldet und von Gerstein beschrieben wurden, lieferten die idealen Bedingungen. Und in den schweigenden Wüsten des leeren Planeten erwachten unzählige einzellige Lebensformen. Sie entwickelten sich und breiteten sich aus. Sie waren so klein, daß man sie nicht sehen konnte, aber sie waren da und warteten, als die Menschen auftauchten ...

Es waren merkwürdige Bakterienstämme, bösartig und gefräßig, wie sie den Menschen nie begegnet waren, aber sie waren nicht zahlreich genug, um die importierten und sorgfältig gepflegten Nutzpflanzen bedeutend zu schädigen. Jedenfalls nicht bis Ende 1976. Das war, wie wir heute wissen, der Zeitpunkt der großen Braunfäule ...

Versuche mit Bakteriziden, sogar Bakteriophagen, wurden gemacht, das heißt, man führte ultra-mikroskopische Organismen ein, die normalerweise parasitär für Bakterien sind. Aber das Komitee vor Ort erkannte, daß dieser Kampf nicht zu gewinnen war. Und da beschlossen die Supermächte, daß sie "den Deutschen" brauchten.

"Der Deutsche", dessen Namen wir nicht nennen werden, ist möglicherweise der erfolgreichste Bakteriologe der Welt, den man sich denken kann. Das wird von seinen Kollgen im Osten und Westen anerkannt. Er hat auf seinem Gebiet vermutlich mehr erreicht als jeder andere Mann - nicht nur bei der Bekämpfung von

Bakterien, sondern auch damit, sie in den Dienst des Menschen zu zwingen. Daher wurde er im neuen Territorium so dringend gebraucht ...

Aber er weigerte sich. Der regionale Offizier von Alternative 3 suchte ihn auf, und schließlich sogar der Nationale Leiter (Chief Executive Officer) von Westdeutschland. Sie argumentierten mit ihm und boten ihm alle möglichen Anreize, aber er blieb eisern. Natürlich respektierte er das Vertrauen, das man in ihn setzte, aber er hatte wichtige Arbeit, Arbeit auf der Erde, und er verspürte absolut keine Neigung, sich auf Alternative 3 einzulassen.

Sie warben seinen ersten Assistenten an, einen Amerikaner Mitte dreißig, der im Februar 1977 als designierter Auswanderer reiste. Er ging freiwillig und sogar begeistert. Aber auch seine Identität soll nicht genannt werden, denn wenn er noch lebt, wird er heute gejagt, von Agenten im Osten wie im Westen.

Er hat mit Sicherheit seinen Namen geändert und wahrscheinlich sein Äußeres, aber er muß wissen, daß es für ihn kein dauerhaftes Versteck gibt. Er ist der Hauptverantwortliche für die Gründung der Guerillagruppe, die als Anti-Alternatvie bekannt wurde. Er war auch verantwortlich für die Katastrophe auf der Archimedes-Basis. Wir nennen ihn hier den "Anstifter".

Es wurde dem Komitee vor Ort bald deutlich, daß der Anstifter zwar kompetent und erfahren war, ihm aber die Intuition fehlte, die für die Aufgaben im neuen Territorium gebraucht wurde. Sie brauchten immer noch den "Deutschen". Aber der "Deutsche" weigerte sich weiter ...

Dringlichkeitssitzungen wurden in der Halle des Komitees vor Ort abgehalten. Es gab Konfrontationen mit dem Politischen Komitee auf der Erde und mit führenden Männern von Abteilung Sieben. Und schließlich kam man zu einer Entscheidung. Der "Deutsche" mochte und respektierte den "Anstifter". Er vertraute seinem Urteil. Und wenn irgend jemand den "Deutschen" dazu überreden könnte, ein designierter Auswanderer zu werden, war es der "Anstifter". Sie brachten ihn wieder zur Erde. Er sollte zurückgehen und mit dem "Deutschen" reden. Das war, wie sich herausstellte, ihr größter und katastrophalster Fehler ...

Sie hatten sich beim "Anstifter" ernsthaft verrechnet. Sie hatten nicht erkannt, daß er die Zwangslage der Komponenten noch nicht "im richtigen Licht" sah. Vielleicht hätte sich das geändert, wenn ihm mehr Zeit gegeben worden wäre, denn es hatte andere gegeben, viele andere, die Monate gebraucht hatten, um sich daran zu gewöhnen, mit einer versklavten Unterart zu leben. Und sie alle hatten schließlich akzeptiert, daß dies Teil des notwendigen Gleichgewichts war. Aber der "Anstifter" hatte keine Zeit gehabt oder nicht genug Zeit, und insgeheim quälten ihn Schuldgefühle. Mit welchem Recht, so fragte er sich, gehörte er zu den überlegenen Auserwählten? Abscheu und Zweifel plagten ihn, und er wußte, daß er das System der Komponenten irgendwie erschüttern mußte ...

Und dann sagten sie ihm, daß sie ihn zur Erde zurückbringen würden.

Auf seiner Rückreise gab es einen Zwischenstop an der Archimedes-Basis, und er wurde vorübergehend zusammen mit einer neuen Gruppe designierter Auswanderer untergebracht, die auf den Transport zum neuen Territorium warteten. Diese Leute wußten nichts über die Komponenten - sie waren wie üblich in einem anderen "Dorf" untergebracht - nichts von den Wesen, die dazu verdammt waren, den Rest ihres Lebens als Sklaven zu verbringen. Er sagte es ihnen. Er sagte ihnen genau, was vor sich ging und was sie zu erwarten hatten. Er beschrieb die Entführungen und die Verstümmelungen, die auf der Erde durchgeführt wurden - zu ihrem Nutzen und zu ihrer Bequemlichkeit. Und sie waren auf solche schrecklichen Informationen nicht vorbereitet. Sie waren normale Leute, hochintelligent und sensibel, und sie waren den gewieften und überzeugenden Argumenten des Komitees vor Ort noch nicht ausgesetzt gewesen. Sie waren unsicher, ob sie ihm glauben sollten. Es klang alles so verrückt. Aber dieser Mann war merkwürdig überzeugend ...

Eine kleine Gruppe beschloß, die Wahrheit herauszufinden. Sie beschlossen, das von ihm beschriebene Dorf heimlich zu besuchen. Und das löste den Holocaust auf der Archimedes-Basis aus ...

Der "Anstifter" nahm nach seiner Rückkehr zur Erde keinen Kontakt zu dem "Deutschen" auf. Er floh.

Und dann gründete er mit einer kleinen Gruppe vertrauenswürdiger Helfer seine 'Aktionsgruppe'. Diese Gruppe konnte, anders als Organisationen wie IRA oder PLO, keine öffentlichen Erklärungen abgeben, denn solche Erklärungen hätten dazu führen können, daß sie aufgespürt und zerstört wurden. Sie widmeten sich der Aufgabe, durch Guerilla-Taktiken alle Arbeiten, die mit der Erkundung und Erforschung des Weltraums zu tun hatten, zu stören. Ihre Aktionen, so dachten sie, könnten vielleicht am Ende ein Überdenken der Alternative 3 herbeizwingen.

Am 1. Oktober 1977 erschien im Daily Telegraph eine Geschichte des New Yorker Korrespondenten Ian Ball unter der Überschrift: 'Satelliten-Rakete Nr. 2 explodiert'. Der Artikel lautete:

Ein zweiter Nachrichtensatellit wurde gestern über dem Atlantik vollkommen zerstört, nachdem ein weiterer Raketenstart am Cap Canaveral-Raumfahrtzentrum in

Florida auf spektakuläre Weise scheiterte.

Innerhalb von zweieinhalb Wochen haben diese Unfälle einen europäischen und einen amerikanischen Nachrichtensatelliten im Wert von insgesamt 91,4 Millionen Dollar zerstört.

Eine Atlas Centaur-Rakete, mit einem 49,4 Millionen Dollar teuren Intelsat 1V-A Satelliten von Hughes Aircraft an Bord, wurde Minuten nach dem Start am späten Donnerstag abend zerstört. Der Vorgang ähnelte der Explosion einer Delta-Rakete am 13. September, die einen 42 Millionen Dollar teuren europäischen Testsatelliten an Bord hatte.

“Schon Sekunden nach dem Abheben gab es Anzeichen für Probleme im Antriebsbereich,” sagte der Leiter des Starts der Atlas Centaur, Mr. Andrew Stofan. “Nach 55 Sekunden geriet die Atlas außer Kontrolle und brach entzwei. Sie kippte, brach auseinander, und dann explodierte sie.”

Der Rest der Centaur-Stufe wurde von einem Sicherheitsoffizier der Luftwaffe zerstört, und das beendete die Mission in vier Meilen (6,4 km) Höhe und vier Meilen Entfernung von der Basis. Die Überreste der Rakete und des Satellitten fielen ins Meer.

In etwa dem gleichen Bereich hat ein Luftwaffen-Bergungsteam im Meer nach Überresten der Delta-Rakete gesucht.

Der nächste Intelsat IV - ein Start war für den 10. November vorgesehen - und andere Starts von Atlas Centaur sind zurückgestellt worden, bis die Untersuchung des letzten Mißerfolgs abgeschlossen ist.

Ähnliche Probleme erlebten russische Raumfahrtteams. Am 11. Oktober 1977 brachte der Guardian folgende Reuter-Meldung aus Moska:

Zwei Sowjet-Kosmonauten gelang es gestern nicht, ihre Soyuz-25 an das Salyut-6 Orbit Laboratorium anzudocken.

Der Missions-Kommandeur Vladimir Kovalyonok und der Flugingenieur Valery Ryumin, die lange an Bord der neuen Raumstation hätten bleiben sollen, wurden zur Erde zurückbefohlen, nachdem das Ankoppeln mißlungen war.

TASS sagte zum jüngsten Mißgeschick aus einer Reihe von Schwierigkeiten mit der Salyut-Serie, es habe "Abweichungen vom geplanten Verlauf des Andockens" während der Annährung gegeben, als die Soyuz-25-Kapsel der Kosmonauten nur 40 Meter von der Station entfernt war. Das Scheitern von Soyuz-25 ist ein schwerer Schlag für die Raumfahrtchefs der Sowjetunion ...

Das sind die Fakten. Gehen sie auf das Wirken des "Anstifters" zurück? Diese Frage können wir nicht beantworten. Wir wissen es einfach nicht. Wir wissen allerdings, daß die Katastrophe auf der Archimedes-Basis direkt auf den "Anstifter" zurückgeführt werden kann. Und das war unvergleichlich verheerender.

Leonard Harman starb am Mittwoch, dem 16. November 1977 um zehn Minuten nach zwei Uhr früh. Er starb im Schlafanzug im Eßzimmer seines Hauses.

Seine Witwe, Mrs. Sarah Harman, gab bei der Befragung folgendes an:

Mein Mann war schon seit einiger Zeit deprimiert und in sich gekehrt, vielleicht seit sechs Monaten oder noch länger, aber er hate mir nie irgendeinen Grund dafür anvertraut.

Ich wußte, es hatte im Studio Spannungen zwischen ihm und Mr. Godwin, Mr. Fergus Godwin, gegeben und ich dachte zuerst, daß es ihm deswegen so schlecht ging. Aber der Ärger im Studio, was es auch war, schien vorbeizugehen, und meinem Mann ging es immer noch nicht besser. Ich drängte ihn mehrmals, zum Arzt zu gehen, aber er sagte mir, es sei nichts Ernstes und ich sollte ihn in Ruhe lassen.

Nie, zu keinem Zeitpunkt, hätte ich gedacht, daß er sich das Leben nehmen könnte.

Am Dienstag abend, ich meine den 15. November, schauten wir fern und gingen dann wie üblich kurz vor Mitternacht ins Bett. Mir fiel nichts Besonderes an ihm auf. Er benahm sich ganz normal.

Im Bett lasen wir noch eine Weile, und es was wohl fast ein Uhr, bevor wir uns schlafen legten.

Kurz vor zwei Uhr wachte ich auf, weil er das Bett verlassen hatte. Ich nahm an, er würde ins Bad gehen. Aber dann schien er schon lange weg zu sein, und ich kann nicht erklären warum, aber ich wurde ganz besorgt. Ich hatte so ein Gefühl, daß irgend etwas nicht stimmte.

Ich rief ihn, erhielt aber keine Antwort, also stand ich auf. Die Badezimmertür stand offen, und im Licht der Straßenlaternen konnte ich sehen, daß er nicht im Bad war.

Dann hörte ich eine Bewegung aus dem Erdgeschoß. Ich rief ihn wieder, erhielt aber immer noch keine Antwort. Inzwischen dachte ich, daß er sich vielleicht nicht wohl fühlte und wahrscheinlich in die Küche gegangen war, um sich etwas Heißes zu trinken zu machen. Das hatte er schon ein- oder zweimal gemacht, es beruhigte seinen Magen.

Ich beschloß, nach unten zu gehen und ihm den Drink zu machen. Aber er war nicht in der Küche. Im Haus war es völlig still. Ich rief wieder nach ihm, erhielt jedoch keine Antwort. Ich hatte inzwischen ein bißchen Angst bekommen, weil ich mir überhaupt nicht vorstellen konnte, was er machte.

Bevor ich die Flurbeleuchtung einschaltete, hatte kein Licht gebrannt, und mein Mann war noch nie in dieser Art umhergewandert. Er war nie schlafgewandelt oder so etwas.

Dann hörte ich ein scharrendes Geräusch aus dem Eßzimmer. Ich trat ein, und er stand im Dunkeln mitten im Raum. Ich schaltete das Licht ein und sprach ihn an, aber er schien mich nicht zu hören. Seine Augen waren offen - er starrte mich direkt an ... aber er schien weder mich noch irgend etwas Anderes wahrzunehmen. Er wirkte, als wäre er in Trance.

Er hatte eine kleine Pistole in der Hand, legte den Lauf an den Kopf und drückte ab. Und das war alles. Eine Sekunde später war er tot.

Mrs. Harman erzählte der Polizei auch, daß ihr Mann nie eine Pistole besessen habe, daß er nie eine im Haus gehabt habe. Aber der Ermittlungsbeamte machte sich seine eigenen Gedanken. Ehefrauen wußten seiner Erfahrung nach nicht unbedingt immer alles über ihre Männer.

Der Coroner erkannte auf "Selbstmord".

Die Katastrophe traf die Archimedes-Basis mit ungeheurer Wucht. Der Ankunftsbahnhof ... die Dienstleistungszentren ... die Gebäude in den drei Dörfern ... alles wurde durch den plötzlichen und zyklopischen Ansturm unzähliger Tornados verheert und aus den Verankerungen gerissen. Die Gebäude krümmten sich und zerfielen, erbebten und wurden hoch durch die Luft geschleudert. Und die Menschen wurden herauskatapultiert. Lebende und Tote sahen in dieser großen Zuckung der Vernichtung gleich aus. Überall waren rudernde Arme und Beine und gekrümmte, verzerrte

Körper. Viele von ihnen explodierten hoch über dem Boden, und Teile von ihnen wirbelten im Staub und den Trümmern umher, bevor sie in die ewige Schwärze des Raumes gesaugt wurden.

Und das alles war, wie wir heute wissen, von einem sanften und mitfühlenden Meeresbiologen namens Matt Anderson ausgelöst worden. Er hatte es gut gemeint. Die edelsten Motive hatten ihn getrieben. Nachdenklichkeit und Menschlichkeit, reines und spontanes Mitgefühl. Und er hatte einen Alptraum entfesselt.

Das geht aus den von Trojan analysierten Dokumenten klar hervor. Sonst weiß man allerdings sehr wenig. Es gab kaum Überlebende, und ihre Berichte waren bruchstückhaft und unklar. Die vollständigen Tatsachen wird man wahrscheinlich nie erfahren.

Wir berichten hier, was wir uns aus den Bruchstücken an Informationen rekonstruieren konnten:

Anderson, ein dreiundreißigjähriger alleinstehender Mann aus Miami in Florida, gehörte zu den designierten Auswanderern auf der Archimedes-Basis, die dem "Anstifter" zugehört hatten. Er war auch bei der kleinen Gruppe, die heimlich das abgetrennte Dorf der Komponenten besuchte. Er sprach mit den Menschen dort und hörte genug, um zu erkennen, daß der "Anstifter" die Wahrheit gesagt hatte. Es war grotesk und barbarisch, aber fraglos wahr.

Die ganze Gruppe der designierten Auswanderer sollte in jener Nacht zum neuen Territorium transportiert werden, und alles wäre anderes gekommen, wenn sie alle mitgegangen wären. Es hätte kein Desaster gegeben.

Sie hätten für das Komitee vor Ort sicherlich ein ziemliches "Bewußtseinsproblem" dargestellt, aber mit der Zeit hätte das Komitee sie soweit gebracht, daß sie die notwendigen Realitäten von Alternative 3 akzeptiert hätten.

Aber Anderson reiste nicht mit den anderen weiter. Auf der Rückkehr vom Sklavendorf stolperte er und verletzte sich an der Wirbelsäule. Es wurde entschieden, daß er nicht reisefähig war und eine Weile auf der Archimedes-Basis bleiben sollte.

Zehn Tage später schlüpfte er ungesehen aus seinem Raum und besuchte wieder das Komponentendorf. Das war nicht schwierig, denn es gab keine Wachen. Sie waren nicht nötig, denn die Menschen, die sich nur vorübergehend in der Basis aufhielten, waren angewiesen worden, in ihren Quartieren zu bleiben. Und sie waren darauf programmiert, fraglos jedem Befehl zu gehorchen, den sie erhielten.

Anderson wollte ausführlicher mit ihnen sprechen, sie verstehen und sehen, ob er ihnen helfen könnte. Und da bekam er seinen großen Schock. Es gab inzwischen einen neuen Massentransport im Dorf, und bei diesem Transport befand sich ein Mann, den er kannte, mit dem er vor Jahren dieselbe Schule besucht hatte.

Der Mann erkannte ihn und konnte offenbar flüssig und intelligent denken, aber alle entscheidenden Merkmale seiner Persönlichkeit waren ihm ausgetrieben worden. Sein Benehmen und seine Haltung zeigten, daß er seine Position kannte und akzeptierte. Er war ein Sklave. Da wußte Anderson, daß er etwas unternehmen mußte ...

Trojan's Bericht lautet:

Zwei der überlebenden Komponenten haben im Verhör offenbart, daß sie Anderson zweimal mit dem Mann haben reden hören, am ersten Tag und später, als er mit Details des Planes für die beabsichtigte Evakuierung zurückkehrte. Vor allem dadurch konnte die Abteilung Sieben einiges über die Vorgänge vor der Katastrophe herausfinden ...

In der letzten Gruppe der designierten Auswanderer gab es einen Raumfahrttechniker, einen hochqualifizierten Mann, der von der NASA geschult worden war; Anderson machte ihn ausfindig und erklärte die ganze Situation. Er erzählte dem Mann von den Gräßlichkeiten, an denen sie alle, ohne es zu wissen, Anteil hatten. Er führte aus, wie sie in eine entwürdigte und entmenschlichte Zukunft gelockt worden waren und sie für den Rest ihres Lebens vom Elend der verstümmelten Sklaven schmarotzen würden. Er überzeugte die anderen, daß es ihre Pflicht war, die Menschen aus dem Dorf zu bringen - und dafür zu sorgen, daß dieser Menschenhandel für immer aufhörte.

Trojan's Bericht geht weiter:

Das Hauptdepot für die Raumschiffe auf dem Weg zur Erde lag südlich der Archimedes-Basis auf der abgelegenen Seite des gebirgigen Gebietes, das als Spitzbergen bezeichnet wird. Die meisten Langstreckentransporter wurden dort gewartet und geparkt, und die Passagiere wurden mit kleineren Gefährten von und zur Archimedes-Basis gebracht, ähnlich wie auf der Erde mit Flughafenbussen.

Auf dem Hallenvorfeld des Archimedes-Ankunftsgeländes stand immer eine Anzahl dieser kleineres Gefährte, und Anderson und Gowers, der Raumfahrttechniker, planten, eines dieser Fahrzeuge zu stehlen und mit ihm so viele Komponenten wie möglich zu evakuieren.

Ein anderer hilfswilliger designierter Auswanderer, den Gowers mit den technischen Einzelheiten vertraut gemacht hatte, würde eine der Luftschleusen in dem

Südteil der Blase bedienen, um sie durchzulassen. Sie würden dann zum Hauptdepot fahren, wo sie nötigenfalls mit Gewalt, das Kommando über ein Raumschiff übernehmen würden, in dem sie zurück zur Erde reisen konnten.

So sollte es offenbar laufen. Aber auf schreckliche und furchtbare Weise ging alles schief. Gowers fand ein geeignetes Fahrzeug und prüfte es, stellte fest, daß'es Kraftstoff enthielt und flugbereit war. Und Anderson hatte die Aufgabe, die Leute im Sklavendorf unauffällig zusammenzuführen und ihren Marsch zum Raumflughafen zu überwachen.

Zuerst ging alles gut. Es gab zu diesem Zeitpunkt einhundertfünfundfünfzig Sklaven im Dorf, und das kleine Fahrzeug konnte nur vierundachtzig von ihnen aufnehmen, daher wählte Anderson die jüngsten aus, darunter auch seinen früheren Schulkameraden, denn seiner Meinung nach sollten sie Priorität haben. Wenn er zur Erde zurückkehrte und diese grausige Seite von Alternative 3 öffentlich machte, würde es einen derartigen internationalen Aufschrei geben, daß auch die anderen Sklaven wieder nach Hause gebracht werden würden. Ja, und auch die, die bereits auf dem neuen Territorium waren. Die große Mehrheit der Menschen würde die Obszönitäten, die in ihrem Namen vollbracht wurden, niemals tolerieren. Nach den Unterlagen von Trojan glaubte Anderson das wirklich.

Es war kein Problem, die wenigen auszusondern, die nicht sofort gerettet werden sollten, obwohl alle Menschen im Dorf inzwischen genau wußten, was geplant war, denn natürlich waren die Sklaven auf automatischen Gehorsam programmiert worden.

Trojan's Bericht geht weiter:

Eine der überlebenden Komponenten, die später befragt wurde, sagte, Anderson hätte ihnen erzählt:"Es gibt kaum Wachen, und es ist unwahrscheinlich, daß irgend jemand ernsthaft versuchen wird, uns vom Verlassen dieser Basis und auch dieses Planeten abzuhalten.

"Diejenigen von euch allerdings, die für die Heimkehr vorgesehen sind, müssen sich klarmachen, daß es unter den gegebenen Umständen besser ist, zu töten als sich fangen zu lassen. Das Leben und die Freiheit vieler Menschen hängen davon ab, daß wir zur Erde zurückgelangen, und ihr müßt darauf vorbereitet sein, jeden zu töten, der euch aufhalten will. Das ist ein Befehl."

In der Tat wurden schnell sechs Angehörige des Bodenpersonal von Alternative 3 umgebracht. Sie wurden von den Sklaven in der Nähe des Bahnhofs oder im Bahnhof niedergetrampelt und zu Tode getreten. Sie blieben mit gebrochenen Gliedern und blutend auf der Erde liegen und die Sklaven wanderten ohne einen Anflug von Emotionen über sie hinweg und gingen an Bord. Dann sprangen die Maschinen an und Godwers, der das Öffnungslicht der linken Luftschleuse sah, fuhr los.

Das Fahrzeug schwebte zehn oder fünfzehn Meter über dem Hallenvorfeld kurz in der bewegungslosen Luft, dann rollte die Innenseite der Luftschleuse wie ein durchsichtiger Vorhang zur Seite. Ihr Weg war jetzt frei, und Godwers legte einen Schalter um, um die Vorwärtsbeschleunigung zu betätigen. Jetzt trennten sie nur noch sieben Sekunden vom Horror ...

Trojan erzählt die Geschichte weiter:

Ein leitender Techniker an der Archimedes-Zentralkontrolle, der zum ständigen Stab gehörte und überlebte, hat eine Aussage gemacht, in der er beschreibt, wie Schreien und Rufen aus der Richtung des Terminals ihn aufmerksam machte. Aus seinem Blickwinkel konnte er nicht beobachten, was geschah, aber er bemerkte das unerwartete Öffnen der Luftschleuse. Er wußte, wenn sich die äußere Tür auch öffnen würde, vielleicht aufgrund irgendeiner Fehlfunktion in der Anlage, würde die Basis sofort in die akute Dekomprimierung gehen.

Er sah keine Flugbewegung, und es war auch kein Abflug vorgesehen. Er nahm also an, es gäbe einen ernsthaften Fehler und die Schreie wären wahrscheinlich Warnungsrufe, und er drückte einen Notknopf. Dieser gehörte zu einem Sicherheitssystem, das vor allen anderen Schaltungen Vorrang hatte und dies führte dazu, daß die Luftschleusentür sofort zurück in ihre Position schnappte.

Ein erfahrener Pilot wäre mit dem Problem fertiggeworden, indem er ein Ausweichmanöver geflogen wäre und die Maschine zum Bahnhof zurückgeflogen hätte, aber Godwers war kein erfahrener Pilot ...

Godwers hatte die Schleuse fast erreicht, als sie sich schloß. Plötzlich war genau vor ihm und um ihn herum eine durchscheinende gewölbte Wand. Er fühlte sich gefangen wie eine Fliege unter einem Glas und geriet in Panik. Er lenkte das Fahrzeug heftig nach oben links, und dann, verzweifelt, überkompensierte er und schoß in einem schnellen und wirren Zickzack-Kurs hin und her. Das Gefährt bockte jetzt und raste auf das Dach zu. Godwers hatte jede Kontrolle verloren und hämmerte wild auf die Kontrollknöpfe und machte damit die Maschine zu einem tödlichen Geschoß. Sie explodierte an einer der Kuppelwände, spie Feuer und Trümmer und Körper aus und riß ein verheerendes Loch in die transparente Oberfläche.

Die gesamte Basis, in der ein künstlicher Erddruck aufrechterhalten wurde, dekomprimierte sofort. Es war, als würde ein riesiger und bösartiger Staubsauger gierig alles einsaugen. Müllbehälter und kleine Fahrzeuge und die sechs Männer, die zu Tode getrampelt worden waren. Und dieser wilde Mahlstrom schleuderte schwere Objekte gegen die Kuppel, die dagegenschlugen, bis sie sich ebenfalls ihren Weg gebahnt hatten und in das äußere Schwarz gewirbelt wurden. Und die neuen Löcher erzeugten neue saugende Wirbelwinde. Und die Gebäude ächzten, gaben nach und schossen, zerfallend zu einer riesigen Kanonade der Verwüstung nach oben.

An diesem Tag starben alle designierten Auswanderer auf der Archimedes-Basis. Es waren neunundzwanzig - Wissenschaftler, Techniker und medizinische Spezialisten - hauptsächlich ausgesucht. Heute sind sie nur noch Staubteilchen. Sie treiben durch die unerforschten Wüsten der Ewigkeit.

Es gab jedoch, wie wir bereits angedeutet haben, Überlebende. Zwei der als Komponenten bezeichneten Menschen und fünf vom Bodenpersonal überlebten die Katastrophe. Sonst wären die Geschehnisse an diesem schrecklichen Tag auf Archimedes wahrscheinlich immer ein Geheimnis geblieben. Möglicherweise hätte es aus Observatorien Berichte über ein merkwürdiges kurzes Aufflackern von Aktivität auf dem Mond gegeben - man hätte sie irgendeinem unbekannten Naturphänomen zugeschrieben. Und das wäre alles gewesen. Aber aufgrund dieser sieben Überlebenden und der Informationen, die sie der Abteilung Sieben gaben und die Trojan an uns weitergegeben hat, ist die Wahrheit bekannt.

Diese sieben überlebten, weil sie sich zur Zeit des Unglücks zufällig isoliert in Räumen befanden, in denen eine eigenständige Atmosphäre aufrechterhalten wurde - und sie entkamen zur verlassenen Cassini-Basis.

Die Cassini-Basis wird unseres Wissens nach jetzt wieder instand gesetzt. Sie wird wieder das Hauptdurchgangslager auf dem Mond bilden. Die Operation Alternative 3 hat durch die Archimedes-Katastrophe einen schweren Rückschlag erlitten, ist aber mit Sicherheit nicht abgebrochen worden.

Im Moment werden keine Reisen von der Erde durchgeführt, denn in Cassini ist noch viel zu tun, aber es werden immer noch Menschen beobachtet und als mögliche designierte Auswanderer eingestuft. Und nach Trojan bestehen Pläne, in nächster Zukunft mehr Komponenten hinaufzuschaffen.

Vielleicht gibt es Männer und Frauen in Ihrer Stadt, möglicherweise in Ihrer Straße, die in nächster Zukunft plötzlich und unerklärlich verschwinden ... Männer und Frauen, die bereits gebrandmarkt sind für ein völlig anderes Leben auf einem fernen Planeten. Diese Menschen wären bereits fort, wenn der "Deutsche" sich nicht so widersetzt hätte. Und wenn der "Anstifter" nicht so besorgt und mitfühlend gewesen wäre. Sie wären bereits bei jenen, die nun, wenn der Biologe Stephen Manderson recht hat, auf einem Planeten leben, wo kein Eichhörnchen jemals hüpfen und keine Nachtigall jemals singen wird.

Uns bleibt nur noch eins zu sagen. Auf dem Rückumschlag dieses Buches wird Ihnen ein Wort auffallen, das sie vielleicht verwirrend finden: "Spekulation" (Steht zwar nicht mehr da, Anm. des Übersetzers).

Warum "Spekulation"? Das ist eine gute Frage ... besonders angesichts der Tatsache, daß ein so großer Teil unseres Beweismaterials, besonders die Zeitungszitate, ja bereits öffentlich vorliegt.

Nun ... wir haben erwähnt, daß Politiker versucht haben, dieses Buch zu unterdrücken, daß zwei englische Politiker sogar Verfügungen erwirken wollten, um seine

Veröffentlichung zu verbieten. Und wir haben erklärt, daß wir zu einem “widerwilligen Kompromiß” gezwungen wurden.

Müssen wir noch deutlicher werden?

Michaels Verlag

Mit der Edition Pandora und den Montauk Büchern haben wir Position bezogen und versuchen aufzuzeigen, daß es die Bereiche: Macht, Geld, Geheimdienste und Logen gibt, wie diese zusammenarbeiten und wie diese Verschwörung gegen den einzelnen Menschen und seine Freiheit gerichtet ist. Mit dem Band 1 dieser Reihe, dem Buch DER ANFANG haben wir der ganzen Reihe eine Richtung geben wollen.

Mit der Reihe: Edition Freie-Energie werden wir uns in Bereiche wagen, die bisher verlegerisch noch nicht sehr beachtet wurden.

Erfinder, Techniker und einfach nur interessierte Laien, die sich mit dem Thema beschäftigen, stoßen sehr oft an Grenzen. Grenzen, die Ihnen nicht Ihr Intellekt setzt, sondern Grenzen die Ihnen von Außen, von "Interessierter Seite" aus gesetzt werden.
Verleumdung und Rufmord ist die eine Waffe, das Treiben in den finanziellen Ruin eine andere, das Abschieben in Psychatrien eine weitere und das endgültige Verschwinden auf den körperlichen Plan, noch ein anderer Weg.
Patente werden aufgekauft und verschwinden in Tresore.
Wege etwas (Mund) tot zu machen gibt es viele. Den Mantel des Vergessens auszubreiten, etwas, was von allergrößter Wichtigkeit erscheint, wieder aus dem Bewußtsein der Menschen versinken zu lassen, alles Methoden, die täglich angewandt werden.

Mit der Edition Freie-Energie versuchen wir aufzuzeigen, daß es Techniken gibt, die uns aus der Umklammerung der Großkonzerne führen können und die deshalb bisher unterdrückt wurden.

Mit der Edition Sirius versuchen wir eine Reihe ins Leben zu rufen, die auch auf spiritueller Ebene, auf die ganzen Zustände eine Antwort gibt. Eine kleine Buchreihe die ausschließlich "sauber" ist. Jeder Autor, wir als Verlag und der Vetrieb, verzichten bei dieser Reihe auf jeglichen Gewinn. Die Erlöse der Buchreihe Edition Sirius werden ausschließlich für gemeinnützige Aufgaben verwendet. Inhaltlich soll hier eine Reihe entstehen, die aufbaut. Begonnen haben wir die Reihe mit einem liebevoll in Leinen gebundenen Buch "Büchlein vom reinen Leben".

Neuerscheinungen Frühjahr 1997:

THE COSMIC CONSPIRATION
erscheint bei uns unter dem Titel:
DIE KOSMISCHE VERSCHWÖRUNG

Dieses Buch ist ein Bestseller in Australien gewesen und ist Dank William Cooper, in den Vereinigten Staaten zu dem Untergrundklassiker geworden.
Wetter-Kriegsführung, bibl. Numerologie und Prophetie über die Zeiten des großen Umbruchs, gehen in diesem Buch Hand in Hand mit der Geschichte der Illuminaten der letzen 4.000 Jahre, der Ufologie, einer zukünftigen Weltdiktatur in enger Verbindung mit dem Club of Rome.
Das Buch steht im direkten inneren Zusammenhang von Coopers Apokalyptischen Reiter, ergänzt und vertieft es in vielen Fällen.
Ein Buch auf das Cooper immer wieder Bezug nimmt und das eigentlich nacheinander gelesen werden sollte. Leider erscheint der Titel erst ein Jahr nach Coopers: Apokalyptischen Reiter.

Die kosmische Verschwörung
ISBN3-89539-281-2
DM 48,—

ANTI-GRAVITY AND THE UNIFIED FIELD
erscheint bei uns unter dem Titel:
DAS BUCH DER ANTI-GRAVITATION

Ist die vereinte Kraftfeldenergie die Antwort auf alle Energieprobleme?
In dieser einmaligen Zusammenstellung wird erforscht wie Gravitation, Elektrizität und Magnetismus den Menschen beeinflußt. Weitere Themen: Ist künstliche Gravitation möglich? Welche enormen Energien können wir dadurch nutzbar machen? Der “Anti-Masse Generator”, die Geheimnisse des Ufoantriebs, Freie Energie, Nikola Tesla und die Antikraft-Flugkörper der 20iger und 30iger Jahre, Texte, Ideen und Theorien von Albert Einstein, Nikola Tesla und T. Townsend Brown werden leicht verständlich-dargestellt. Eingang in dieses Buch haben natürlich auch Anti-Gravitations Patente und zahlreiche Zeichnungen und Diagramme.

Das Buch der Anti-Gravitation
ISBN3-89539-267-7
DM 38,—

NIKOLA TESLA - THE FANTASTIC INVENTION
erscheint bei uns unter dem Titel:
NIKOLA TESLA - SEINE ERFINDUNGEN

Nikola Tesla dürfte wohl zu den größten Erfindern aller Zeiten gerechnet werden. Ausgewählte Werke von Patenten, Erfindungen und Gedanken über Freie Energie, Anti-Gravitation und anderen "futuristisch anmutenden" Themen sind in diesem Buch vereint. Skizzen, Bauzeichnungen, Tabellen und Diagramme - dieses Buch ist eine wahre Fundgrube.
Tesla hat sich nicht nur innerhalb der Elektrizität einen Namen gemacht. Insgesamt hat er sich über 1000 zum Teil grundlegende Erfindungen patentieren lassen . Dieses Buch trägt die interessantesten Erfindungen Teslas zusammen.
Tesla erzählt uns mit seinen eigenen Worten über seine Pläne, Freie-Elektrizität der Atmosphäre zu übertragen und wie unbegrenzte Energie uneingeschränkt nutzbar ist.
Ein Buch voller seltener Photos, Zeichnungen und Patente.

Nikola Tesla - Seine Erfindungen
ISBN 3-89539-268-5
DM 38,—

Nun scheint es soweit zu sein:

ab 1997 wollen wir eine Zeitschrift herausbringen, die sich Schwerpunktmäßig mit: Geheimer Weltregierung, Zeitexperimente, Bewußtseinkontrolle, Geheimgesellschaften, neuer Technologie, Geheimdienstarbeit, Tesla und der Frage der Ufos beschäftigt.
Sie soll Leserforum werden und soll Menschen helfen Menschen zu finden.
ISBN 3-89539-099-2
Abopreis: DM 60,--

Michaels Verlag

Hrsg. Ulrich Heerd

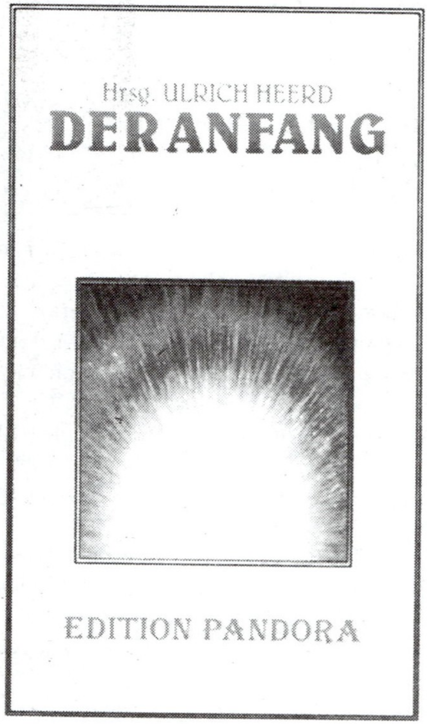

In diesem Buch erzählt uns der Autor von seinen Erlebnissen in der "Mitte der Nacht".
Er beschreibt in einer Sprache, die noch ganz von dem Erlebten geprägt ist, seine persönliche "Einweihung". Er schildert uns seine Begegnung mit einer Wesenheit, die er "Maria Sophie" nennt, und an ihrer Hand durchschreitet er die Sternensphäre, um am "See ihrer Augen kniend" den Urbeginn der Schöpfung zu sehen, "seine Uroffenbarung" zu erhalten.
Das Buch hat nicht den Anspruch, letzte Wahrheiten zu verkünden, "denn der Welt ist nicht Not an Antworten. Der Welt mangelt es an wirklichen Fragen...".
Der eine oder andere wird dieses Buch weglegen und nichts damit anzufangen wissen. Der Autor hofft aber, daß es auch LeseInnen geben mag, die seine Bilder über den Urbeginn, über die Würde und Freiheit des Menschen und über das Opfer aufnehmen und in sich wachsen lassen.
Geht man solcher Art mit diesem Büchlein um, kann es zu einem ganz persönlichen Buch werden. Dann mögen Bilder und Fragen in der Seele dieser Menschen auftauchen und wachsen, und die sind Voraussetzungen zu einem notwendigen Handeln.
Damit würde das großartige Geschenk, das der Autor von seiner "Reise bis zu seiner Sehnsucht Rand" für sich mitgebracht hat, ein Geschenk auch für diese LeserInnen.

Ohne das Gegengewicht dieses Buches, hätten wir die Edition Pandora nicht verlegen können. Deswegen erscheint dieses Büchlein als Band 1 in der Reihe.

Preis: 18,00 DM
ISBN 3-89539-298-7

Sonnenbichl 12 - 86971 Peiting
Tel. (08861) 5 90 18 - Fax. (08861) 6 70 91

Michaels Verlag

Milton William Cooper

DIE APOKALYPTISCHEN REITER

Behold a pale horse

Als ehemaliger, in führender Position beschäftigter Geheimdienstmann belegt er, entlarvt er und beweist er die schreckliche Tatsache: die Existenz einer geheimen Weltregierung. Er nennt Namen und Quellen. Er schreibt, welche Organisationen und welche Techniken von wen und wie benutzt werden.

Ein Buch das mahnt. So wie die Indianer einst Christoph Colombus zujubelten, um dann durch die Krankheiten, die Gier und die Technik des weißen Mannes qualvoll ausgerottet zu werden, so kann uns das mit den Überbringern der "neuen" Technik ebenfalls geschehen.
Ein Werk, das die zunehmende Macht in den Händen weniger, sei es die Großfinanz, sei es die UNO, genauso hinterfragt, wie den Machbarkeitswahn. Hier wird der Schnittpunkt zwischen neuer Technik, außerirdischer Intelligenz, Geheimdiensten, Politikern, Hochfinanz und Logentum schonungslos dargestellt. Dadurch wird dieses Buch zu einer einzigen Mahnung. Die Frage, ob es Kontakte zu außerirdischen Intelligenzen gibt, kann mit den Fakten in diesem Buch endgültig als bewiesen gelten. Viel wichtiger aber sind die Fragen: Was bedeutet das für uns? Welche Gefahren liegen hier für die Entwicklung der Menschheit? Indem er diese Fragen in den Mittelpunkt stellt und aufzeigt, wie die "Fürsten" dieser Welt sich ihrer bedienen, bzw. sich ihrer bedient wird, erfährt dieses Buch erst seine wahre Bedeutung und hebt sich wohltuend von der Vielzahl der "UFO-Bücher" und den Bücher über die "Weltverschwörung" ab.

Preis: 48,00 DM
ISBN 3-89539-285-5

Sonnenbichl 12 - 86971 Peiting
Tel. (08861) 5 90 18 - Fax. (08861) 6 70 91